KB043288

풍수로 공간을 읽다

풍수로 공간을 읽다

초판 1쇄 발행 2017년 9월 1일
초판 2쇄 발행 2018년 11월 12일

지은이   박성대

펴낸이   김선기
펴낸곳   (주)푸른길
출판등록   1996년 4월 12일 제16-1292호
주소   (08377) 서울시 구로구 디지털로 33길 48 대륭포스트타워 7차 1008호
전화   02-523-2907, 6942-9570~2
팩스   02-523-2951
이메일   purungilbook@naver.com
홈페이지   www.purungil.co.kr

ISBN   978-89-6291-421-4 03180

© 박성대, 2017

• 이 도서의 국립중앙도서관 출판시도서목록(CIP)은 서지정보유통지원시스템 홈페이지(http://
seoji.nl.go.kr)와 국가자료공동목록시스템(http://www.nl.go.kr/kolisnet)에서 이용하실 수 있습
니다.(CIP제어번호: CIP2017021184)

풍수로
공간을 읽다

부동산과 건강에 관심 있는 한국인을 위한 교양 풍수지리

박성대 지음

푸른길

• 차례 •

제2부 풍수, 부동산 실생활에 활용하기

제1장 주택 풍수

1. 흉한 땅이란 어디를 말하는가 · 92

고 다 좋은 것은 아니다/요도지각/요도지각의 구별 요령/고갯마루터는 양쪽으로 바람을 맞는다/물이 곧장 치고 들어오거나 배반하는 터/도로가 곧장 치고 들어오거나 배반하는 터/저수지나 늪, 골짜기를 매립한 터/언덕 위의 하얀 집/주위에 험한 바위나 암석이 많은 터/깨지고 부서진 땅이 보이는 터/산줄기가 날카롭게 찌르는 터/절벽이나 낭떠러지 주위의 터/경사가 급한 터/뒤가 낮고 앞이 높은 터/큰 고목이 주위에 있는 터/고압전류가 흐르는 철탑 아래의 터/연이은 흉사가 많았던 터

제3부 풍수, 서양공간학과 소통하기

제1장 풍수와 심리학의 만남

머리말

한국인이면 누구나 다 풍수를 안다. 그만큼 풍수가 우리 민족의 마음 속에 뿌리 박혀 전해져 오고 있다는 뜻이다. 그러나 누구나 다 풍수를 알지만, 또 풍수를 정확하게 잘 알고 있는 사람도 드물다. 풍수에 대해 비판적인 사람도 많다. 최첨단 과학이 발달한 21세기의 현대인에게 과거의 케케묵은 풍수는 무용지물일 뿐이라는 생각이 그러하다. 또 풍수에 대해 긍정적인 사람도 풍수가 조상 묏자리 잘 잡아 그 덕택에 잘 먹고 잘 사는 것 정도로 생각하는 사람이 부지기수다.

만약 풍수의 가치가 묏자리 발복으로 잘 먹고 잘 사는 정도만으로 한정된다면, 나의 풍수에 대한 천착은 여기까지 오지도 않았을 것이다. 아니 오히려 내가 더 풍수에 대해 비판적으로 돌아섰을 것이다. 예나 지금이나 풍수는 소위 '먹고 살만한 사람들'이 '더 잘 먹고 잘 살기 위해' 찾는 경우도 없지는 않기 때문이다. 반면 힘들게 하루하루 살아가는 민초들은 풍수를 따질 만한 여력이 없다.

그러나 풍수는 생각 외로 한국인의 생활 속에 깊숙이 관여되어 있고, 그 학문적 범위와 깊이 또한 여느 학문에 견주어도 뒤지지 않는다. 풍수가 더 이상 대중으로부터 소외되는 것을 막고, 학문의 가장자리에서 벗어날 수 있도록 하기 위해, 그간 나는 두 가지 사항에 중점을 두면서 풍수를 연구해 왔다. 먼저 풍수에 대한 부정적인 선입견을 바로잡는 것이며, 둘째는 풍수가 현대 사회에 실익이 될 수 있음을 밝히는 것이다.

이 책은 지금까지의 나의 노력 속에서 이루어 낸 작은 연구 결과물이다. 구체적으로, 나는 일반인들에게 풍수가 단지 묏자리 잡는 기술만이 아닌 한국의 전통 공간학임을 알리고자 하였다. 이를 위해 어렵고 장황한 이론을 최대한 생략

하고, 풍수의 핵심적 내용만을 추슬러 뼈대를 세웠다. 그리고 그 핵심 내용을 일반인도 쉽게 이해할 수 있도록 재구성하였다. 풍수를 잘 모르는 일반인도 이 책을 읽고 나면 풍수에 대한 부정적인 오해를 어느 정도 벗겨내고, 풍수를 우리나라의 전통 공간학으로 받아들일 수 있을 것이다. 나아가 좀 더 관심 있는 사람은 실생활에의 활용도 가능할 것이다.

또한, 풍수가 현대 사회에 어떻게 실익이 될 수 있는지 보여 주고자 하였다. 풍수는 우리 땅과 우리 민족이 오랫동안의 관계 맺음을 통해 쌓여진 경험적 인식 체계라 할 수 있다. 그래서 공간과 인간의 관계를 다루는 현대적 학문인 부동산학, 공간심리학, 도시계획학 등의 학문들과 소통할 방법을 찾아보았다. 근래 들어 부동산학, 건축학 등의 학문들과 풍수와의 소통을 위한 학계적 노력들이 활발히 진행되고 있으나, 아직 시작 단계에 불과하다. 풍수에 담겨 있는 공간적, 생태적, 심리적인 논리와 현대 공간학과의 계속적인 소통을 모색한다면, 우리가 살아가는 공간을 더욱 살기 좋은 공간으로 만들 수 있을 것이다.

물론 공간학 관련 전공자의 눈에는 이 책에서 다룬 각 공간학 분야의 수준이 만족할 만큼 깊이가 없을지도 모른다. 그러나 공간학과 한국의 전통 공간학인 풍수가 어떻게 소통할 수 있는가의 대략적인 길을 제시했다는 것을 자신할 수 있으며, 이 점이 이 책의 의의라 할 수 있겠다. 부디 많은 현대 공간학 전공자들에게 이 책이 조금이나마 도움이 되었으면 한다.

돌이켜 보면, 풍수에 천착하면서 직장 동료 및 친구, 가족 등 주위의 여러 분들에게 죄인 아닌 죄인이 되어 버렸다. '나'라는 사람은 한 사람인데, 직장에서는 나를 '일꾼'으로, 친구들은 나를 '동무'로, 가정에서는 나를 '남편과 아빠'로서의 삶을 요구한다. 이 모든 역할을 성실히 해내고 싶지만, 역시 그러기에는 시간이 부족했다. 그동안 내 역할에 성실하지 못했음을 나를 아는 모든 분들에게 이 자리를 빌어 죄송스러운 마음을 전한다.

특히 직장생활과 집안일을 동시에 헤쳐 나가며 남편의 길을 묵묵히 지켜봐 주는 아내와, 남들처럼 많은 시간을 함께하지 못했던 두 아들 진서와 수현에게 미안함과 고마움을 항시 느낀다. 또한 일찍이 남편을 여의고 홀로 막내아들을 키우느라 고생하시고, 이제는 완연한 할머니가 되어 버리신 어머님께 죄송스런 마음뿐이다.

그리고 꼭 감사의 인사를 드리고 싶은 분이 있다. 경주 동국대학교 병원 정신건강의학과 이광헌 교수님이다. 당신께서 세계 여러 곳을 방문하시며 남긴 소중한 사진들을 이용하도록 흔쾌히 허락해 주시지 않았으면, 이 책은 어쩌면 세상에 나올 수도 없었을 것이다. 이 자리를 빌어 교수님께 진심 어린 감사를 드린다.

마지막으로, 투박한 글이 좋은 한 권의 책으로 세상에 나올 수 있도록 도와주신 (주)푸른길의 김선기 대표님과 편집에 관여한 모든 분께 감사한다.

2017년 8월, 경주 현곡의 연구실에서

박성대

제1부

풍수 기초 알기

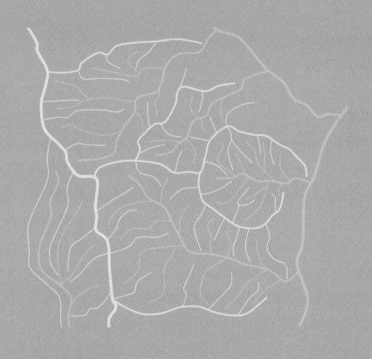

제1장
풍수 소개

1. 풍수의 의의

"牛耳讀經"

　우리말로 소 귀에 경읽기다. 아무리 얘기해도 전혀 못 알아듣는 경우에 사용하는 사자성어다. 사자성어 속 소가 잘 못 알아듣는 이유는 이해력이 부족해서일 수도 있지만, 듣고자 하는 마음의 자세가 안 되어 있기 때문일 수도 있다. 모든 일은 하고자 하는 마음의 자세가 먼저 준비되어야 몸이 쉽게 움직이는 법이다.

　풍수 또한 마찬가지다. 풍수에 대해 부정적인 생각만 가지고 있고, 또 풍수를 이해하려는 마음이 없는 사람에게 이 글은 그저 혼자만의 독백에 불과하다. 따라서 풍수가 무엇이며, 또 우리 삶과 어떻게 관련되고 그것을 어떻게 활용할 수 있는지 이해하기 위해서는 먼저 풍수가 왜 필요한지를 짚어 보아야 한다.

　한국인이라면 풍수를 모르는 사람은 없다. "풍수?" 하면 좌청룡 우백호를 떠올리며, 누구든지 술자리에서 안주 삼아 늘어놓을 이야깃거리 정도는 있다. 좀 더 관심 있는 사람이라면 패철을 알 것이고, 풍수서 몇 권 읽고 나서 눈길을 산에 맞추어 보기도 했을 것이다. 누구나 다 풍수를 알고 있지만, 풍수를 제대로 알고 있는 사람은 드물다. 심지어 풍수를 '조상 묏자리 잘 잡아 그 발복으로 편하게 먹고 살고자 하는 것' 정도로 생각하는 사람도 부지기수다.

그러나 풍수는 생각 외로 우리 생활 속에 녹아들어 있다. 산을 오를 때, 혼자인 데도 따뜻한 기운이 감돌고 전혀 무섭지 않은 곳이 있는 반면, 이유 없이 머리카락이 곤두서고 음산한 기운이 들어 빨리 벗어나고 싶은 장소가 있다. 이러한 현상은 살 곳을 마련하기 위해 주택을 보러 다닐 때도 경험한다. 집을 보자마자 기분이 좋아 계약을 마치는 곳도 있지만, 왠지 느낌이 안 좋아 계약이 망설여지는 곳도 있다.

이처럼 사람들은 땅에 대해 대략 비슷한 느낌을 지니고 있다. 단지 기분이 좋은 곳이거나, 아니면 음산하고 벗어나고 싶은 곳인 이유가 무엇인지 구체적으로 모를 뿐이다. 풍수는 땅이 지닌 각각의 장소적 특성과 그 장소의 산줄기 물줄기의 특성 사이의 관계성을 경험통계적으로 정리해 놓았다. 그래서 풍수이론을 배운 사람은 각 땅이 지닌 장소적 특성을 알 수 있고, 또 그에 맞는 땅의 활용법을 알 수 있다. 그러나 풍수를 모르는 일반인들도 기본적인 자리의 가림 정도는 본능적으로 행하고 있다.

관공서 건물의 구조에도 풍수의 원리가 녹아들어 있다. 성당이나 사찰 등의 종교용 건축물은 정신적 활동이 강조되는 건축물로 하늘을 향한 수직성을 지향한다. 그래서 종교용 건축물의 외양은 수평 대비 수직의 비율이 큰 형태로 하늘로

그림 1-1 종교용 건축물. 하늘로 치솟아 오른 건물의 외양과 건물 내부의 높은 천장과 육중한 기둥은 권위의 무게 앞에서 경외감을 느끼도록 유도한다.

치솟아 올라 있는 것이 많다. 그것도 부족해 교회의 지붕 끝에는 뾰족한 첨탑마저 세워져 있다. 또 진입공간인 계단과 연단 또한 높아서 한참을 올라가야 본 건물에 도달할 수 있으며, 실내에 들어서서 높은 천장을 보면 저절로 경건함과 엄숙함이 느껴진다.

그런데 관공서 건축물이 종교용 건축물을 모방하고 있는 것처럼 보이는 경우가 있다. 심지어 은행 건물조차도 종교용 건축물처럼 내부 천장을 높게 만들어 놓았다. 관공서에서 종교 활동을 할 리가 없으며, 은행은 오히려 철저히 물질이 지배하는 공간이다. 그럼에도 불구하고, 관공서 건물과 은행이 종교용 건축물의 외양과 구조를 모방하는 이유는 인간 내면에 숨겨져 있는 공간심리적 본능의 이용, 즉 종교용 건축물에서 느껴지는 경외감과 권위감을 방문객들에게 느끼도록 유도하기 위함이다.

등산을 하다가 휴식을 취할 때도 풍수의 원리가 관여된다. 등산객들은 도시락을 먹거나 휴식을 취하고 싶어도 아무 곳에나 자리 잡지 않는다. 이때 그들에게 선택받는 곳은 응달지고 비탈진 곳이 아닌 햇볕이 따뜻하게 내리쬐고 경사가 완만한 곳이다. 등산객들이 휴식을 위한 자리를 가리는 것은 무의식중에 명당(휴식을 위한 명당)을 찾는 행위이다. 여기에는 냉기와 바람을 피하고 몸을 지키기 위한 '서식처 선택(habitat selection)'의 본능이 숨겨져 있다.

앞과 뒤를 결정하는 좌향(坐向)도 무의식중에 결정이 난다. 그들이 자리에 앉을 때 뒤로는 산 정상부를 두고, 앞으로 산 아래를 보면서 휴식을 취한다. 혹 둘러앉아 간식을 먹기 위해 어쩔 수 없이 반대로 앉은 사람은 무언가 어정쩡한 자세가 되고 불편함을 느껴 이내 일어서서 음식을 주워 먹는다.[1] 여기에는 배산임수(背山臨水)의 원리가 들어 있다. 이와 같이 우리는 일상 속에서 적지 않은 풍수적 원리와 함께해 오고 있다.

풍수라는 것은 비단 한국, 나아가서 동아시아에만 국한된 것이 아니다. 세계의 모든 국가와 민족은 나름대로의 공간적 인식, 즉 공간과 인간의 관계에 관한 논리를 가지고 있다. 단지 동양에서는 우리들만의 공간관에 '풍수(風水, feng-shui)'

라는 이름표를 달았을 뿐이다. 따라서 한국에서의 공간(자연공간과 인공공간)과 인간의 관계에 대한 의미 체계는 모두 풍수를 떠나 생각할 수 없으며, 풍수와 직간접적으로 연관된다.

사람이 공간을 떠나서 생활하지 않는 한, 풍수는 우리들의 생활 속에 녹아들어 있다. 어떤 사람은 풍수에 대해 대단히 부정적이다. 그러나 불과 몇 십 분간의 휴식을 위해서라도 자리를 가리는데, 하물며 십수 년 이상 머물 자리를 가려야 할 것임은 자명하다. 이것이 바로 풍수를 알아야 하고 해야 하는 이유이다.

2. 풍수의 의미와 목적

풍수는 '장풍(藏風)'이라는 용어에서 '풍(風)'을 가져오고, '득수(得水)'라는 용어에서 '수(水)'를 가져온 장풍득수(藏風得水)의 줄임말이다. 장풍은 '바람을 갈무리하다'라는 뜻으로 터의 사방으로부터 불어오는 강한 바람을 막고, 내부의 생기를 갈무리한다는 뜻이다.

바람 중에서도 따뜻한 봄날, 사람에게 생기(生氣)를 불어 넣는 바람이 있는가 하면, 겨울철 불어오는 차갑고 매서운 북서풍처럼 사람에게 살기(殺氣)가 되는 바람도 있다. 이러한 바람은 산줄기에 의해 막아지기도 하지만, 만들어지기도 한다. 그래서 터의 장풍적 조건이라 함은 산줄기의 풍수적 조건을 따지는 것과 다름없다.

물 또한 사람에게 생기가 될 수 있고, 살기가 될 수도 있다. 갈증이 날 때 한 모금의 물, 또는 봄날 모내기철에 내리는 단비는 사람에게 생기를 주는 물이지만, 억수같이 내려 천지를 물바다로 만드는 빗줄기는 사람에게 살기가 되는 물이다. 그래서 터의 득수 조건이라 함은 물줄기의 형태, 규모 등을 따지는 것이다. 결국 풍수는 산줄기 물줄기의 형태, 규모, 방향 등의 특성을 통해, 인간에게 생기와 살기가 되는 바람과 물을 구별하는 방법을 논리적으로 정리해 놓은 학문이라 할 수 있다.[2] 그래서 풍수를 통해 터를 평가한다는 것은 터를 형성하고 있는 산줄기 물줄기를 풍수의 관점에서 평가하는 것이다.

터를 형성하고 있는 산줄기 물줄기를 풍수적 관점에서 평가해서, 사람에게 생기를 주는 터를 얻는 것이 풍수의 목적이다. 이러한 풍수의 목적을 한마디로 정의하면 추길피흉(追吉避凶)이다. 전통 봉건 사회에서는 터를 잡을 때 추길과 피흉 중 추길에 중점을 두어, 발복할 수 있는 좋은 자리를 찾고자 노력하였다.

당시는 토지소유의 개념이 지금처럼 체계적이지 못했고, 또 풍수를 배우고 활용했던 계층은 사대부 양반이었다. 그래서 그들이 땅을 선택할 수 있는 사회적·경제적 여건들이 오늘날보다 잘 갖춰져 있었기 때문에, 좋은 터를 찾아 들어가는 데 큰 어려움이 없었다.

그러나 오늘날 도시에서의 공간 부족, 부동산 법률 규제, 개인의 경제적 한계 등 여러 가지 이유로, 일반인이 풍수적으로 좋은 터를 찾고, 또 그곳을 실제로 이용한다는 것은 쉬운 일이 아니다. 따라서 현대 사회에서 일반인에게 풍수의 목적은 추길과 피흉 중에서 피흉에 초점을 맞추는 것이 더 현실적이고 효율적이라 할 수 있다. 최소한 사람에게 살기가 되는 터, 장사가 잘 되지 않는 터를 구별해 낼 줄 안다면, 신체적·정신적·경제적 손해를 보는 일을 미리 막을 수 있기 때문이다.

이에 따라, 본 책의 방향도 풍수를 전문적으로 하는 사람보다 일반인을 대상으로 하고 있다. 그렇다고 해서 결코 가볍게, 단지 재미로 읽고 넘길 만한 내용은 아니며, 터를 평가하는 방법의 핵심 줄기는 모두 담고 있다. 풍수에 대해 잘 몰랐던 일반인도 이 책을 읽고 내용을 이해한다면, 풍수에 대한 대략적인 맥락을 짚을 수 있을 것이며, 나아가 실생활에 활용할 수 있을 것이라고 믿는다.

풍수로 공간을 읽다

3. 풍수의 분류

풍수를 분류하는 기준은 연구 방향 및 연구 대상의 두 가지이다. 풍수는 연구 방향에 따라 형세론(形勢論)과 이기론(理氣論)으로 분류되며, 연구 대상에 따라 양택풍수(陽宅風水), 음택풍수(陰宅風水), 양기풍수(陽基風水)로 분류된다.

1) 연구 방향에 따른 분류

형세론

그림 1-2 형세론. 사람의 눈으로 산줄기 물줄기의 형세를 읽고 터의 길흉을 판단하는 이론이다.

형세론(形勢論)은 산줄기 물줄기(山水)의 형세를 살펴 좋은 터와 나쁜 터를 가리는 방법을 체계화시킨 이론이다. 형세론은 형기론(形氣論)으로도 불리며, 또 중국의 강서지방에서 유행했다고 해서 강서법(江西法)이라고도 불린다.

형세론에서 산수의 형세를 살피는 주요 도구는 사람의 눈(目)이다. 오직 사람의 눈으로 산수의 형세를 보고 길흉을 판단하는 것은 쉬운 일이 아니다. 특히 산과 물이 뚜렷하지 않은 평야지역이나, 지형의 변형이 많은 도시지역에서는 형세론 원리를 적용하는 것이 어렵다.

또한 형세론은 타 유파에 비해 일정 기간 이상의 풍수적 현장 경험(看山-간산)을 강조한다. 그래서 현장 경험의 숙련도에 따라, 또는 지역 및 스승에 따라 산을 읽는 방법에 조금씩 차이가 있다. 이러한 차이는 똑같은 산천을 두고도 때로는 세부적으로 다른 해석을 낳기도 하는데, 이것이 다른 유파로부터 비판을 받는 요인이 되기도 한다. 그럼에도 불구하고, 형세론은 산줄기 물줄기를 읽고 터의 길흉을 판단하는 기본적인 방법으로 인정받고 있다.

이기론

이기론(理氣論)은 패철(나경)이라는 풍수용 나침반을 이용하여 산과 물의 방향이 가진 속성을 음양오행(陰陽五行)에 의거해 길흉을 판단하고 좌향(坐向)을 결정하는 이론이다. 이기론은 중국의 푸젠(福建) 지방에서 유래했으며, 방위론(方位論)으로도 불린다.

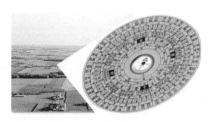

그림 1-3 이기론. 패철을 이용하여 산수의 방향을 측정해 터의 길흉을 판단한 다음, 그에 따라 좌향을 결정하는 이론이다.

이기론은 형세론과 달리 패철에 의존하여 주로 방위를 따졌기 때문에 산줄기 물줄기의 형세가 뚜렷하지 않는 곳에서도 그 이론을 잘 적용시킬 수 있는 장점이 있다. 그러나 산줄기 물줄기의 형세를 무시한 채, 오직 좌향만을 잘 선택해도 터의 길흉이 뒤바뀐다고 주장하는 술수로 이어질 가능성이 있는 단점도 있다.

2) 연구 대상에 따른 분류

양택풍수

양택풍수(陽宅風水)는 사람이 살아가는 동안 머무는 건축물(주택, 사무실, 상가, 공장)을 대상으로 하는 풍수이다. 양택은 살아 있는 사람이 직접 땅의 기운을 받기 때문에 음택에 비해 발복이 빠르다. 즉 터의 기운의 좋고 나쁨에 따라 사람의 길흉의 결과가 음택에 비해 빨리 나타나게 된다. 길흉 판단의 대상자는 그 집에서 잉태한 사람, 출생한 사람, 성장한 사람, 그리고 현재 거주하고 있는 사람이 해당된다.

양택풍수는 다시 양택학(陽宅學)과 가상학(家相學)으로 구분된다. 양택학은 산줄기 물줄기를 고려하여 사람이 생활하기에 적합하거나 장사가 잘될 만한 터를 잡는 이론이다. 가상학은 그 터 위에 지을 건물의 형태와 구조, 방위 및 실내 공간 배치에 관한 이론이다.

풍수로 공간을 읽다

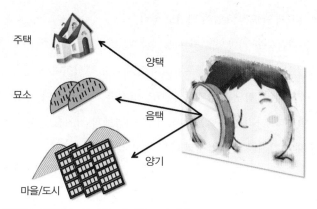

그림 1-4 양택풍수, 음택풍수, 양기풍수. 주택을 보면 양택풍수, 묘소를 보면 음택풍수, 마을이나 도시를 보면 양기풍수가 된다.

 군이 따지자면, 두 가지 중에서 양택학이 중요하다. 사람이 살기에 적합하고 장사가 잘될 만한 곳이 되려면 우선 터가 좋아야 한다. 터가 나쁘면 아무리 건물의 좌향과 배치를 좋게 하더라도 터가 지닌 본래의 길흉이 크게 달라지지 않는다. 그러나 도시에서 부지 선정의 한계, 기타 소유권이나 허가 문제 등에 의해 좋은 터를 구하는 것은 쉽지 않다. 그래서 주어진 여건에서 집의 형태나 배치 등의 가상(家相)을 좋게 해서 조금이라도 더 좋은 기운을 받는 것이 중요하다.

음택풍수

 음택풍수(陰宅風水)는 죽은 사람의 묘지를 대상으로 하는 풍수이다. 살고 있는 집터에 따라 좋거나 나쁜 기운을 받을 수 있다는 사실은 풍수를 알든 모르든 많은 사람들이 쉽게 수긍한다. 그러나 풍수를 잘 모르는 일반인들은 묘터에 따른 그 후손의 발복 연관성에 대해서는 쉽게 받아들이지 못한다. 이에 대해, 풍수에서는 '동기감응(同氣感應)'이라는 논리로 설명한다.

 동기감응은 묘터가 갖고 있는 좋거나 나쁜 기운이 땅에 묻힌 유골에 전달되어, 다시 묘소의 주인과 혈통 관계(同氣)로 이어져 있는 후손에게 영향을 미친다(感應)는 논리이다. 동기감응은 과학적으로 쉽게 증명되지 않기에, 풍수를 미신과

술수로 여겨지게 만드는 요인이 되기도 한다.

그러나 동기감응을 기반으로 하는 음택풍수는 풍수의 기본이다. 또 음택풍수에서 말하는 묘터의 '혈(穴)'이 풍수논리의 요체이자 핵심이며, 모든 풍수논리의 출발점이기도 하다. 양택과 양기는 음택의 크기만 확대된 것이지, 그 기본적인 특성은 동일하다. 따라서 음택을 논하지 않고 양택과 양기를 논하는 것은 핵심을 빠트린 채 곁가지를 논하는 것과 다를 것이 없다.

양기풍수

양기풍수(陽基風水)는 풍수의 분류에서 양택풍수에 포함시켜 분류하기도 한다. 그러나 양기는 양택과 엄연히 구분된다. 양택풍수가 개인의 주택이나 건물에 관한 작은 범위의 풍수라면, 양기풍수는 마을 등의 공동주거지, 나아가서 도시나 도읍지에 이르기까지 광범위한 영역을 다루는 풍수이다.

한 가지 유의할 점은 택(宅)과 기(基)의 한자 의미에 매달려, 양택이 터 위의 건축물만을 다루고, 양기는 터만을 다루는 것으로 오해하면 안 된다. 그 둘은 영역의 크기 문제이지, 양택풍수도 택지선정(양택학)과 택지 위 건축물의 형태와 배치(가상학)를 모두 다루며, 양기풍수 또한 택지선정과 택지 위 건축물의 공간계획이 모두 포함되기 때문이다.

제2장
풍수 기초이론 알기

1. 산줄기 읽기

〈그림 1-5〉의 산을 보자. 어떤 느낌이 드는가? 사람에 따라 여러 가지 생각이 떠올랐을 것이다. 단순히 '산이 봉긋하니 예쁘다' 정도로 생각한 사람이 있다면, 전원주택에 살고 있는 사람은 자기 집 앞의 산과 비교해 봤을 수도 있다. 또 등산

그림 1-5 하나의 덩어리로 보이는 산.

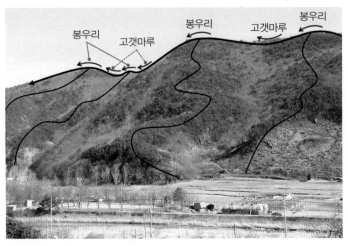

그림 1-6 봉우리와 고갯마루. 봉우리에서 작은 산줄기가 옆으로 뻗어 나오며, 봉우리와 봉우리 사이의 고갯마루는 골짜기의 시작점이 된다.

을 즐겨 하는 사람이라면 산 능선을 보고 등산 난이도와 코스를 추측해 보기도 했을 것이다.

사진 속 산을 보고 다양한 생각이 있었겠지만, 일반인들이 가진 공통점은 산을 낱개의 덩어리로 바라본다는 것이다. 그러나 풍수적 시각에서 들여다보면 달리 보인다. 풍수에서는 산을 하나하나의 개체로 평가하는 경우도 있지만, 산과 산의 연결을 강조한 줄기 개념으로 보는 것이 기본이다. 산을 '줄기 개념의 산'으로 바라보는 것, 바로 이것이 풍수를 이해하는 출발점이다.

산줄기 시각으로 산에 눈을 맞추어 보면, 지금껏 보아 왔던 산들이 달라 보인다. 〈그림 1-6〉을 보자. 하늘과 맞닿아 있는 산줄기의 형상이 어느 것 하나 직선이 없으며, 대부분 구불구불한 형상이다. 좀 더 자세히 들여다보면, 산이 솟아 봉우리를 만들고 다시 아래로 꺼지며 고갯마루를 이루는 것을 반복한다. 그리고 높게 솟은 봉우리에서 작은 산줄기가 옆으로 뻗어 나오며, 아래로 꺼진 고갯마루는 골짜기의 시작점이 된다.

이제 〈그림 1-5〉에 산줄기 선을 그려 놓은 〈그림 1-7〉을 보자. 먼저, 세 개의

풍수로 공간을 읽다

그림 1-7 산줄기의 개념. 산에 산줄기 선을 그려 넣어 보면 세 개의 봉우리가 각각 좌우로 산줄기를 나누고 있다.

봉우리가 각각 좌우로 산줄기를 나누고 있다. 그리고 각각의 봉우리 가운데에서 한 개의 중심된 산줄기가 아래로 내려오고 있다. 이러한 과정을 반복해 마지막 중심 산줄기에 묘소가 자리하고 있다. 그리고 산봉우리와 산봉우리 사이에는 골짜기가 좌우로 길게 이어지고 있는 것이 보인다.

다시 앞으로 돌아가서 〈그림 1-5〉를 보면 처음 낱개의 덩어리로 볼 때의 산과 이제 산줄기 개념으로 바라보는 산이 완전히 딴판으로 보일 것이다. 우리 조상들은 산을 이처럼 줄기 개념으로 보았다. 풍수에서 산을 줄기 개념으로 보는 이유는 땅의 생기(地氣)가 산줄기를 따라 흐른다고 보기 때문이다. 그리고 높이 솟았다가 아래로 꺼지는 것을 반복하는 산줄기의 모습이 마치 용(龍)이 꿈틀거리는 형상과 비슷하다고 보아, 산줄기를 용에 비유한다. 용이 승천(昇天)하기 위해 온몸을 비트는 것과 같이 산줄기도 구불구불해야 길(吉)하게 여겨진다. 반대로 산줄기가 아무 변화 없이 축 처져 있으면 죽은 용(死龍)과 같이 흉(凶)으로 여겨진다. 즉 용이 살아 있는 것처럼 산줄기도 구불구불한 형상이어야 땅의 생기를 잘 전달한다고 보는 것이다.

1) 산줄기 읽는 방법

풍수에서 산줄기를 본다(看龍-간룡)는 것은 바로 산줄기가 구불구불한지, 아니면 축 처져 있는지 또는 중간에 끊어졌는지 등을 보고 산줄기의 길흉을 판단하는 것이다. 터까지 이어지는 산줄기의 형상을 보고 그 터의 길흉을 판단할 때, 대상이 되는 산줄기의 범위는 가깝게는 터에서부터 그 후방의 봉우리(主山-주산)까지가 될 것이며, 멀게는 근원이 먼 크고 높은 산(祖山-조산)까지 포함된다. 우리나라의 모든 산줄기는 종국에는 그 근원이자 출발점인 백두산으로 귀결된다.

이러한 산줄기의 흐름은 인간사의 족보에 비유된다. 즉 나(穴)라는 존재가 오랜 과거의 조상(祖山)에서 시작해, 조부와 아버지(主山)를 이어서 있는 것처럼, 터로 이어지는 산줄기 또한 근원이 먼 곳에서부터 이어져 온 것이다. 이때, 나의 존재에 영향을 많이 끼치는 것은

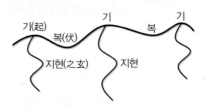

그림 1-8 기복과 지현. 기복은 상하로, 지현은 좌우로.

아버지와 조부이며, 과거로 거슬러 올라간 조상일수록 나에 대한 영향력은 떨어진다. 마찬가지로, 주택이나 묘소 등 작은 크기인 터의 길흉을 판단할 때에는 바로 뒤에 있는 산에서 해당 터로 이어지는 산줄기를 보는 것으로 충분하다. 그 범위를 넘어서 터의 뒤에 있는 산(주산)이 어디에서 이어져 왔는가는 터의 길흉에 큰 영향력을 발휘하지 않는다.

산줄기는 구불구불해야 좋다

터로 이어지는 산줄기 형상의 길흉을 판단하는 기준은 '구불구불함'이다. 구체적으로 설명하면, 산줄기가 살아 있는 용처럼 상하, 좌우 변화를 해야 길하게 여겨지며, 아무 변화 없이 축 늘어진 형상이거나 중간에 끊어진 산줄기는 흉하게 여겨진다.

그림 1-9 길한 산줄기와 흉한 산줄기. 길한 산줄기는 용이 살아 있는 것처럼 구불구불하고(좌), 흉한 산줄기는 용이 죽은 것처럼 축 늘어져 있다(우).

그림 1-10 작은 산줄기의 기복과 지현. 주택이나 묘터 선정에는 작은 산줄기의 기복과 지현이 중요하다.

풍수에서는 산줄기가 상하로 이동하는 것을 기복(起伏), 좌우로 이동하는 것을 지현(之玄)이라 한다. 그중 산줄기가 위로 솟구쳐 봉우리를 형성하는 것을 기(起)라 하고, 아래로 꺼져 고갯마루를 이루는 것을 복(伏)이라 한다. 산줄기는 이러한 기복과 지현 운동을 동시에 하며 이동한다.

작은 산줄기의 운동이 중요하다

산을 줄기 개념으로 바라보면, 풍수를 잘 모르는 일반인도 큰 산줄기의 기복과 지현은 쉽게 구별할 수 있다. 그러나 기복과 지현 운동이 크기가 큰 산줄기에서만 이루어지는 것은 아니며, 작은 산줄기에서도 똑같이 이루어진다. 오히려 주

목산　　화산

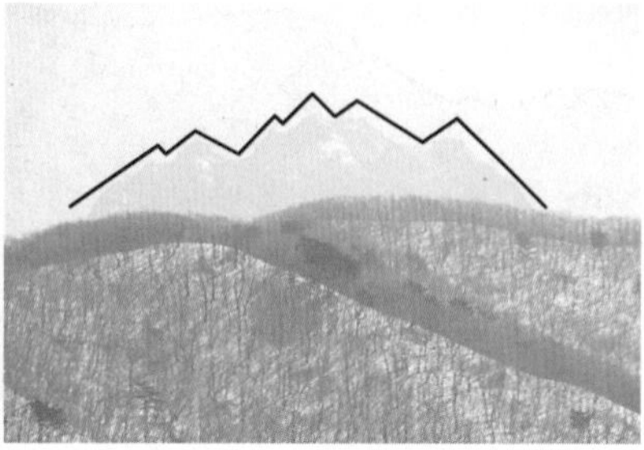

토산 　　금산

수산

그림 1-11 풍수의 오형산(五形山).

택이나 묘터의 선정에는 이런 작은 산줄기의 운동이 터의 길흉을 판단하기 위한 더욱 중요한 요건이 된다.

산의 모양 읽기

풍수에서 산을 줄기 개념으로 바라보는 것이 기본이나, 항상 그렇지는 않다.

그림 1-12 양동마을 서백당. 마당 너머 보이는 성주봉과 경주 최부자 고택 대문으로 보이는 도당산이 모두 반듯하고 단정한 모양이다.

터의 길흉을 판단할 때는 터 주위에 있는 산의 모양을 따지기도 한다. 풍수에서는 산의 모양을 오행(五行)에 따라 목산(木山), 화산(火山), 토산(土山), 금산(金山), 수산(水山)의 다섯 가지로 구분한다. 그중 목산(木山), 토산(土山), 금산(金山), 수산(水山)이 대체로 길하게 여겨지는 반면, 화산(火山)은 터 주위로 보이는 것이 흉하게 여겨지는 형태이다.

화산을 제외한 다른 유형의 산들이 길하게 여겨지는 이유는 산의 모양새가 대체로 반듯하고 단정하기 때문이다. 그래서 우리나라 전통마을의 고택들은 반듯하고 단정한 모양의 산이 보이는 곳에 자리를 잡고, 또 대문이나 마당을 그 방향으로 두고 있는 사례를 많이 볼 수 있다.

반면 화산은 각지고 거친 바위산(石山)으로 된 경우가 많아 기운이 너무 강하고, 과도한 심리적 자극을 유발한다. 또 풍수에서는 화산이 보이는 터는 화재가 발생할 우려가 있다고 여긴다. 그 밖에 산의 모양이 기울어졌거나, 째졌거나 또는 터에 대해 유정하지 못하고 터를 억누르는 듯한 형세는 모두 흉하다.

산의 얼굴과 뒤통수 읽기

산의 모양새가 단정하고 반듯하다고 해서 터에게 반드시 좋은 기운을 주는 것은 아니다. 산이 터를 향해 바라보고 있어야 한다. 아무리 예쁘고 매력적인 사람이 있다 하더라도 나를 쳐다봐 주고 관심을 가져 줄 때 데이트 한 번이라도 할 수

그림 1-13 흉하게 여겨지는 산의 모양새. 산줄기가 손톱으로 할퀸 것처럼 거칠게 째져 있다(좌). 큰 괴물이 고개를 치켜들고 쏘아보는 듯 터를 억누르고 있다(우).

있다는 희망을 가질 수 있지, 나에게 관심도 없이 차갑게 외면한다면, 전혀 의미가 없는 사람이 된다.

사람에게 얼굴과 뒤통수가 있듯이, 산에도 얼굴(面)과 뒤통수(背)가 있다.[3] 그래서 일반인은 산에다 눈을 맞추지만, 풍수를 하는 사람은 산과 눈을 맞추게 된다. 산의 얼굴이 터를 향해 있을 때 터에게 좋은 기운을 불어넣을 수 있다. 반대로 산이 얼굴을 옆으로 돌리고 터를 외면하고 있거나 뒤통수를 보인다면, 터에 대해 전혀 관심이 없다는 뜻이다.

〈그림 1-15〉는 청와대 뒷산인 북악산이다. 북악산의 얼굴이 어디를 향하고 있는가? 얼굴이 청와대를 보지 않고 옆(사진 오른쪽)으로 돌아서서 외면하고 있다. 얼굴에는 두 눈도 달려 있다. 북악의 전체적인 모양새는 목산(木山)으로 반듯하지만, 어딘가 다정하게 느껴지지 않고 심술궂은 표정이다.

산의 얼굴과 뒤통수를 구분하는 것은 그리 간단하지 않으며 경사도, 안정감 등여러 가지 조건을 따져 봐야 한다. 그러나 기본적으로 두 가지를 보고 파악할 수 있다. 먼저 산봉우리 하나만을 따져볼 때, 산의 얼굴은 그 정상 부분이 경사가 다소 급해 마치 오목거울처럼 보이고, 그래서 자연히 봉우리가 고개를 숙인 것처럼 보인다. 그리고 능선이 하단부로 내려오면서 완만하고 유연해진다. 반면에 산의 뒤통수는 정상부가 오히려 두툼하여 마치 사람의 뒤통수를 닮았다.

산줄기를 보고 산의 얼굴과 뒤통수를 찾을 때는, 굽어 있는 산줄기의 안쪽이

문제 1. 사진 속 산의 얼굴은 어디를 향하고 있나요?

얼굴이 왼쪽을 향하고 있다고 생각했다면 산을 보는 시각이 훌륭하다. 이 산은 경주의 선도산이다. 선도산 얼굴이 향한 곳 아래에는 무열왕릉과 서악마을이 자리하고 있다.

문제 2. 아래 세 곳의 마을 중 산줄기의 얼굴 쪽에 위치한 곳은 어디인가요?

정답은 '가'와 '다' 마을이다. 두 마을이 굽어 있는 산줄기의 안쪽에 위치해 있다. 반면 '나' 마을은 산으로 둘러싸인 듯하지만, 산의 뒤통수 부분이 마을을 향해 있다.

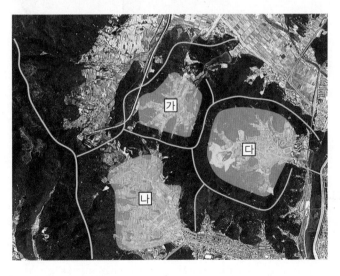

그림 1-14 청와대와 북악산. 북악산이 청와대를 향해 유정한 얼굴을 하고 있었으면 얼마나 좋았을까?

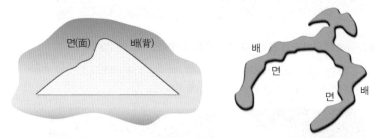

그림 1-15 산의 얼굴과 뒤통수. 산의 얼굴(面)은 정상부가 오목거울처럼 보이고(좌), 굽어 있는 산줄기의 안쪽 면이다(우).

얼굴이고 바깥쪽이 뒤통수가 된다. 그래서 오래전부터 형성되어 온 마을은 통상 산의 얼굴 쪽에 위치하고 있다.

산의 크기와 높이 읽기

산의 크기와 높이 또한 중요하다. 크기와 높이는 산의 절대적인 크기와 해발고도가 아니라, 터에서 눈으로 실제 보이는 상태를 의미한다. 즉 똑같은 크기와 높이를 가진 산이 터에 가까이 있으면 크고 높게 보이며, 반대로 터와 멀리 떨어질

풍수로 공간을 읽다

그림 1-16 산의 크기와 높이. 산이 너무 크고 높으면 사람을 능압하고(좌), 너무 작거나 낮아도 바람을 막아 주지 못하고 심리적 공허감을 준다(우).

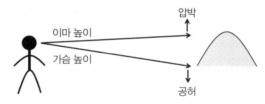

그림 1-17 산의 적절한 크기와 높이. 최저 가슴 높이에서 최고 이마 높이까지이다.

수록 작고 낮게 보이게 된다. 터 주변으로 보이는 산이 너무 크고 높으면 사람을 능압(능멸하고 압박함)한다. 반대로 산이 너무 작거나 낮으면 바람을 막아 주지 못하고, 사람은 심리적 공허함마저 들 수 있다.

풍수에서는 산의 적절한 크기와 높이를, 터에서 산을 바라볼 때 사람의 가슴 높이에서 이마 높이로 규정하고 있다. 가슴 높이에서 이마 높이까지의 산은 외부에서 불어오는 바람을 막아 주는 효과도 충분히 발휘하면서, 동시에 심리적으로 불편함을 주지 않고 안정감을 준다. 실제로 전통마을의 고택에서 보이는 많은 산들의 크기와 높이가 그 정도이다.

2) 사신사

　풍수에서는 "생기는 바람을 타면 흩어져 버린다(氣乘風則散)"고 본다. 땅의 생기(地氣)가 산줄기를 타고 터까지 잘 이어져 왔다 해도, 그 터가 바람에 노출되면 생기가 흩어지고 사라져 버린다는 것이다. 이처럼 땅의 생기가 바람에 흩어지지 않도록 갈무리해 주는 것을 장풍(藏風)이라 하며, 이는 터를 둘러싼 산줄기들에 의해 이루어진다.

　그리고 풍수에서는 터를 둘러싼 산줄기에 사신사(四神砂)라는 이름을 붙이고, 각 방위에 상상의 동물을 배정하고 있다. 사신사는 터의 후방에 현무, 앞쪽에 주작, 왼쪽에 청룡, 오른쪽에 백호이다. 이때 주의할 것은 동서남북의 절대방위와는 관계가 없다는 것이다. 예를 들어, 주택의 지형상 자연스런 방향이 북향이라면 현무가 남쪽에 있으며, 주작이 북쪽에 있게 된다. 따라서 후현무 전주작은 맞는 말이지만, 북현무 남주작은 틀린 말이다.

현무

　현무(玄武)는 터의 후방에서 터까지 산줄기를 이어 주며, 뒤에서 불어오는 바람을 막아 주는 역할을 하는 산이다. 현무는 인간의 아버지에 비유될 수 있다. 좋

그림 1-18 사신사. 터의 사방을 둘러싸고 있는 산줄기이다.

현무는 두 팔을 벌려 터를 유정하게 감싸 주어야 하며(좌), 고압적이거나 터를 외면해서는 좋지 않다(우).

현무의 역량이 청룡·백호보다 강해 주종의 질서가 잡혀 있는 사찰(좌:영주 부석사), 현무가 낮고 허약해 청룡·백호에 억눌리는 모양의 산줄기(우).

그림 1-19 현무의 사례.

은 아버지는 자식에게 엄할 때도 있지만, 기본적으로는 두 팔을 벌려 자식을 아늑하게 품고, 다정하고 따뜻한 말로 대한다. 현무 또한 좋은 현무가 되기 위해서는 터를 유정하게 품고 있어야 하며, 현무에서 터까지 내려오는 산줄기가 머리를 들이밀듯이 유연하게 내려와야 한다(玄武垂頭).

반대로 현무가 고개를 치켜들고 고압적인 것은 좋지 않다. 현무가 수두(垂頭)하지 않고 고개를 치켜든다는 것은 좋은 자리를 베풀 마음이 없다는 뜻이다. 또한 앞서 설명했듯이, 산에도 얼굴과 뒤통수(面背)가 있다. 인간의 중요 기관들이 신체의 앞에 집중되어 있는 것과 같이, 혈 또한 산의 얼굴에서 뻗어 나온 산줄기에서 형성될 가능성이 높다. 따라서 현무봉의 얼굴이 터를 향해 유정하게 쳐다보고 있어야 한다.

현무의 형태 못지않게 그 역량 또한 중요하다. 현무가 인간사의 아버지에 비유되듯이, 사신사의 중심이 되어야 한다. 따라서 그 크기와 높이 등의 역량이 다른 사신사보다 강해야 길하며, 최소한 비슷해야 한다. 만약 현무의 역량이 청룡·백호보다 약하면 주종의 질서가 흐트러지고, 청룡·백호에 억눌리는 모양새가 되어 좋지 않다.

주작

주작(朱雀)은 주택이나 묘소의 앞에 있는 산이다. 터 앞으로 보이는 여러 산들 중 터와 가장 가까우면서 작고 단아한 봉우리를 안산(案山)이라 하고, 안산을 제외한 모든 산들을 조산(朝山)이라 한다. 풍수에서는 여러 조산들보다는 안산을 특히 중요하게 여기며, 이에 풍수 현장에서는 '주작'보다 '안산'이라는 용어를 더 많이 사용하고 있다.

안산은 풍수적으로 부인에 비유된다. 그래서 그 형상이 단정하고 유정해야 길하게 여겨진다. 특히 안산의 형상으로 귀하게 여겨지는 것이 있다. 마치 새 한 마리가 날개를 활짝 펴고 춤을 추듯 터를 향해 다가오는 것 같은 형상이다. 풍수에서는 이를 주작상무(朱雀雙舞)라 칭하며, 대단히 귀하게 여긴다.

반면 안산의 형상이 깨지고 부서지거나, 날카로운 것은 모두 흉하다. 또 앞서 설명한 바와 같이, 안산의 얼굴이 터를 바라보고 있어야 하며, 그 크기와 높이 또한 가슴에서 이마 높이로서 적절해야 한다. 안산이 다른 곳을 쳐다보고 터를 외면하거나, 그 크기와 높이가 너무 높거나 낮다면 모두 터에 대해 좋은 기

그림 1-20 풍수 사신사의 주작 사진.

풍수로 공간을 읽다

그림 1-21 안동 퇴계종택. 주작상무의 형상을 가진 안산.

운을 주지 못한다.

청룡과 백호

청룡(青龍)과 백호(白虎)는 터의 좌측과 우측에 있는 산줄기이다. 용호(龍虎)의 가장 큰 역할은 외부에서 불어오는 바람으로부터 터의 생기를 보호하는 것이다. 풍수에서는 이를 장풍(藏風)이라 한다. 풍수논리의 요체인 기(氣)는 바람을 타면 (만나면) 흩어지고 사라져 버리는 특성(氣乘風則散)이 있다. 그래서 현무에서 이어져 내려온 땅의 기운(地氣)이 바람에 노출되지 않도록 좌우 산줄기들이 터를 잘 감싸 주어야 하는 것이다.

용호의 또 다른 역할은 그 산줄기의 길이와 형상, 높이 등에 따른 좋거나 나쁜 기운을 터에게 보태 주는 것이다. 즉 현무봉에서 터까지 이어져 내려온 산줄기가 지닌 본래의 역량이 용호 등의 주위 산줄기에 따라 커질 수도 있고, 완전히 사라져 버릴 수도 있다.

용호의 길흉을 판단하는 몇 가지 기준을 보면, 먼저 용호의 길이가 터를 충분히 감싸 줄 만큼 길어야 한다. 특히 그 길이가 터를 완전히 감싸 주어 용호 자체

그림 1-22 터를 감싸는 용호의 형상. 용호가 터를 완전히 감싸 주는 것이 최상이며(좌), 그렇지 못할 경우 터 앞에 안산이 있어야 한다(우).

그림 1-23 흉한 용호의 형상. 용호의 길이가 짧거나(좌), 앞으로 쭉 뻗어만 있거나(가운데), 밖으로 달아나는 형상(우)은 모두 흉격이다.

가 안산 역할을 하게 되면 더욱 좋다. 만약 용호의 길이가 터를 비교적 잘 감싸주되, 완전히 감싸 주지 못할 경우에는 터 앞에 안산이 반드시 있어야 한다.

용호의 형상은 산의 얼굴이 터를 향해 바라보고 유정하게 감싸 주어야 한다. 만약 용호가 앞으로나란히를 한 것처럼 길게 뻗어 있거나, 밖으로 달아나는 형상이면, 외부의 바람을 전혀 막아 주지 못하고, 내부의 물(생기)이 쉽게 빠져나가 버려 좋지 못하다.

사신사도 다 같은 사신사가 아니다

사신사는 규모별로 명칭과 모양새가 다르다. 풍수논리에서 가장 작은 사신사는 혈(穴)을 직접 둘러싸고 있는 혈장(穴場)의 구성요소들이다. 혈장을 구성하는 자연지형은 혈의 뒤에 입수(入首), 좌우에 선익(蟬翼), 앞에 전순(氈脣)이 있다.

풍수로 공간을 읽다

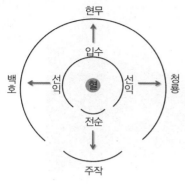

입수(入首)[4]는 혈 뒤쪽의 볼록한 부분으로, 땅의 기운(地氣)이 최종 목적지인 혈로 들어가기 전에 마지막으로 기운을 모으는 곳이다. 선익(蟬翼)은 마치 매미 날개처럼 생겼다 해서 붙여진 이름으로, 입수의 양끝에서 아래로 뻗은 작은 능선을 말한다. 전순(氈脣)은 혈 앞에 약간 두툼하게 생긴 것으로 혈을 맺고 남은 기운이 뭉쳐져 있는 것이다.

그림 1-24 혈장의 구성요소. 방위별 사신사와 각각 대응된다.

이러한 혈장의 구성요소들이 가지는 공통적인 역할은 외부로부터 불어오는 바람을 막아 주고, 땅의 기운이 응축되어 있는 혈을 보호하는 것이다. 그리고 입수, 선익, 전순의 규모를 확대하면, 사신사인 현무, 청룡과 백호, 안산에 각각 대응된다. 그러나 혈장의 구성요소들은 규모가 확대되더라도 그 기본적인 역할은

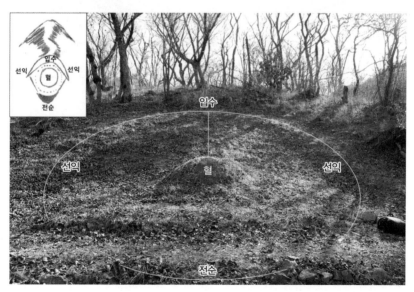

그림 1-25 가장 규모가 작은 혈장의 사신사. 혈을 중심으로 입수와 좌·우선익, 전순이 사방으로 둘러싸고 있다.

그림 1-26 묘소 규모의 사신사와 마을 규모의 사신사.

동일하다. 사신사 또한 묘소 규모의 사신사, 주택이나 마을 규모의 사신사, 더 크게는 도시 규모의 사신사로 확대되더라도 그 기본적 역할은 동일하다.

자연지형은 이처럼 혈 하나를 위해 작게는 혈장에서부터, 크게는 사신사까지 규모별로 단계를 이루면서 보호하고 있다. 이러한 형태는 마치 아주 귀한 인물을 보호하기 위해 바로 인접한 호위 무사(혈장의 구성요소)에서부터 그 밖으로 많은 병력들(사신사)이 첩첩으로 감싸고 있는 것과 유사하다.

풍수로 공간을 읽다

백호(인왕산)　　주산(북악산)　　　　　청룡(낙산)

혈
경복궁

안산(남산)

그림 1-27 도시 규모의 사신사. 경복궁을 중심으로 사방으로 산줄기가 감싸고 있다(산줄기의 흐름이 실제로 이어져 있는 모습과 일부 다를 수 있음).

2. 물줄기 읽기

　여름철에만 비가 집중되는 기후에서 전통 농경사회를 일구었던 우리나라에서 물에 대한 중요성은 끊임없이 강조되어 왔다. 특히 모내기를 해야 하는 봄철에 가뭄이라도 든다면, 제 논에 물대기는 가족들의 그해 생존과 직결된 문제였다. 오죽하면 아전인수(我田引水)란 속담이 생겼으며, 세상에서 가장 보기 좋은 것이 자식 입에 음식 들어가는 것과 제 논에 물 들어가는 것이라는 말이 생겼을 정도이겠는가.

　물을 소중히 여긴 조상들의 인식은 인간과 공간의 문제를 다루는 풍수에도 그대로 녹아들었다. 풍수(風水) 그 용어 자체에서 이미 상징되듯이, 물은 산과 더불어 풍수의 큰 비중을 차지해 왔다. 그래서 조상들이 터를 정할 때는 자연스럽게 물의 조건을 따지게 되었다. 즉 식수 및 농업용수로 이용될 물이 마을이나 도시 영역을 쉽게 빠져나가지 않고, 오랫동안 머물 수 있는 곳에 터를 잡았던 것이다.

1) 물줄기 읽는 방법

풍수는 조상들의 물에 대한 인식을 받아들여 물을 재물로 상징하였다. 그래서 물이 영역 내에 머물지 못하고 곧장 빠져나가 버리는 곳을 재물도 함께 빠져나가는 곳으로 해석하였다. 나아가 풍수에서 터의 길흉을 판단하기 위해 따져야 하는 물의 조건인 하천의 형태, 수구의 닫힘, 유속, 규모 등은 물이 영역 내에 머물 수 있는 시간과 관계가 깊은 조건들이다.

물은 구불구불 흘러야 좋다

산줄기가 구불구불해야 좋은 것처럼, 물줄기 또한 구불구불한 곡선형이 길하고, 곧게 뻗은 직선형 물줄기는 흉하다. 물이 구불구불하게 흐른다는 것은 터가 전체적으로 평탄함을 의미한다. 반대로 곧게 뻗은 직선형의 물길은 터가 평탄하지 못하고 경사가 급하다는 뜻이다. 주택이나 묘소, 마을 등 모든 용도의 터는 평탄한 곳이어야 하며, 물이 곧게 빠져나가는 경사지에서는 좋은 터가 형성되는 법이 없다.

그러나 주의해야 할 것은 물길이 구불구불하다고 해서 모두 길한 것은 아니라는 점이다. 터의 위치에 따라 물길의 길흉이 달라진다. 물길이 감아 도는 안쪽을

그림 1-28 구불구불한 물줄기. 물이 감아 도는 안쪽에 하회마을이 있고, 그 반대편에 바위절벽인 부용대가 있다(사진 출처: 문화재청 홈페이지).

퇴적사면이라 하며, 이때 물길의 흐름을 궁수(弓水)라고 한다. 퇴적사면은 유속이 약하고 홍수의 염려가 없어, 예로부터 마을이 형성된 곳이다. 반면 물길이 감아 도는 바깥쪽을 공격사면이라 하며, 이때 물길의 흐름을 반궁수(反弓水)라 한다. 공격사면은 유속이 강하여 통상 깊은 소(沼)와 바위절벽이 형성된 곳이다. 결과적으로 주택이나 묘터로 적합한 곳은 물길이 감아 도는 안쪽이다.

수구가 닫힌 곳이 좋다

산줄기가 사방을 둘러싸고 하나의 영역을 형성하면, 그 속의 물줄기들은 여러 골짜기에서 흘러내린 지천들이 모여 하나의 본류를 형성해서 영역 밖으로 흘러나가는 형태를 보인다. 이것은 물통을 연상하면 쉽게 이해된다. 물통을 거꾸로 들면 물통 속 물이 주둥이 부분을 따라 흘러내린다. 이때, 주둥이 부분이 좁으면 물이 조금씩 흘러내리지만, 주둥이가 넓을수록 한꺼번에 쏟아져 버린다.

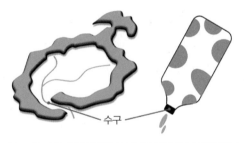

그림 1-29 수구. 물통의 주둥이 부분이 영역의 수구와 닮았다.

그림 1-30 수구가 벌어진 마을 앞에는 숲과 연못이 있다.

풍수에서는 물통의 주둥이에 해당하는 부분, 즉 영역 내의 여러 지천들이 모인 본류가 영역 밖으로 흘러나가는 출구 지점을 수구(水口)라 칭하여, 터의 길흉을 판단하는 중요 요건으로 따진다. 풍수에서는 수구가 닫혀 있어 내부 영역의 물이 천천히 빠져나가는 것을 길하게 여기고, 반대로 수구가 열려 있어 물이 급하게 빠져나가거나 물빠짐이 훤히 보이는 것을 흉하게 여긴다. 풍수에서 물은 재물을 뜻하기 때문에, 수구가 열려 있는 것은 내부 영역의 생기와 재물이 모두 빠져나간다고 보아 흉하게 여기는 것이다.

그런데 실제 지형에서 풍수 명당도처럼 수구가 완벽하게 닫혀 있는 경우는 대단히 드물다. 그래서 우리나라 대부분의 전통마을에서는 마을 앞 수구가 열려 있는 것을 보완하기 위해 숲과 연못을 조성하였다.

숲은 마을 내부에서 물이 빠져나가는 것이 보이지 않도록 하며, 반대로 마을 외부에서 마을이 훤히 보이지 않도록 하는 역할을 하였다. 연못은 마을의 물이 외부로 바로 빠져나가지 못하도록 하는 기능과, 마을의 생활용수로 사용되었던 물을 정화시켜 영역 밖으로 배출하는 생태적 기능도 겸하였다.

물길을 거스르는 산줄기가 있어야 한다

풍수 명당도(明堂圖)에서 말하고 있는 좋은 터를 보자. 근원이 먼 산에서부터 뻗어 온 산줄기가 마을 뒤에 이르러 작고 야트막한 주산(현무)을 일으킨다. 그리고 주산의 좌우에서 뻗어 나온 청룡·백호가 팔을 감싸듯이 마을을 안아 주며, 안산(주작)이 마을 앞에 다정하게 서 있다. 또한 마을을 둘러싸고 있는 산줄기에 의해 형성된 수구가 조밀하게 닫혀 있어, 마을 밖으로 빠져나가는 물줄기는 구불구불하게 흘러가는 형상이다.

그러나 실제 지형에서 풍수 명당도처럼 완벽한 사신사를 갖춘 곳을 찾는 것은 불가능에 가깝다. 실제로 풍수적 명당으로 널리 알려진 곳을 답사해 보면, 조금씩의 풍수적 결함을 지니고 있는 것을 볼 수 있다. 수구가 조밀하게 닫혀 있어, 풍수 명당의 형태를 제법 갖춘 곳은 대체로 산골짜기에 있으며, 산줄기로 둘러

풍수로 공간을 읽다

싸인 내부 영역의 규모 또한 크지 않은 것이 대부분이다. 그 마저도 일반적인 평지 지형에서는 잘 찾을 수도 없다.

이에 대해 조선 후기 실학자 이중환은 『택리지(擇里志)』「복거총론(卜居總論)」에서 다음과 같이 설명하고 있다.

> 산속에서는 수구가 닫힌 곳을 쉽게 구할 수 있지만, 들판에서는 굳게 닫힌 곳을 찾기 어렵다. 그러므로 물을 거슬러 주는 산줄기를 찾아야 한다. 높은 산이나 언덕, 바위 등을 가릴 것 없이 힘차게 흐르는 물길을 가로막으면 길하다. 한 겹이라도 좋지만, 여러 겹 감싸지면 더욱 길하다. 이런 곳이라야 굳건하게 오래도록 세대를 이어나갈 수 있는 터가 된다.[5]

그림 1-31 거수. 물이 왼쪽에서 흘러오면 백호 산줄기가 물을 거슬러야 하며(좌), 물이 오른쪽에서 흘러오면 청룡 산줄기가 물을 거슬러야 한다(우).

그림 1-32 거수의 사례. 사찰(지리산 화엄사)의 백호가 물을 거슬러 주고 있다(좌). 마을이 주어진 산줄기 규모에 딱 맞게 들어앉아 있지만, 청룡이 짧고 밖으로 달아나는 형상이다. 청룡이 A 지점까지 이어져 물을 거슬러 준다면, 마을의 풍수적 등급이 한 단계 올라갔을 것이다(우).

위의 설명에서 "물을 거슬러 주는 산줄기"에 주목할 필요가 있다. 물을 거슬러 주는 산줄기란 터에서 앞을 바라보았을 때, 물이 왼쪽에서 오른쪽으로 흐를 경우 백호 산줄기가 물이 천천히 흘러가도록 막아 주는 역할을 하는 것을 말한다. 그 반대로 물이 터의 오른쪽에서 왼쪽으로 흐를 경우 청룡 산줄기가 물을 막아 주어야 한다.

이때 중요한 것은 청룡·백호 산줄기가 터를 향해 유정하게 감아 주어야 한다. 만약 그렇지 못하고 청룡·백호 산줄기가 물이 흘러가는 방향으로 휘어져 나간다면, 이는 물을 따라가는 산줄기(山水同去-산수동거)라 하여 터에 좋은 영향을 주지 못하는 것으로 여겨진다.

2) 물의 형태에 따른 길흉

산의 형태를 오행(五行)으로 분류한 것처럼, 물의 형태 또한 오행으로 분류하여 길흉을 판단한다. 간단히 말하면, 물이 직선으로 곧장 흘러가는 것을 흉으로 보고, 물이 구불구불 흘러가는 것을 길하게 여긴다. 그러나 물이 구불구불 흘러가더라도, 터가 물이 감아 도는 바깥에 자리하면 흉하다.

목성수(木星水)는 일직선으로 곧장 흐르는 물이다. 목성수에는 터 앞을 가로질러 곧장 흐르는 물, 터의 옆을 비스듬하게 사선으로 흐르는 물, 터 앞 정면으로 빠져나가거나 들어오는 물이 있다. 그중에서 특히, 터 앞으로 곧장 빠져나가는 물은 가산이 빈곤해지는 흉한 물이고, 터 정면으로 쏘듯이 치고 들어오는 물은 극히 흉한 물이다. 목성수는 물이 터를 유정하게 감싸 주지 못하고 직선으로 흐르기 때문에 전체적으로 흉하다.

화성수(火星水)는 날카롭게 뾰족한 모양을 만들며 급하게 흐르는 물이다. 화산(火山)이 날카롭고 뾰족해서 흉한 것과 마찬가지로, 화성수 또한 터가 물이 감아 도는 안쪽에 자리하고 있어도 대체로 흉하다. 특히 터가 물이 감아 주는 바깥에 자리하고 있다면 온갖 재앙이 끊임없을 정도로 극히 흉하다. 토성수(土星水)는

풍수로 공간을 읽다

그림 1-33 목성수. 목성수는 물이 터를 유정하게 감싸 주지 못하기 때문에 전체적으로 흉하다.

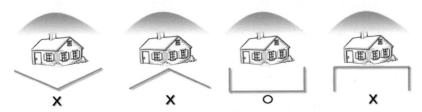

그림 1-34 화성수와 토성수. 화성수는 물길이 날카로워 흉하며(좌), 토성수는 터가 물이 감아 도는 안쪽에 있어야 길하다(우).

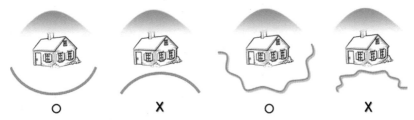

그림 1-35 금성수와 수성수. 금성수(좌)와 수성수(우)는 터가 물길이 감아 도는 안쪽에 자리하면 길하고, 바깥에 자리하면 흉하다.

직각으로 곧게 흐르는 물이다. 터가 물이 감아 도는 안쪽에 자리하고 있으면 길하나, 그 반대로 바깥에 있으면 흉하다.

금성수(金星水)는 허리띠를 두른 것처럼 원만하게 감싸 주면서 흐르는 물이다. 터가 물이 감아 도는 안쪽에 자리하고 있으면 대단히 길하지만, 반대로 바깥에 자리한 경우 반궁수(反弓水)라 하여 흉하다. 수성수(水星水)는 구불구불 흐르는 물이다. 터가 구불구불 휘감아 흘러가는 안쪽에 자리하면 대단히 길하지만, 그 반대로 바깥에 위치하면 역시 흉하다.

3) 물의 크기와 역량

풍수에서는 물의 크기와 역량을 터의 길흉 판단을 위한 주요 조건의 하나로 여긴다. 물줄기를 크기와 역량에 따라 구분하면, 가장 큰 것이 '−강' 명칭이 붙어 있는 강과 하천이다. 풍수에서는 이를 강하수(江河水)라 한다. 강과 하천은 주로 도시나 큰 마을의 역량에 어울린다.

그다음 규모가 큰 물줄기는 강이나 하천보다 작은 시냇물이다.[6] 풍수에서는 이를 계간수(溪澗水)라 한다. 시냇물은 수량이 많지 않더라도 평소에도 일정량의 물이 흐르는 경우가 많다. 작은 마을 규모의 역량에 어울리는 물길이며, 더불어 개별적인 집터나 묘터의 역량에도 어울린다. 봇도랑물은 마을 안이나 논밭의 작은 도랑물을 의미한다. 풍수에서는 이를 구혁수(溝洫水)라 한다. 비록 물길의 크기와 규모는 작지만 개별 주택이나 묘터의 길흉에도 많은 영향을 미치는 귀중한 물이다.

한편, 일반적인 식수와 농업용수 측면에서는 간과되기 쉬우나 풍수적 관점에서 대단히 중요한 물길이 있다. 우천 시에만 물이 흐르는 작은 골짜기이다. 풍수에서는 이를 건류수(乾流水)라 한다. 일반인들이 통상 생각하는 물길은 물이 항상 흐르는 골짜기이다. 이 물길은 평소에는 지표로 물이 흐르지 않지만, 풍수에서 땅의 기운이 물을 만나면 멈춘다(氣界水則止)는 원칙과, 물길은 물의 통로이자 바람의 통로인 점에 비추어 건류수도 중요한 물길로 여겨진다.

건류수보다 더 작은 골짜기도 있다. 이 작은 골짜기는 물길을 통해 확인하는 것이 아니고, 오히려 산의 형세로써 찾을 만큼 규모가 작아 자칫 간과하기 쉽다. 그러나 이 작은 골짜기 또한 주택과 묘터의 길흉을 판가름할 만큼 중요하다. 특히 주택이나 묘소의 뒤에서 터를 치고 들어오는 것을 임두수(淋頭水)라 하며, 풍수에서 극히 흉한 것으로 치는 물이다.

풍수로 공간을 읽다

강·하천(강하수)

마른 골짜기(건류수)

시냇물(계간수)

주택 뒤의 작은 골(임두수)

봇도랑물(구혁수)

묘소 뒤의 작은 골(임두수)

그림 1-36 물의 크기에 따른 명칭.

3. 산줄기와 물줄기의 관계

　지금까지 산줄기와 물줄기를 개별적으로 떼어 놓고 그 길흉을 판단하는 방법을 살펴보았다. 실제 풍수 현장에서도 터의 길흉을 살필 때 특별한 경우를 제외하고, 산줄기와 물줄기를 따로 떼어 놓고 평가하는 경우가 많다. 그러나 산줄기와 물줄기는 따로 떼려야 뗄 수 없는 사이다. 산줄기는 물줄기를 만들어 내는 근원이 되며, 물줄기는 산줄기를 변화시킨다. 우리 국토는 산줄기와 물줄기가 마치 씨줄과 날줄처럼 켜켜이 엮여 있으며, 그 속에서 우리 조상들의 삶이 이루어져 왔다. 이런 맥락에서 산줄기와 물줄기의 관계를 엮어서 살펴본다면 우리 국토에 대한 이해를 한 층 더 높일 수 있을 것이다.

물은 산을 넘을 수 없고, 산은 물을 건널 수 없다

　〈그림 1-37〉의 왼쪽 그림 속 산줄기의 어느 한쪽인 A 지점에 떨어진 빗물과 그 반대쪽 B 지점에 떨어진 빗물은 서로 갈 길이 완전히 다르다. 극단적으로는 작은 산줄기를 사이에 두고 떨어진 빗물이 결국 만나지 못하는 경우도 있다.

　〈그림 1-37〉의 오른쪽 사진은 낙동정맥이 지나가는 경북 경주시 인근의 도로이다. A 지점에 떨어진 빗물은 운문호와 밀양강을 거쳐 낙동강에 합쳐진 다음,

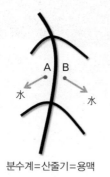

그림 1-37 산줄기 하나를 사이에 두고 떨어진 빗물이 동해와 남해로 갈라지는 이산가족이 된다.

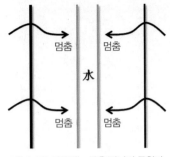

그림 1-38 산줄기는 물을 건너지 못한다.

종착지인 남해바다로 간다. 산줄기 건너편인 B 지점에 떨어진 빗물은 경주시 건천읍을 거쳐 형산강에 합수된 다음, 포항의 동해바다로 가게 된다. 이처럼 불과 십수 미터의 산줄기 하나를 두고 양쪽으로 떨어진 빗물이 바다의 번지수를 달리할 만큼 갈릴 수도 있다.

산줄기 이쪽에 떨어진 빗물이 산줄기 건너편으로 흘러갈 일은 없다. 즉 물은 산줄기를 넘지 못한다. 이때의 산줄기는 지형학적 용어로 양쪽의 물줄기를 나누는 분수계(分水界)가 되며, 풍수학적 용어로 용맥(龍脈)이 된다.

물이 산줄기를 못 넘어가듯이, 산줄기 또한 물을 건너지 못한다. 풍수에서는 산줄기를 타고 이어져 온 땅의 기운(生氣)이 물을 만나면 멈춘다(氣界水則止)고 가정한다. 이때의 물줄기는 큰 하천에서부터 물이 흐르지 않는 작은 계곡까지도 포함된다.

산은 하나에서 시작되어 만 갈래로 나뉘고, 물은 만 갈래에서 시작되어 하나로 합쳐진다[7]

우리나라의 모든 산줄기는 백두산에서 시작된다.[8] 백두산을 출발한 산줄기는 전체적으로 남쪽으로 이어져 내려오며 천 갈래 만 갈래로 나뉘며 우리나라 전체의 산줄기를 만들어 낸다. 우리 조상들은 천 갈래 만 갈래의 산줄기 중, 중간에 끊어지지 않고 바다에 다다르는 으뜸 된 산줄기에 '대간(大幹)', '정맥(正脈)'이라는 이름표를 붙여 여타 산줄기들과 차별화시켰다.

대간은 오직 하나밖에 없으며, 누구나 한 번쯤은 들어 봤을 백두대간(白頭大幹)이다. 백두대간은 백두산을 출발하여 지리산에서 마무리함으로써, 나라의 등뼈를 이루는 산줄기이자, 나라의 물길을 동서로 양분하는 경계선이다. 나무에 비유하면, 백두대간은 기둥이며, 나머지 산줄기는 가지다.[9]

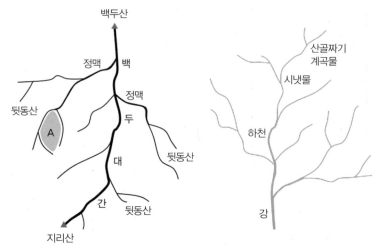

그림 1-39 산줄기와 물줄기의 형상. 산줄기는 거꾸로 세운 나무를 닮았고, 물줄기는 똑바로 선 나무를 닮았다.

정맥은 백두대간에서 뻗어져 나와 주변에서 흔히 볼 수 있는 작은 산줄기들을 뻗어 내려 주는 중간가지 역할을 하는 산줄기로서, 13개가 있다. 우리나라의 명산(名山)들은 대부분 대간과 정맥의 산줄기를 타고 있으며, 우리가 친숙하게 보는 마을 뒷동산 줄기들은 대간과 정맥에서 뻗어 나온 작은 산줄기들이다.

하나에서 시작되어 만 갈래로 나뉘는 산줄기의 형태는 나무를 닮았다. 나무는 나무이되 거꾸로 세워 놓은 나무다. 산줄기와 반대로 물줄기는 만 갈래에서 시작되어 하나로 합쳐진다. 마을 뒷동산의 작은 골짜기에서 시작된 물줄기는 모이고 모여 도랑물과 시냇물이 되며, 이어서 하천과 강물이 된 다음, 종국에는 하나로 합쳐져서 바다로 들어간다. 만 갈래가 하나로 합쳐지는 물줄기의 형태는 똑바로 선 나무를 닮았다.

산줄기가 둘러싸면 물통을 닮는다

산줄기가 많은 갈래로 나뉘는 과정에서, 서로 에워싸고 그 내부에 하나의 영역을 형성하는 경우가 있다(그림 1-39의 A영역). 이때 영역을 둘러싸고 있는 산줄기

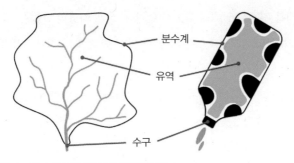

그림 1-40 산줄기로 둘러싸인 영역(유역)은 물통을 닮았다.

들은 분수계가 되어 영역 내부의 여러 골짜기에서 흘러내린 작은 물줄기들이 서로 모이고 모여서 하나의 본류를 형성한 다음, 영역 밖으로 흘러나간다.

이것은 앞서 설명한 바와 같이 물통과 닮은꼴이다. 물이 들어 있는 물통을 거꾸로 들면, 물통 속 물이 주둥이로 흘러내린다. 물통의 주둥이 부분과 같이 산줄기로 둘러싸인 내부 영역의 물이 영역 밖으로 빠져나가는 지점을 수구(水口)라고 하고, 물통의 용적과 같이 산줄기로 둘러싸인 내부 영역을 유역(流域)이라고 한다. 물통의 용적에 따라 담을 수 있는 물의 양이 달라지듯이 산줄기로 둘러싸인 영역(유역)의 크기에 따라 수구로 빠져나가는 물의 양이 달라진다.

수많은 지천이 하나의 물줄기로 합쳐진 다음 수구로 빠져나가는 것이 나무를 닮았다면, 낙동강 유역이라 함은 유역 내 수많은 지천들이 모인 낙동강 물줄기가 만들어 내는 나무 한 그루의 범위를 말한다. 우리나라의 마을들은 동네, 동리라고도 불린다. 여기서 마을을 뜻하는 한자 '동(洞)'의 뜻인 '같은 물을 사용하는 곳'이 산줄기로 둘러싸인 동일한 영역(유역)과 다름없다. 작은 산줄기는 마을을 갈랐지만, 작은 산줄기로 나뉘기 전의 큰 대간과 정맥은 지방을 갈라, 기후와 언어, 민속 등의 다양성을 만들어 냈다.

산줄기와 물줄기는 깍지 낀 손가락 관계이다

산줄기와 물줄기의 관계는 깍지 낀 손가락과 같이 정확히 맞물린다. 〈그림

1-41〉은 경북 경주시 일대의 실제 지형이다. 실제 지형의 산줄기선과 물줄기선을 따로 그려 보고, 〈그림 1-42〉와 같이 다시 합쳐 보면 정확히 맞물리는 역상(逆像) 구조가 된다.

　산줄기와 물줄기가 서로 겹치지 않고 정확히 맞물림으로써 산줄기는 물을 건너지 못하고, 물줄기는 산을 넘지 못한다는 것을 확인시켜 준다. 그리고 이러한 맞물림 속에서, 그림과 같이 산줄기로 둘러싸인 영역은 하나의 물통(유역)을 형성하게 된다.

그림 1-41 경주 지역 위성 지도.

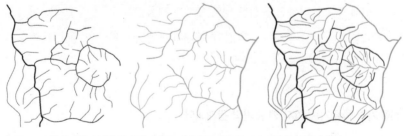

그림 1-42 실제 지형의 산줄기선(좌)과 물줄기선(가운데)을 합치면 정확히 맞물린다(우).

　　　　　　　　　　　　　　　　　　　　　　　　　풍수로 공간을 읽다

산줄기로 둘러싸인 영역에 노란색을 칠하면 물통의 모습이 쉽게 보인다. A는 물통 속 물이 밖으로 빠져나가는 각각의 주둥이 지점(수구)이다. 그래서 〈그림 1-43〉이 나타내는 범위에는 네 개의 유역이 포함되어 있으며, 각 유역의 물줄기가 그림 우측 상단 지역에서 하나로 합쳐져 계속 흘러가는 것을 볼 수 있다.

그림 1-43 물통처럼 보이는 유역.

4. 자리 정하기

지금까지 설명한 내용들은 '터를 읽기' 위한 방법들이며, 구체적으로 산줄기와 물줄기를 풍수적인 관점에서 평가하는 방법들이었다. 그리고 지금부터 설명할 내용은 '터 읽기'가 완료되어 터를 사용하고자 할 경우, 해당 터에서 가장 좋은 곳을 '자리 잡기' 위한 방법들이다. 풍수에서는 이를 정혈(定穴)이라 표현한다.

혈이란 명당판 중에서도 가장 건강성이 넘치고 땅의 기운이 집중되어 있는 지점이다. 혈은 음택의 경우 시신이 직접 땅에 접하여 그 생기를 얻을 수 있는 곳이다. 또한 궁궐인 경복궁은 근정전, 사찰은 대웅전, 민가의 경우에는 본채 또는 집안의 가장이 거처하는 곳이 혈에 위치하게 된다.[10]

그러나 정확한 혈을 찾아 자리를 정하는 것은 내용이 어렵고 복잡해, 풍수인들조차도 완벽하게 구사하기가 힘이 든다. 따라서 일반인의 수준에서는 혈을 찾아 좋은 자리를 잡는 것보다, 오히려 반대로 흉한 자리를 구별하는 법을 알고 있는 것이 실생활에 훨씬 도움이 된다. 이에 일반인의 수준에서, 집터와 묘터의 자리를 선정할 때, 고려할 만한 사항을 설명하면 다음과 같다.

1) 자리를 정할 때 무엇을 고려해야 하는가

뒤에 산이 있고 앞에 물이 있으면 다 배산임수인가?

"어떤 터가 살기 좋은 곳입니까?"

한국인에게 이런 질문을 한다면 으레 나오는 답변이 있다. "배산임수요!" 한국인이라면 풍수를 잘 몰라도 사람이 살 만한 장소로 배산임수(背山臨水)의 터를 꼽는다. 그만큼 배산임수란 단어는 한국인에게 친숙한 용어이다. 일반인들이 생

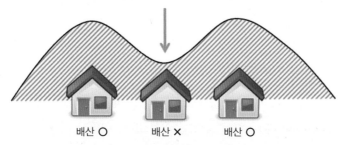

그림 1-44 배산. 터 뒤로 기대고 있는 부분이 봉우리일 때 배산이다.

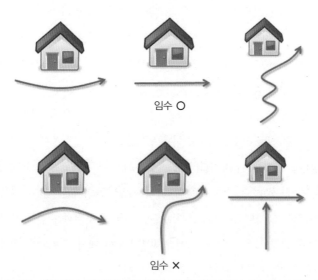

그림 1-45 임수. 앞의 물이 터에 대해 길한 영향을 줄 때 임수라 하나, 앞의 물이 터에 대해 흉할 경우 임수가 아니다.

풍수로 공간을 읽다

각하는 배산임수는 뒤로 산을 기대고 앞으로는 들판(물)이 있는 지형이다.

그러나 풍수 시각에서의 배산임수는 일반인들의 그것보다 더 구체적이다. 즉 뒤로 산을 기대고 있다고 해서 모두 배산이 되는 것이 아니며, 앞에 물이 있다고 해서 모두 임수가 되는 것이 아니다. 터 뒤에 있는 산과 앞의 물이 터에 대해 길한 작용을 하는 일정 요건을 갖추었을 때, 배산과 임수라는 명칭을 붙일 수 있다.

먼저 배산의 의미를 살펴보면, 배산(背山)은 뒤로 산을 기대고 있다는 의미이다. 풍수에서는 터의 후방에 단지 산이 있다고 해서 배산으로 보지 않으며, 터가 뒤의 산줄기 중에서 봉우리 부분에 기대고 있을 때, 배산으로 본다. 그 반대로 터 뒤로 골짜기가 있다면, 이는 산에 기대고 있는 것이 아니라 골짜기에 기대고 있는 극히 흉한 형태가 된다.

임수(臨水)는 앞에 물이 있다는 의미이다. 그러나 풍수에서는 터 앞에 단지 물이 있다고 해서 임수로 보지 않는다. 풍수에서는 터 앞의 물이 터에 대해 길한 영향을 미칠 때 임수로 본다. 즉 터 앞의 물이 터를 안고 둥글게 감아 돌거나, 터를 향해 구불구불하게 흘러들어 올 때 임수로 보며, 최소한 터에 대해 횡으로 지나가는 물이 되어야 임수라 불릴 수 있다.

그 반대로 터 앞의 물이 터에 대해 배를 보이고 돌아나가거나, 터를 향해 곧장 치고 들어오는 형태, 또는 터 앞에서 물길이 직교하는 형태는 임수라고 볼 수 없다. 결과적으로 뒤의 산과 앞의 물이 터에 대해 풍수적으로 길한 영향을 줄 수 있을 때만이 배산임수의 터라고 말할 수 있다.

산줄기와 골짜기 구별하는 방법

근래 전원생활의 붐이 일어나면서 한적한 도시 근교나 시골에 전원주택을 짓고자 하는 사람들이 많다. 전원주택 터를 구하는 사람들의 대부분이 선호하는 터는 뒤로 산을 기대고 있는 양지바른 산기슭이다. 뒤로 산을 기대고 있는 산기슭은 얼핏 보면 산줄기가 끝이 난 평지처럼 보이기 십상이다. 그래서 사람들이 주어진 터에서 진출입의 편리 등만을 따져 건축물을 앉히는 사례가 많다.

그림 1-46 밭두렁이 산 아래로 불룩하게 이어진 것이 산줄기이며, 산줄기 위에 묘소도 보인다.

그림 1-47 전통 한옥 형태로 아담하게 지은 전원주택. 자세히 보면 주택이 골짜기에 자리하여 주변 지대보다 조금 낮다.

그러나 이러한 터는 실제로는 산줄기와 골짜기가 명확히 나뉘는 땅이다. 〈그림 1-46〉의 땅은 지금은 밭이지만, 개간되기 전 과거에는 본래 나무가 빽빽한 산이었다. 이러한 터를 평지로 오인해서 건축물의 위치를 가림 없이 짓는다면 자칫 골짜기 안에 건축물을 배치할 우를 범할 수 있다.

이러한 터에서의 산줄기와 골짜기의 구별은 논밭의 두렁을 통해서 식별이 가능하다. 두렁이 등고선의 형태를 그대로 보여 주기 때문이다. 사진의 ①번 선과

풍수로 공간을 읽다

같이 산 아래 방향으로 불룩한 두 렁들의 정점을 연결한 것이 산줄기(地脈線-지맥선)이고, 그 반대로 ②번 선과 같이 산 위로 불룩한 두렁들의 정점을 연결한 것이 골짜기이다.

위 사진의 주택은 이러한 유형의 터에서 건축물을 골짜기에 앉

그림 1-48 도로가 등고선을 따라 나 있는 도로. 자연적으로 구불구불하다(출처: 경주시청 홈페이지).

힌 사례이다. 주택 뒤로 두렁이 이어진 방향이 산 위로 불룩한 것이 보이며, 주택 우측으로 산줄기가 이어지는 것이 식별된다. 비록 아늑하고 예쁘게 꾸며 놓은 전원주택이지만 그 풍수적 실상은 다르다. 골짜기 터에서는 땅의 생기(地氣)를

스스로 풀어보세요!

작은 농장을 운영하면서 전원생활을 즐기기 위해, 사진과 같이 논으로 경작되고 있던 시골 땅을 매입하였다. ①번 지점과 ②번 지점 중 어느 곳에 주택을 지어야 할까?(단 부지의 활용도 등 다른 사항을 무시한 채, 산줄기와 골짜기 구별 측면만 고려한다는 가정하에)

정답은 ②번이다. 대부분 ②번이라 답했을 것이다. 물론 실생활에서는 부지의 활용도, 진출입 문제 등 여러 가지 사항이 고려되어야 하겠지만, 사람이 실제 살아가는 주택의 자리는 가급적 골짜기를 피해야 한다.

받지 못할 뿐만 아니라 땅속 수맥의 피해도 받을 수 있다.

따라서 산줄기 위에 주택을 앉히는 것이 바람직하나, 피치 못할 경우 본채 등의 주요 건물을 산줄기 위에 앉히고, 창고 등의 부속건물을 골짜기에 배치한다. 또한 주어진 터가 전체적으로 골짜기에 해당된다면, 본채만이라도 최대한 산 위로 볼록한 두렁의 정점(계곡의 정점)을 피해서 앉히도록 한다.

산줄기와 골짜기의 구별은 도로를 통해서도 가능하다. 일반적으로 임도나 산기슭 인근의 도로는 등고선을 따라 조성되어 있는 경우가 많다. 따라서 도로 또한 산 아래 방향으로 볼록한 것이 산줄기이고, 그 반대로 산 위로 볼록한 것이 골짜기이다.

명산에 명혈 없다

경북 경주에 남산이 있다. 남산은 역사적으로도, 풍수적으로 경주인들에게 중요한 자리를 차지하고 있는 산이다. 그만큼 사람(풍수를 알지만 풍수를 제대로 모르는 사람)들은 남산을 풍수적 길산(吉山)으로 여겨 예로부터 많은 분묘를 조성했다. 심지어 남산이 국립공원으로 지정되어 분묘 조성이 금지된 이후에도 상황은 크게 달라진 것 없이 불법 분묘 조성이 자행되어 왔다.

그러나 실상을 들여다보면, 묘지 대부분이 관리가 되지 않고 봉분이 무너져 내리는 등 무연고로 남아 있는 경우가 많다. 이것은 불법을 감수하면서까지 분묘를 조성했던 당사자들의 바람이 거의 이루어지지 않았음을 반증한다.

풍수에서는 경주 남산과 같은 산을 기세(氣勢)가 있는, 그리고 강한 기운을 가진 산으로 여긴다. 설악산, 서울 북한산 등의 산들이 이러한 유형에 해당한다. 이러한 산들은 대부분 전국적으로 이름난 산이며, 산의 형상이 불꽃이 타오르는 모양이거나 억센 바위산(火山)이 많은 것이 공통점이다.

기세 있는 바위산은 대형 상수도관에 비유된다. 그런데 일반인이 물 한 컵 마시자고 대형 상수도관에 바로 종이컵을 갖다 댈 수는 없는 노릇이다. 대형 상수도관에서부터 각 가정으로 분리된 수도꼭지에서 물을 마실 수가 있다. 일반적인

기세 있는 산

억센 기운을
털어 낸 후

단정하고 유
정한 봉우리

그림 1-49 기세 있는 산이 억센 기운과 살기를 털어 낸 후 단정하고 유정한 봉우리를 만든 곳에 주택이나 묘소가 들어서야 한다.

기세 있는 산

단정한 봉우리

그림 1-50 팔공산 동화사. 기세 있는 석산에서 이어져 내려온 단정한 흙산의 봉우리에 기대고 있다.

주택이나 묘소 또한 기세 있는 바위산에 바로 조성되어서는 안 된다. 기세 있는 산줄기가 좀 더 평지로 내려오면서 강하고 억센 기운을 털어내고 단정하고 유정한 봉우리를 이룬 곳에 일반인들의 주택이나 묘소를 터 잡기할 수 있다.

풍수에서는 이를 박환(剝換)이라 표현한다. 박환은 기세 있고 거친 석산(石山)

이 평지로 내려오면서 험한 살기를 벗고 부드럽고 유연한 흙산(土山)으로 변하는 것을 의미한다. 이러한 박환이 이루어지기 위해서 필요한 것이 앞서 설명한 산줄기의 수직(기복) 및 수평(지현) 운동이다. 즉 산줄기는 기세 있는 바위산에서 큰 기복과 지현을 하며 이동하다가, 평지로 내려오면서 점차 작은 기복과 지현을 통해 서서히 부드럽고 유연한 산줄기로 변화하는 것이다. '명산에 명혈 없다'는 말은 결국 풍수의 박환을 나타내는 말이다.

집터와 묘터는 따로 있다

풍수이론에는 살아 있는 사람을 위한 집터(양택)와 죽은 사람을 위한 묘터(음택)를 찾는 방법이 기본적으로 동일하다. 단 그 규모의 크기가 큰 곳은 집터에 알맞고, 크기가 작은 곳은 묘터에 알맞다.

일반인들이 집터와 묘터를 구별하는 구체적인 요령은 다음과 같다. 먼저 집터는 터를 받치고 있는 뒤의 산봉우리가 〈그림 1-51〉의 ①번과 같이 터를 향해 오목해야 한다. 마치 어미닭이 두 날개를 유정하게 감싸고 알을 품는 것과 같은 형상이다. 반대로 뒤에서 보면 산봉우리가 볼록한 모습이다. 이것은 산의 얼굴(面)과 뒤통수(背)에서 설명했던 것과 맥락을 같이 한다. 즉 굽은 면의 안쪽이 얼굴이고, 그 반대쪽이 뒤통수인 것이다.

그러나 현장에서 오목한 형상의 산봉우리를 찾는다는 것은 쉽지 않은 일이다. 혹 찾는다 해도 실제 소유 여부는 또 별개의 문제이다. 그래서 차선책으로 구할 수 있는 집터가 산줄기 위의 터이다. 단 집터를 위한 산줄기는 〈그림 1-51〉의 ②번과 같이 봉우리에서 이어지는 산줄기가 마치 평지와 같이 평평하여 집을 지을 공간이 충분한 곳이어야 한다.

만약 〈그림 1-51〉의 ③번과 같이 산줄기의 폭이 좁아 시각적으로도 명확한 산능선으로 인식되는 곳은 묘터이지 집터로는 적합하지 않다. 그러나 근래 들어 전원주택의 붐과 함께 묘터인 산줄기를 깎아 내어 집터로 이용하는 사례가 비일비재한데, 이는 풍수적으로 묘터에 집터가 앉아 있는 모양새다.

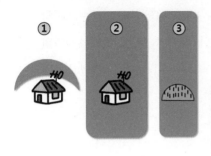

그림 1-51 집터와 묘터의 구별. 작은 산봉우리가 터를 오목하게 감싸고 있다(사진의 ①번 집터).

산줄기가 평평하고 넓은 곳은 집터가 되고(좌), 산줄기가 좁은 곳은 묘터가 된다(우).

풍수적 묘터인 산줄기를 깎아 집터를 만들고(좌), 엄청난 산줄기를 깎아 아파트 단지를 만들었다(우).
아파트의 입주민들은 지하 수십 미터의 땅속에서 살아가고 있는 모양새다.

그림 1-52 집터와 묘터의 사례.

오래 머무를 터, 잠시 쉬어갈 터

힐링(healing)은 근래 들어 아주 익숙한 용어이다. 힐링의 본래 의미는 치료와 치유의 뜻으로, 정신적 또는 육체적으로 아픈 사람들이 특별한 장소에서 각자의 상태에 따라 몸과 마음을 치료하고 치유하는 것을 의미한다. 그러나 일반인들에 게 힐링은 치료와 치유 개념보다는 며칠간 풍광 좋은 곳에 머물며 즐기는 휴양의 개념에 가깝게 사용되고 있다.

풍수의 논리 속에는 치유의 터와 휴양의 터가 나뉘어 있다. 치유의 터는 오래 머물며 거주할 만한 터로, 사방이 아담한 산으로 둘러싸인 지형이다. 이러한 터 는 사방의 산줄기에 의해 외부에서 불어오는 바람으로부터 보호 되며, 그 속에 서 살아가는 사람에게 아늑한 장소감을 제공한다. 우리나라 전통마을의 종택이 나 주요 주택들이 이러한 유형의 터에 자리하고 있다.

휴양의 터는 수일간 머물며 즐길 만한 터로, 주변보다 우뚝 솟아 있는 지형이 다. 이런 곳은 통상 물길이 돌아가는 바깥쪽(공격사면)이나 물길이 서로 직교하는 지점의 바위 절벽, 해안가 절벽 등이 해당된다. 이러한 터는 풍광이 대단히 호쾌 하며 바람이 많이 불어오는 특징이 있다. 우리나라 전통마을의 인근에서 볼 수 있는 정자들이 위치한 터가 이에 해당된다. 정자는 옛날 선비들이 일상의 삶을 잠시 떠나 시를 짓고 유흥을 즐겼던 장소로서 오늘날의 휴양 개념에 부합한다.

풍수적 관점에서, 휴양의 터는 기운이 안정되지 못한 곳이다. 그래서 몸과 마

그림 1-53 치유의 터와 휴양의 터. 사람이 오래 머무르면서 살아갈 만한 터는 산줄기로 둘러싸인 오목한 터(좌)이며, 단기간의 휴양을 위한 터는 전망이 좋은 높은 터(우)이다.

풍수로 공간을 읽다

음이 건강한 사람이 단시일 머물며 도시생활의 스트레스를 해소할 만한 장소가
된다. 그러나 휴양의 터는 오래 머물며 살아가는 거주지로서는 부적합하다. 많
은 바람과 높은 지대가 주는 심리적 공허함 등이 정신적·육체적 건강에 악영향
을 준다. 특히 노인이나 환자에게는 더욱 불리한 터이다. 보다 구체적인 내용은
'풍수와 힐링의 만남'에서 자세하게 설명하겠다.

수구는 바람이 많다

산줄기가 사방을 둘러싸고 있는 영역의 입
구, 즉 물통의 주둥이 부분을 풍수에서는 수
구(水口)라 한다. 수구는 물줄기의 관점에서,
영역 내의 여러 지천들이 모인 본류가 영역
밖으로 흘러나가는 출구 지점이다. 그러나
바람의 관점에서는, 유일하게 외부의 바람
을 영역 내부로 불러들이는 지점이다.

그림 1-54 수구는 산곡풍이 불어오는 지
점이다.

특히 수구는 산곡풍이 부는 지점이다. 산곡풍(山谷風)은 골짜기에서 주간과 야
간에 방향을 번갈아 가면서 만들어 내는 바람이다. 낮 동안에는 골짜기의 축을
따라 계곡 초입부에서 불어 오르는 곡풍이 불고, 밤에는 골짜기의 축을 따라 계

앞모습

그림 1-55 일상적인 거주의 터로 적합한 산으로 둘러싸인 지형(좌)과 수일간 휴양의 터로 적합한 해안
가 바위 절벽(우).

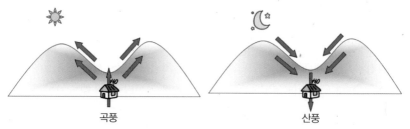

그림 1-56 산곡풍의 원리. 낮에는 계곡 초입부에서 불어 오르는 곡풍이 불고, 밤에는 계곡 안에서 불어 내리는 산풍이 분다.

곡 안에서 불어 내리는 산풍이 분다.

옛날 기억을 떠올려 보면, 마을 어른들이 저녁밥을 먹은 후 모여서 담소를 나누던 곳은 대부분 마을 어귀 느티나무 숲 아래(풍수의 수구)였다. 그곳은 한여름 밤의 더위를 식혀 줄 시원한 바람이 잦은 곳이었기 때문이다. 그러나 어른들이 그곳에서 잠을 청하는 일은 없었다. 산곡풍에 오랜 시간 노출되면 감기에 걸리는 등 인체에 해롭기 때문이었다.

우리나라 전통마을의 종택이나 고택의 위치를 생각해 봐도 대부분이 영역의 내부에 있지, 수구 지점에 자리한 사례는 드물다. 이처럼 수구 지점은 바람이 잦고 강해 일반적인 주택부지로서는 부적합하다.

2) 지명을 참조한 자리 정하기

사람에게 저마다 이름이 있듯이 땅에도 곳마다 이름이 붙여져 있으며, 이는 땅 이름, 즉 지명(地名)이다. 사람의 이름이 태어난 사주와 앞으로의 바람 등을 심사숙고해 지어지는 것처럼, 지명 또한 해당 장소의 지리적 특성과 그곳 토착민들의 문화와 역사가 반영되어 지어진다.

지명에 해당 장소의 지리적 특성이 반영되어 있다는 점에서, 지명이 일반인들의 거주지 선정 과정에 참고가 될 수 있다. 또 상식적 수준에서 지역의 지리적 특성이 지명에 어떻게 반영되어 있는가를 알아두는 것도 나쁘지 않다. 이러한 의

풍수로 공간을 읽다

미에서 바람, 물, 햇빛, 풍수의 네 가지 측면에서 지명과 지리적 특성의 관련성을 간단히 짚어 본다.[11]

바람과 관련한 지명

• 지명에 바람(風)이 들어 있는 곳

일반적으로 바람이 많이 부는 지역이거나, 바람이 지역 환경의 한 특성이 되는 지역이다. 충북의 황간과 경북의 김천 사이에 자리한 추풍령(秋風嶺)은 지대가 높아 바람이 많이 부는 곳이다.

'바람들이'로 통용하는 서울 강동구의 풍납(風納)동도 한강과 남한산 사이에 위치해 주야간의 풍향이 바뀌면서 바람의 빈도가 높은 환경을 갖춘 곳이다. 전남 고흥군 두원면 풍류리는 고흥반도의 서쪽 해안이며 득량만(得良灣)에 자리하여 섬이나 산지로 가림이 없어 바람이 많이 부는 것에서 붙여진 이름이다.

• 목(項) 지형

우리나라 전국 각지에는 '항(項)'이나 '−목'이 들어가는 지명이 많다. '항'이 들어가는 대표적인 지명으로 장항(獐項−노루목)이 있고, 그 외에도 경북 포항(浦項)

표 1-1. 지명에 '항'이나 '목'이 들어가는 지형의 특성

유형	고개	하천	해안
그림			
지형	봉우리와 봉우리 사이의 잘록하고 좁은 부분	하천의 하도가 갑자기 좁아진 부분	해변과 바로 마주 보이는 섬 사이의 좁은 부분

시, 충남 장항(長項)읍, 홍성군의 구항(龜項)면 등이 있다. '–목'이 들어가는 대표적 지명으로는 이충무공의 명량대첩으로 유명한 전남 해남군 울돌목(鬱陶項)이 있으며, 기타 전국 각지에서 '개목', '목쟁이', '그물목', '토끼목' 등의 형태로 나타난다.

지명에서의 목(項)은 생물의 목과 유사한 형태적 특징을 지닌 지형을 지칭하는 말로서, 산의 능선이 주변에 비하여 상대적으로 낮은 고개지형이나 하도가 급히 좁아진 부분을 가리킨다.

목 지형은 산줄기가 위로 솟았다(起)가 아래로 내려가는(伏) 부분으로, 풍수에서는 이를 과협(過峽)이라 지칭한다. 과협은 풍수에서 산줄기가 혈을 맺기 위한 중요한 요건의 하나로 여긴다. 그러나 과협은 산줄기가 혈을 맺기 위해 멈추는 곳이 아니고 계속 이어져 나가는 부분이기에 혈을 맺을 수는 없는 곳이다. 과협은 지리적 특성상 바람이 많이 불고, 물살이 세다. 따라서 거주지 선정 시 이런 특성을 알고 유의할 필요가 있다.

• 어구(入口) 지형

어구의 의미를 지니고 있는 것이 입구이다. 바다의 어구에 있으면 해구(海口), 강 어구에 있으면 강구(江口), 갯마을로 들어가는 어구에 있으면 포구(浦口), 항만으로 들어가는 입구에 있으면 항구(港口)가 된다. 또한 동리의 입구를 동구(洞口), 골짜기 입구를 곡구(谷口)로 표현한다.

대표적인 지역으로 경북 포항시에 형산강 하구를 중심으로 항구동(港口洞)이 있다. 경북 영덕군의 강구(江口)면은 오십천의 강 어구에 있는 데서 붙여진 지명이다. 강화도의 옛 지명은 해구(海口)이며, 바다로 진출하는 어구에 있는 데서 붙여진 지명이다. 강원도의 양구(楊口)는 버드나무 우거진 들판으로 들어가는 입구에서 붙여진 지명이다.[12]

공간적 범위를 좁혀서 살펴보면, 골짜기 초입부(谷口)는 수해와 산곡풍의 피해를 동시에 받을 수 있는 지형이기 때문에 풍수에서도 일반적으로 흉지(凶地)로

그림 1-57 경북 영덕군 강구면, 오십천에서 바다를 보면 오십천이 끝나는 지점이나, 바다에서 오십천을 보면 오십천이 시작되는 지점이다.

여기는 곳이다. 따라서 이러한 곳은 주택지나 공장지의 입지로서 가능한 회피해야 한다. 불가피할 경우에는 건물의 우선순위를 판단하여 주요 건물을 최대한 곡구와 이격하여 배치시켜야 하며, 수해와 산곡풍에 따른 화재 사고 방지 등에 주의를 기울어야 한다.

• 곶(串)·갑(岬) 지형

곶(串)·갑(岬)은 주로 바다와 강이 인접한 곳에서 나타나며, 육지가 해안으로, 또는 산기슭이 평야로 불쑥 나온 지형(凸형)에 붙여진 지명이다. 대표적인 지역으로 경북 영일의 장기곶(長鬐串), 김포 월곶(月串), 황해도 장연군 장산곶(長山串) 등이 있다. 세 곳 모두 육지가 해안으로 돌출한 지형인 데서 붙여진 지명이다.

곶·갑 지형은 우리나라 말로 '-고지', '-구지'계 지명으로도 나타난다. '-고지' 형태는 외고지, 돌꼬지(立石-강원 명주), 모롱고지(충북 중원), 보싯고지(충북 음성), 문꼬지(충남 서산), 질꼬지(전남 보성) 등으로 나타나며, '-구지' 형태는 모롱구

그림 1-58 김포시 고촌읍 돌방구지. 작은 구릉이 주변에 비해 한강 물길 가운데로 툭 튀어나와 있다.

지(경기 광주), 돌방구지(경기 파주), 대꼬지(竹串里-충북 제천), 가매구지, 절구지(강원 영월), 질구지(深井-전남 곡성), 대꾸지(大串), 나리꾸지(羅里-전남 진도), 싱구지(신안) 등으로 나타난다.[13]

곶·갑 지명이 붙은 곳의 일반적인 지형적 특징은 주위에 바람을 막아 주는 산이 없어 바람이 많다는 것이다. 육지가 해안으로 돌출한 지형은 해풍과 파랑의 영향을 받아 대체로 침식지형을 이루게 된다. 산기슭이 평야로 불쑥 나온 지형(凸형) 또한 저지에 비해 상대적으로 바람이 많다.

물과 관련한 지명

• 지명에 물(水)이 들어가는 곳

물가를 나타내는 지명은 천(川), 수(水), 하(河), 강(江), 진(津), 탄(灘), 주(洲), 빈(濱), 계(溪), 호수와 소택(湖·沼), 바다(海·洋) 등이 있다. 이 중 천(川)이 가장 많

풍수로 공간을 읽다

이 나타나며, 경기의 포천(抱川)시, 경북 영천(永川)시 등 전국 76개 지역에서 나타난다. 천(川)은 산(山) 자와 더불어 큰 강을 낀 지역에 주로 많이 쓰는 지명이다.[14] 경기의 수원(水原), 전북 장수(長水), 전남 여수(麗水), 평북 삭주의 수풍(水豊), 경북 영덕 창수(蒼水) 등은 모두 물과 관련된 지명이다.

물과 관련한 지명이 나타나는 지역은 수해를 조심해야 한다. 물과 관련한 재해는 범람 및 침수, 가뭄 등이 있다. 이 중 '범람'과 관계 있는 지명은 '물탕', '물도리', '큰물', '무네미', '넘은 개울' 등이 있다. 이러한 지명은 모두 장마철에 하천이 범람할 수 있는 지역적 특성을 간접적으로 보여 준다. 저지 및 습지 등과 관련된 지명인 '둠벙', '구렁', '구덩', '수렁' 등은 전남 지역에서 많이 나타나며, 침수 가능성이 높은 지형적 특성을 보여 준다.[15]

• 지명에 가뭄(乾)이 들어가는 곳

물과 관련한 재해 중 가뭄은 현대 기상학에서 무강수 계속일수가 20일 이상으

그림 1-59 북한강과 남한강이 만나는 경기도 양평의 두물머리는 경관이 아름다워 영화 촬영지로 유명하다(출처: 양평문화관광 홈페이지).

로 지속되는 상태를 의미한다. 우리나라에서 가뭄이 가장 심한 곳은 영남 지방이다. 영남 지방은 지형적 특성으로 『삼국사기』에 기록된 자연재해 가운데 가뭄의 빈도가 가장 높다.[16]

이를 반영하듯 경북 지방에는 가뭄 관련 지명이 유독 집중되어 있다. 가뭄과 관계 있는 지명은 '건', '가물', '마른', '한발', '한', '마른개울' 등으로 나타나며, 매해 물이 부족한 지역의 갈수기 상황을 보여 준다. 이 중 건은 경북 지방에 집중 분포(전국 201개 지역 중 53개 지역)되어 있다.[17]

• 지명에 두물머리(兩水)가 들어가는 곳

물과 관련한 지명에서 또 한 가지 특별한 이름은 '두물머리'이다. 두물머리는 두 줄기 물이 합쳐질 때의 순우리말 이름이다. 이를 한자화하면 양수(兩水), 이수두(二水頭), 합수(合水)가 된다. 경기도 양평군의 양수리, 강원도 인제의 합강(合江) 등이 있다.

충남 천안시 병천면의 '아우내'도 두 개울이 하나로 어우러지기 때문에 붙여진 이름이다. 강원도 정선의 '아우라지강'도 두 강이 하나로 어우러지기 때문에 붙여진 이름이다.[18] 교하(交河) 또한 글자 그대로 '물이 서로 사귄다'는 뜻으로 임진강과 한강의 물이 합쳐지는 것에서 붙여진 이름이다.[19]

햇빛과 관련한 지명

우리나라 곳곳에는 양달과 응달이 대응되어 나타나는 지명이 많다. 한자 지명에서 '양(陽)'은 산의 남쪽(예, 한양은 한산의 남쪽), 또는 강의 북쪽(한양은 한강의 북쪽)을 뜻한다.[20] 이를 산남수북(山南水北)이라 표현하며 햇빛이 잘 드는 양지로서 사람이 거주할 만한 조건을 갖춘 곳이다. 반면에 응달은 산북수남(山北水南)의 장소로서 산지의 북사면인 음지가 된다.

양지는 '양촌(陽村)', '양지마을', '양지뜸' 등의 지명으로 나타난다. 작은 규모의 마을로 범위를 한정해서 살펴보면,[21] '양지'는 남향의 산록에 입지하여 건물의

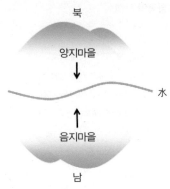

북

양지마을

↓

水

↑

음지마을

남

그림 1-60 산남수북의 양지마을과 산북
수남의 음지마을.

방향을 자연스럽게 남향으로 지을 수 있다.
그러나 '음지'에서는 채광 조건만을 좇아 건
물을 일방적으로 남향으로 배치할 경우 지
세의 흐름과 반대가 된다. 이는 풍수의 가장
기본적인 원리인 '배산임수(背山臨水)'가 아
닌 '배수임산(背水臨山)'이 된다.

산간 지역의 주택은 통상 평지가 아닌 산
능선 하단부에 조성된다는 점을 고려하면,
건물 배치를 자연지형에 순응하여 배산임
수로 조성하는 것은 대단히 중요하다. 따라서 산간 지역 주택의 입지선정은 가
능한 '양지'에 해야 일조권 및 에너지 절약 등에서 유리한 점이 많다. 불가피하게
'음지'에 입지할 경우에는, 건물의 기본 방향을 절대방위보다 지형에 맞게 배산
임수로 배치해야 한다. 그리고 주 출입문을 지형상 하단부에 배치하되, 남쪽의
창문을 넓혀 일조 조건을 보완하는 등의 조치를 취해야 한다.

풍수지리에 의한 지명

한국의 국토는 구석구석이 풍수의 세례를 받아 왔으며, 지명 또한 예외일 수
없었다. 그래서 한국의 지명에는 풍수적으로 해석 가능한 것들이 많고 풍수적
사고가 아니면 해석이 불가능한 경우도 있다. 특히 풍수의 여러 이론체계 중 '형
국론'에 의해 붙여진 경우가 많다. 그 이유는 일반인들이 여타 이론 풍수에 비해
형국론을 쉽게 접할 수가 있었으며, 일상생활과 관련된 주변 사물들을 사람이나
사물의 형국에 비유하여 그 소응을 강조하는 경향이 높았기 때문이었다.

형국론[23]은 산천의 겉모양에 각각 그에 걸맞은 기운이나 정기가 담겨 있다는
생각에서 출발한다. 산의 형세가 우람하고 바위산이면 장군의 기상이 담겨 있다
고 보고 장군봉으로, 단정하고 원만한 흙산이면 귀한 여인의 기운이 있다고 보
아 옥녀봉으로 이름 지어졌다.

표 1-2. 지명에 나타나는 풍수 형국명 사례[22]

풍수 형국 간 관계	유형	내용
개구리봉–뱀산	산–산	뱀과 개구리의 경계 상황
호티–복구개골	고개–골	호랑이와 개의 경계 상황
장군봉–말골	산–마을	장군이 말을 타고 병사를 지휘
쇠말봉산–먹소	산–마을	소와 소를 매놓는 말뚝
소태봉–구세봉	산–산	소를 살찌게 하는 구시 여물
옥녀봉–가막산	산–산	옥녀가 거문고를 타는 형국
가사벌–대승골–목탁골	산–골–골	스님이 가사를 입고 목탁을 치는 상황
두꺼비봉–황새봉–뱀날	산–골–골	두꺼비, 뱀, 학 간의 경계 상황

그래서 우리 조상들은 작게는 주택이나 묘소, 크게는 마을이나 도시 주위 환경을 사람이나 동식물, 혹은 사물에 비유하여 풍수 형국으로 파악하는 경우가 많았다. 단순히 지역을 풍수 형국으로 파악하는 데에 그치지 않고, 그 지역 풍수 형국의 조화를 깨뜨리는 행위를 엄격하게 금했으며,[24] 오히려 형국을 완성하여 보다 살기 좋은 곳으로 만들고자 하는 비보(裨補) 조치를 취하기도 했다.

예를 들면 마을이 '제비집 형국(燕巢形)'인데 그 맞은편 산자락이 '지네산(蜈蚣形)'이므로 지네가 제비를 위협하지 못하도록 숲을 조성했다거나, 마을 뒷산이 '누워 있는 소(臥牛形)'의 형국인 경우에 마을 앞에 소의 여물이 담겨 있는 구시를 상징하는 연못을 팠다든가, 마을의 지세가 '떠나가는 배(行舟形)'의 형국인 경우에 마을 안에 우물을 파면 배가 가라앉는 격이 되어 그렇게 하지 못하도록 했다든가 하는 등의 예가 있다.[25]

풍수 형국명은 단독형으로 된 것도 있지만, 주로 두 개 또는 세 개의 형국이 상호 경계·보완하는 구조로 나타난다. 예를 들어 호랑이산(伏虎形) 앞에는 개(狗)나 노루(獐) 모양의 작은 동산이 있다. 호랑이에게는 먹잇감이 있어야 산기운이 발동해서 이 땅을 점유한 자에게 복을 준다고 믿는다. 그리고 산이 길고 골짜기가 양쪽으로 있는 지형에는 '백족산'이라는 지명이 붙는데, 백족은 지네의 별명이다. 지네산의 앞쪽에는 구인(蚯蚓–지렁이)형과 지네의 강한 힘을 견제하기 위한 닭 형국이 있기 마련이다. 〈표 1–2〉는 전국의 지명에 나타나는 풍수 형국명의 사례이다.

5. 고치고 다듬기

산줄기와 물줄기를 통해 터를 읽고 자리를 잡았으면, 이제 터의 본연적 특성을 최대한 살리면서 내가 목적하는 용도의 건축물을 짓는 일이 남았다. 그러나 아직 터에 대한 풍수적 조치 사항이 한 가지 남았다. 바로 땅의 흠결을 찾아내고 고쳐 사용하는 것이다. 사실상 땅의 흠결을 고쳐 사용하는 것은 현대 사회의 법률적·경제적 등 각종 여건상 좋은 땅을 구하는 것보다 훨씬 현실적이고 중요한 부분일 수 있다.

모든 땅은 풍수적 흠결이 있게 마련이다. 풍수 명당도에 나와 있는 곳처럼 풍수적으로 완벽한 땅은 이론에 불과할 수도 있다. 실제로 풍수가들 사이에서 명당이라고 알려진 곳도 실제 답사해 보면, 풍수적 단점 몇 가지는 발견되기 마련이다. 조상들은 터의 풍수적 흠결을 고치고 다듬어서 터가 보다 좋은 기운을 발

그림 1–61 전통마을의 수구에는 통상 숲과 연못이 만들어져 있어, 내부의 생기 유출을 단속하고 외부의 살기 유입을 막았다.

그림 1-62 하회마을의 만송정. 만송정은 마을 숲으로서 여러 기능을 하고 있다. 그중 마을에서 부용대의 험한 석살이 보이는 것을 막기 위한 차폐기능도 한다. 그림 속 사진은 마을 쪽에서 부용대를 바라본 모습이다.

휘할 수 있도록 하고, 사람이 살기 좋은 곳으로 만들었는데, 이러한 조치를 비보(裨補)라고 한다.

비보는 비보압승(裨補壓勝)의 줄임말로, 비보는 부족한 기운을 북돋운다는 의미이고, 압승은 과도한 기운을 눌러 준다는

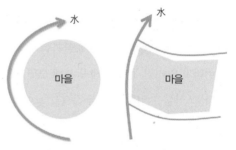

그림 1-63 행주형. 물길이 감아 도는 안쪽 또는 두 개의 작은 물길이 하나의 큰 물길에 합수되는 안쪽에 마을이 형성된 경우이다.

의미이다. 전통적으로 이용되었던 풍수 비보에는 숲, 연못, 기둥 및 돌탑, 사찰, 지명 등이 있었다. 그중에서도 숲과 연못은 마을 단위에서 활용되었던 대표적인 풍수 비보책이었다.

숲의 역할은 바람을 막아 주는 방풍(防風)과 보기 흉한 산이나 바위를 가려 주는 차폐(遮蔽)의 기능, 두 가지였다. 수구가 벌어진 마을 입구에 조성된 숲은 외부의 바람이 바로 마을 내부로 들이치지 못하도록 막았으며(방풍), 또 외부에서

풍수로 공간을 읽다

그림 1-64 행주형 사례. 행주형인 하회마을 중앙에는 느티나무가 심겨져 있고, 경주시 이조리에는 천작도 기둥이 세워져 있다.

마을이 훤히 보이지 않도록 가림막 역할(차폐)을 하였다.

마을 입구에는 보통 숲과 연못을 같이 조성하여, 마을 영역의 물이 곧바로 빠져나가는 것을 막았다.[26] 또한 연못은 마을 주민들의 생활 오수가 곧바로 영역 밖으로 내려가지 않고, 연못에서 다양한 수초에 의한 수질 정화를 한 단계 거친 후 영역 밖으로 나가게 하는 생태적 기능도 하였다.

풍수 형국에 행주형(行舟形)이 있다. 땅의 모양이 배가 나아가는 형상에서 붙여진 이름이다. 행주형으로 불리는 곳의 통상적인 지형은 물길이 감아 도는 안쪽, 또는 두 개의 작은 물길이 한 개의 큰 물길에 합수되는 곳의 안쪽에 마을이 형성되어 있는 경우이다. 전자에 해당하는 사례로 안동 하회마을이 있으며, 후자에는 충북 청주시, 전북 남원시, 경북 경주시 등이 있다.

행주형 형국에서는 돛대를 상징하는 기둥을 세워야 한다. 배가 나아가기 위해서는 돛대가 있어야 하기 때문이다. 대표적인 사례로 하회마을 가운데에 있는 삼신당의 느티나무가 있다. 경북 경주시 내남면 이조리에 최부자 가문의 시초인 최진립 장군 정려비각 뒤에는 천작도(天作棹)라는 작은 기둥이 있다. 마을 형국이 행주형이라 돛대를 상징하는 기둥으로 세워진 것으로 알려지고 있다.

6. 형국론

어릴 적 기억을 더듬어 보면, 동네마다 산이나 바위에 송곳산, 범바위 등의 이름이 붙여진 자연지형이 하나씩은 있었다. 송곳산은 산봉우리 끝이 송곳처럼 뾰족하다고 해서 붙여진 이름이며, 범바위는 호랑이가 엎드려 있는 모양이라서 붙여진 이름이었다. 이처럼 우리 조상들은 자연지형에 이름을 붙이고 의미를 부여해 왔다.

풍수에서는 자연지형에 '이름 붙이기' 기술을 '형국'이라는 논리로써 체계적으로 발전시켜 왔다. 형국론(形局論)은 세상 모든 물체는 밖으로 드러난 형상에 그에 상응하는 기운이 내재해 있다고 보는 관념에서 출발해,[27] 산수(山水)의 모양을 동식물, 인간, 물체 등에 비유하여 혈을 찾거나 설명하는 이론이다.

형국론은 자연지형을 우리가 익히 잘 알던 사물의 형상에 비유하기 때문에 일반인들도 쉽게 이해할 수 있다는 장점이 있다. 그러나 똑같은 산을, 보는 사람에 따라 봉황으로 볼 수도 있고, 닭으로도 볼 수 있는 단점이 있다. 그래서 풍수 현장에서는 일반적으로 형국론 자체만으로 혈을 찾거나 터를 평가하지는 않으며, 산줄기와 물줄기를 읽는 기본 방법을 보완하는 정도로 활용한다. 따라서 본 책에서 설명하는 형국 또한 진짜 맞는 형국인지, 혈이 어디인지에 대한 구체적인 내용보다 형국론에 대한 소개 정도로 받아들여지길 바란다.

날짐승과 관련된 형국

〈그림 1-65〉는 큰 새 한 마리가 양쪽 날개를 크게 펼쳐 가슴 부위의 터를 감싸고 있는 형국이다. 새의 머리 지점에 올라 앞(우측 사진)을 보면, 양쪽 날개로 터를 감싸고 있는 모습이 더욱 명확해진다. 형국론에서는 산의 형상을 봉황, 까마귀, 닭, 기러기, 꿩 등의 날짐승에 비유하기도 한다.

그중 이곳처럼 주산과 산줄기의 기세가 좋고, 산줄기로 둘러싸인 내부 영역이 큰 경우 봉황이 알을 품고 있는 형국인 봉황포란형(鳳凰抱卵形)이라고 한다. 이처럼 두 날개를 펼쳐 알을 품고 있는 형상일 경우, 혈자리는 알이 있는 부위다. 그리고 봉황은 오동나무에만 앉고 대나무 죽순만 먹기 때문에, 봉황 형국에 오동나무와 대나무가 심겨 있으면 더욱 좋다고 여겨진다.

〈그림 1-66〉 역시 큰 새 한 마리인 〈그림 1-65〉처럼 새가 좌우 날개를 감싸 안고 알을 품는 것이 아니고, 좌우 날개를 옆으로 크게 펼치고 주둥이를 아래를 들이밀면서 내려오는 형상이다. 이러한 형상을 비봉귀소형(飛鳳歸巢形)이라고 한다. 비봉귀소형은 봉황이 둥지로 날아 들어오는 형상이다.

그림 1-65 경북 경주 천룡사지. 큰 새(봉황)가 두 날개를 좌우로 크게 펼쳐 가슴 부위의 터를 감싸고 있다.

그림 1-66 큰 새가 날개를 펼치고 둥지로 날아 들어오는 모습이다.

호랑이 등

엉덩이

머리

그림 1-67 호랑이 한 마리가 옆으로 드러누워 있는 형상이다.

맹수와 관련된 형국

산의 형상을 호랑이, 사자, 코끼리 등 짐승에 비유한다. 〈그림 1-67〉은 한 마리의 호랑이가 엎드려 있는 형상으로 복호형(伏虎形)이다. 호랑이 머리가 둥글고 크며, 호랑이 등과 엉덩이까지 있다. 혈은 호랑이 머리나 젖가슴에 있고, 안산에 호랑이 먹이인 개, 소, 말 등의 산이 있으면 더욱 좋다. 머리가 작고, 엎드려 있는 기세가 좀 더 유순하면 소나 개의 형국이 될 수 있다.

용이나 뱀과 관련된 형국

산의 형태를 용이나 뱀에 비유한다. 주위 산줄기의 역량이 크면 용과 관련한 형국이 되며, 여의주를 상징하는 작고 둥근 봉우리가 있어야 한다. 용이 여의주를 가지고 장난치며 노는 형국인 반룡농주형(蟠龍弄珠形), 목마른 용이 몸을 길게 빼고 물을 마시는 형국인 갈룡음수형(渴龍飮水形), 여러 개의 산줄기가 뻗어나와 가운데에 있는 여의주를 서로 차지하려는 형국인 쟁주형(爭珠形) 등이 대표적이다. 〈그림 1-68〉의 전남 나주시 남평읍 오룡마을이 오룡쟁주형(五龍爭珠形)으로 알려져 있다.[28]

그림 1-68 전남 나주시 남평읍 오룡마을. 용 다섯 마리가 여의주를 서로 차지하기 위해 경쟁을 벌이고 있다.

산줄기의 역량이 작고 가늘면 뱀과 관련한 형국이 되며, 앞에 뱀의 먹이인 개구리를 상징하는 작은 동산이나 바위가 있어야 한다. 작고 가느다란 산줄기가 주산에서 뻗어 나와 들판 아래로 구불구불하게 내려오는 형태로서, 사두형(蛇頭形), 장사출림형(長蛇出林形) 등이 대표적이다. 혈자리는 용이나 뱀의 머리 부위에 있다.

구갑류와 관련된 형국

산의 형상을 거북, 자라, 지네, 게, 거미, 가재 등 구갑류(龜甲類)에 비유한다. 위 사진은 지네가 논이나 밭으로 내려오는 형국인 행지오공형(行地蜈蚣形)이다. 지네 형국은 산줄기 옆에 다리(枝脚)가 많이 붙어 있어 마치 지네가 기어가는 듯한 모습이다. 혈은 지네의 입 부위에 있고, 앞에 닭이나 벌레와 같은 산봉우리가 있으면 더욱 좋다.

그림 1-69 뱀 한 마리가 들판으로 구불구불 내려오는 모습이며, 뱀 머리에 묘소가 있다(좌), 뱀 형국을 멋지게 표현한 해학적 산도(우: 대전풍수문화연구소 안갑수 제공).

그림 1-70 지네가 기어가고 있는 형상이며, 몸통에 짧은 다리가 많이 붙어 있다.

사람과 관련되는 형국

산의 형상을 사람에 비유한다. 산봉우리에 바위가 있거나 기세가 있으면 남자 (신선, 귀인)에 비유하고, 산봉우리가 봉긋하고 부드러우면 여자(옥녀)에 비유한 다. 〈그림 1-71〉은 경북 경주시에 있는 선도산(仙桃山)과 옥녀봉이다. 선도산의 봉우리에 암석이 있고, 전체적인 기세가 강하다. 반면 옥녀봉은 봉우리가 봉긋 하고 단정하다.

〈그림 1-72〉에서 주산은 봉우리가 단정하고 부드러운 전형적인 옥녀봉이다.

그림 1-71 선도산은 남자이며, 옥녀봉은 여자이다.

그림 1-72 경북 예천군 정사 선생 묘에서 바라본 산줄기. 주산인 옥녀봉 앞에 좌우로 가로지르는 산줄기가 거문고이다.

설창산

그림 1-73 물(勿) 자 형국으로 알려진 경주 양동마을.

그리고 묘소 앞에는 왼쪽에서 오른쪽을 가로지르는 긴 산줄기(橫琴砂-횡금자)가 있다. 이 산줄기를 거문고 또는 가야금으로 보아서, 옥녀가 거문고를 켜고 있는 옥녀탄금형(玉女彈琴形)으로 알려진 곳이다.

글자와 관련되는 형국

산의 형상을 야(也), 물(勿), 일(日), 용(用) 등의 글자에 비유한다. 〈그림 1-73〉은 물(勿) 자 형국으로 알려진 양동마을이다. 산의 형상을 글자에 비유하는 곳의 대부분은 청룡과 백호 산줄기가 영역을 잘 감싸고 있어 장풍 요건이 양호한 곳이 많다.

다음 사진 속 산줄기에는 어떤 동물이 숨어 있나요?

정답은 '새'다. 큰 새 한 마리가 묘터를 향해 날개를 활짝 펴고 머리를 들이밀면서 내려오는 형상이다. 앞의 '사신사'에서 설명했던 주작상무(朱雀雙舞)에 부합되는 모양이다.

7. 지도와 친해지기

지도 읽기의 기본은 등고선 읽기로부터 출발한다. 등고선은 지상의 해발고도
가 같은 지점을 연결한 폐곡선(자동차 바퀴처럼 시작과 끝이 없는 곡선)이다. 등고선
은 평면상에서 높이를 표시하는 가장 과학적인 방법으로서, 곡선의 집합으로부
터 지형의 전체적인 윤곽을 파악할 수 있는 것은 물론, 사면의 경사 정도도 계산
할 수 있다.[29]

상식적인 수준에서 풍수와 관련한 지도 읽기의 시작과 끝은 산줄기(능선)와 골
짜기를 구별하는 것이다. 그 둘을 지도에서 구별해 내고, 또 실제 지형에 적용할
수 있다면 풍수적 지도 읽기가 끝났다고 해도 무방하다. 그만큼 풍수적 지도 읽
기에서 산줄기와 골짜기의 구별은 중요하다.

〈그림 1-74〉를 보면, 산줄기의 흐름이 위로 올라갔다가 내려오기를 반복한
다. 지형단면도에서 위로 솟구친 봉우리(A와 B)는 평면도에서 가장 작은 폐곡선
으로 나타난다. 그리고 아래로 꺼진 골짜기(C)는 평면도에서 폐곡선이 없는 빈
공간으로 나타난다. 평면도의 골짜기 부분은 마치 동물의 머리와 몸통을 연결하
는 목 부위와 유사한 형태이다. 또한 지형단면도의 시각적인 산줄기의 흐름은
평면도에서 봉우리와 봉우리를 연결한 가상의 곡선으로 표시된다.

산줄기와 골짜기를 구별하기 위해 좀 더 세밀하게 살펴보자. 지형단면도의 봉
우리에서 산 아래로 뻗어 내린 산줄기는 평면도에서 등고선이 산 아래를 향해
불룩한 형태이다. 그 반대로 봉우리와 봉우리 사이 골짜기 지점은 등고선이 산
정상 쪽으로 불룩한 형태이다.

이제 실제 지형을 보자. 사진 속 마을은 우리나라에서 흔히 볼 수 있는 작은 시
골 마을로서, 뒤로는 산이 받치고 있고 앞으로는 개울물이 흘러가고 있다. 조금
더 자세히 보면, ①에서 ④까지 큰 산줄기가 이어져 있고, 큰 산줄기에서 다시 작
은 산줄기가 뻗어져 나와 마을을 향해 내려오고 있다.

그리고 봉우리와 봉우리 사이에는 골짜기가 생겨 마을로 내려오고 있다. 즉 봉

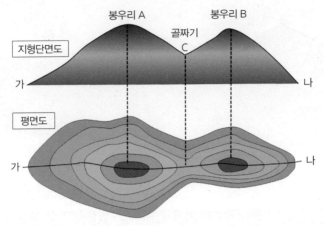

그림 1-74 지형단면도와 등고선으로 표현한 평면도의 비교.

우리 ①과 봉우리 ② 사이에 골짜기 ⓐ가 생겨 밑으로 내려오다가, 봉우리 ②와 봉우리 ③ 사이에 생긴 골짜기 ⓑ와 만나 마을로 내려오고 있다. 또한 봉우리 ③에서 산줄기가 뻗어내려 오다가 다시 산줄기가 갈라져 그 사이에 골짜기 ⓒ를 형성하기도 한다.

　지도는 실제 지형을 지도상에 나타낸 것이다. 등고선은 크게 두 가지 방향을 가진다. 등고선이 산 아래를 향해 불룩한 지점을 연결한 것이 산줄기(노란색 실선)이고, 그 반대로 등고선이 산 정상 쪽으로 불룩한 지점을 연결한 것이 골짜기(파란색 점선)이다.

　뒤에서 자세히 설명하겠지만, 풍수의 목적은 땅의 기운(生氣)을 받는 것이며, 이를 위해 산줄기를 타야 한다. 반대로 골짜기는 집터와 묘터로는 흉한 자리로서 피해야 할 곳이다. 따라서 산줄기와 골짜기를 구별하는 것이 대단히 중요하며, 그 둘의 구분을 지도 읽기를 통해 명확히 할 수 있다.

　수년 전까지 지도라고 하면 당연히 종이에 인쇄된 '종이지도'였다. 그러나 근래는 지리정보시스템(GIS)의 발달로 국토지리정보원, 국토교통부의 국가공간정보유통시스템, 구글어스 등의 편리하고 기능이 다양한 디지털 지도가 상용화되

관찰 위치

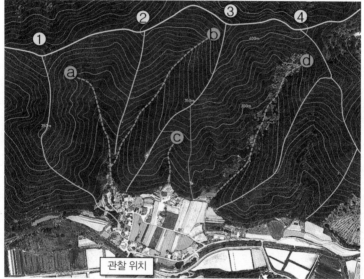

관찰 위치

그림 1-75 산줄기와 골짜기를 구별할 수 있는 실제 지형 사례.

었다. 그러나 풍수적 지도 읽기를 위해서는 다음 지도와 네이버 지도를 추천한
다. 그 둘은 위성지도에 등고선을 자동으로 겹쳐 놓아 산줄기와 골짜기를 구별
하는 기본적인 지형 읽기가 편리하기 때문이다.

풍수로 공간을 읽다

·주·

1. 이 글을 읽는 독자는 등산해서 휴식을 취할 때, 실제로 이러한 현상이 일어나는지 경험해 보면 이해될 것이다.

2. '풍수'의 정의는 사실상 쉽게 내릴 수가 없다. 풍수를 단순히 터를 잡는 기술로 볼 것인가, 아니면 보다 고차원적인 사상체계로 볼 것인가에 따라 정의가 달라질 수 있다. 이 책에서는 일반 독자를 위해 실용적인 차원에서 풍수를 정의하였다.

3. 풍수에서는 통상 얼굴(面)과 등(背)으로 구분하나, 이 책에서는 얼굴과 뒤통수로 구분했다. 전체적 맥락에는 큰 차이가 없다.

4. 입수도두(入首到頭), 승금(乘金)이라고도 한다.

5. 이중환 지음, 허경진 역, 『택리지』, 서해문집, 2007, p.157.

6. '-천' 명칭이 붙은 물길들은 통상 상류에서는 계간수에 해당되다가, 하류로 내려갈수록 강하수에 해당된다.

7. 조선 후기 실학자인 여암 신경준은 『산수고(山水考)』에서 "하나의 근본이 만 갈래로 나뉜 것이 산이고, 만 갈래가 하나로 합한 것이 물이다(一本而分萬殊者山也 萬殊而合一者水也)"라고 표현함으로써, 우리나라 산줄기 물줄기의 계통을 체계적으로 기술하였다.

8. 이 말은 우리나라 어느 산봉우리에서도 물을 건너지 않고 백두산까지 산줄기를 따라갈 수 있다는 뜻이다.

9. 조석필, 『태백산맥은 없다』, 도서출판 산악문화, 1997, p.81.

10. 한동환·성동환·최원석, 『자연을 읽는 지혜』, 푸른나무, 1994, pp.54~55.

11. 박성대, 「지리적 특성을 담고 있는 지명과 풍수의 연관성」, 『한국민족문화』 45집, 2012를 수정한 내용이다.

12. 오홍석, 『땅 이름 점의 미학』, 부연사, 2008, pp.139~142.

13. 이돈주, 「땅이름(지명)의 자료와 우리말 연구」, 『지명학』 제1집, 『한국지명학회』, 1998, p.182.

14. 강길부, 『땅이름 국토사랑』, 집문당, 1997, p.139.

15. 김선희·박경, 「지명을 통해 본 재해인식 및 방재 가능성 탐색」, 『한국지역지리학회지』 제16권 제5호, 2010, p.466.

16. 윤순옥·황상일, 「삼국사기를 통해 본 한국 고대의 자연재해와 가뭄주기」, 『대한지리학회지』 제44권 제4호, 2009, p.500.

17. 김선희·박경, 앞의 논문, p.462.

18. 조강봉, 「두 江·川이 합해지는 곳의 지명 어원(I)」, 『지명학』 제2집, 1999, pp.26~27.

19. 김기빈, 『국토와 지명3-땅은 이름으로 말한다』, 한국토지공사 토지박물관, 2004, pp.31~34.

20. 강길부, 『울산 땅이름 이야기』, 도서출판 해든디앤피, 2007, p.128.

21. 우리나라 전역의 읍·면 단위에 양달과 응달의 뜻이 포함된 지명이 많다. 그렇다고 해서 '양'의 지명이 들어간 곳은 모두 살기 좋은 곳으로, '음'의 지명이 들어간 곳은 모두 살기에 좋지 않은 곳으로 여기는 것은 견강부회(牽强附會)이다. 읍·면 단위에서의 배산임수 및 채광 조건은 동일할 수 없으며,

작은 마을별로 각기 달라지기 때문이다. 양달과 응달 개념은 작은 마을 단위에서 개인의 주택 부지 선정에 참고할 만한 내용이다.

22. 권선정, 「풍수 지명과 장소 의미—충남 금산군을 대상으로」, 『문화역사지리』 제22권 제1호, 2010, p.26.

23. 형국론에 대해서는 책의 뒷부분에서 다시 구체적으로 설명한다.

24. 성동환, 「풍수논리 속의 생태개념과 생태기술」, 『대동문화연구』 제50집, 2005, p.513.

25. 권선정, 위의 논문, p.25.

26. 풍수에서는 물을 재물과 생기로 여겨, 물이 영역 내부를 곧바로 빠져나가거나, 빠져나가는 것이 훤히 보일 경우, 물과 함께 재물과 생기가 모두 빠져나가 버린다고 생각했다.

27. 최창조, 『한국의 풍수사상』, 민음사, 1984, pp.179~180.

28. 전라남도 나주시 홈페이지(남평읍사무소), 마을소개, "마을 뒤의 산세가 용의 형상으로 마을을 감싸고 있으며, 마을 앞에는 마치 용이 여의주를 무는 형태의 구슬봉이 있다하여 오룡이라 불리고 있다."

29. 권동희, 『지형도 읽기』, 한울아카데미, 2007, p.74.

제2부

풍수,
부동산
실생활에 활용하기

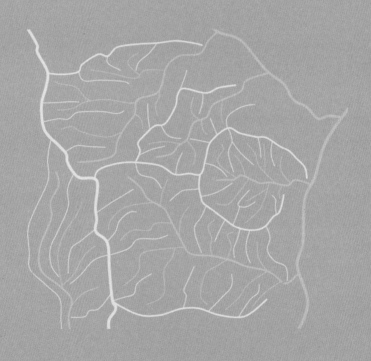

제1장
주택 풍수

1. 흉한 땅이란 어디를 말하는가

왜 '흉한 땅'을 먼저 알아야 하는가?

『택리지(擇里志)』, 누구나 한번쯤은 들어 봤을 만한 책 이름이다. 『택리지』는 조선후기의 대표적인 지리서로서, 사람이 살 만한 터를 고르는 기준으로서 지리(地理), 생리(生利), 인심(人心), 산수(山水) 네 가지를 제시하고 있다. 지리는 말 그대로 풍수지리로서, 앞에서 설명한 산줄기와 물줄기를 읽는 방법과 같다. 생리는 '먹고사는 것'과 관련된 사항으로, 현대사회의 직업에 해당한다. 인심은 인기(人氣)를 말하는 것으로, 사람과 관련한 주변 환경을 뜻한다. 산수는 경치 좋은 놀 만한 곳으로, 현대 사회의 문화생활과 관련된다.

『택리지』는 네 가지 중에서 '지리'를 가장 중요한 요소로 꼽았으며, 순서 또한 가장 앞자리에 두었다. 그러나 현대 사회에 살고 있는 우리는 '생리', 소위 '먹고사는 것'이 급선무다. 직장을 따라 사는 곳도 옮겨 가야 한다. 현대 도시에서는 선택할 수 있는 택지에도 한계도 있다. 좋은 자리를 찾았더라도, 그것을 실제로 소유하고, 또 원하는 방향으로 이용할 수 있는 것은 별개의 문제이다. 땅의 소유와 이용에는 재정 및 각종 부동산 법률적 문제가 뒤따르기 때문이다.

결과적으로 현대 사회를 살아가는 일반인에게는 기본적으로 '생리'를 따르되, '지리'는 좋은 곳을 찾는 것보다 흉한 곳을 구별해 피하는 것이 보다 현실성 높은 방법이다. 이런 맥

그림 2-1 산곡풍(골바람).

락에서, '주택 풍수'에서 가장 먼저 설명하고자 하는 내용이 '피해야 할 땅'이다. 각자의 여건하에서 이 책이 제시한 '피해야 할 땅'을 가능한 한 피하는 것이, 현대 사회를 살아가는 일반인이 땅과의 관계 속에서 건강과 행복을 얻을 수 있는 지혜가 될 것이다.

골짜기 입구는 골바람을 맞는다

골짜기는 물과 바람이 강하게 흐르는 곳이다. 폭우가 내리면 물이 급격히 불어나 홍수 피해를 받을 수 있다. 또 평상시에는 밤낮 없이 산곡풍을 받는다. 산곡풍

그림 2-2 골짜기 입구는 골바람을 맞고, 폭우가 오면 홍수 피해도 받는다.

은 다른 말로 골바람, 풍살(風殺), 곡풍살(谷風殺) 등으로 불린다. 좁은 통로로 지속적으로 불어오는 바람은 사람의 건강에 해로우며, 강풍과 돌풍은 화재위험을 높인다. 골짜기 입구는 주택이나 묘터로서 부적합하다.

사례를 통해 골짜기 입구를 피하는 방법을 알아보자. 〈그림 2-3〉은 우리나라의 흔한 시골마을 모습으로, 뒤로는 산에 기대고 앞으로는 들판이 있는 전형적인 배산임수형 마을이다. 그러나 이 작은 마을 내에서도 풍수적으로 길지와 흉지가 갈린다.

마을을 바람의 측면에서만 고려하면, ①번과 ③번 지점은 골짜기 입구이다. 따라서 이 지점의 주택들은 배산임수형이 아니며, 풍수적으로 좋지 못하다. 반면 ②번 지점의 주택들은 산의 능선이 이어져 내려온 자리이다. 이 지점에 있는 주택들은 풍수적 배산임수형으로 길하다.

지도를 통해서도 골짜기를 확인할 수 있다. 〈그림 2-4〉의 산줄기를 보면, 작은 흰색선이 구불구불하게 층층이 연결되어 있다. 이 선은 해발고도가 같은 지점을 연결한 등고선이다. 등고선은 크게 두 가지 방향을 가진다. 등고선이 산 아

그림 2-3 같은 마을에서도 능선에 기대고 있는 주택과 골짜기 입구에 위치한 주택은 풍수적 길흉이 갈린다.

풍수로 공간을 읽다

그림 2-4 지도 읽기를 통해 능선과 골짜기를 구별할 수 있다.

래를 향해 불룩한 것이 능선(노란색 실선)이고, 그 반대로 등고선이 산 정상 쪽으로 불룩한 것이 계곡(파란색 점선)이다. 지도의 ①번과 ③번 지점은 그 뒤의 등고선이 명확히 산 정상을 향해 불룩하며, 골짜기 입구임을 알 수 있다.

산에 기댄다고 다 좋은 것은 아니다

우리나라에서는 예로부터 뒤로는 산에 기대고 앞으로는 들판을 바라보는 배산임수(背山臨水)형 지세가 선호되었다. 이는 여러 이유 중에서도 배산임수형 지세가 차가운 겨울 북서풍을 피하기 위한 최선의 방법으로 여겨졌기 때문이었다. 그래서 주택을 지을 때 우리나라에서는 조그만 동산이라도 있으면 이에 기대어 터를 잡는다.

그러나 바람을 피하고자 언덕에 기댄 것이 오히려 화근이 될 수도 있다. 언덕이 바람을 막아 주기는 하지만, 땅의 기운이 사람에게 해로운 작용을 하는 경우가 있기 때문이다. 특히 전원주택 터를 구하는 사람들은 주의할 필요가 있다. 대부분의 일반인들은 평지 지형보다 도시 인근 시골지역에서 산줄기에 기대고 있는 터를 전원주택 터로 선호하기 때문이다.

요도지각

풍수에서는 산이 구불구불해야 좋다고 했다. 산을 용(龍)에 비유해서, 산이 구불구불하면 생룡(生龍)이고, 산이 아무 변화 없이 축 늘어져 있으면 사룡(死龍)이라 했다.

산줄기를 구불구불하게 만드는 것이 요도지각(橈棹枝脚)이다. 〈그림 2-5〉의 붉은 원이 산줄기의 요도지각 모습이다. 산줄기가 내려오다가 작은 가지(검은색 점선)를 하나 만든 다음, 작은 가지를 뻗은 반대쪽으로 방향을 선회하여 나아가고 있다. 요도지각은 배를 젓는 노의 역할에 비유된다. 배가 왼쪽으로 가려면 오른쪽 노를 저어야 하고, 오른쪽으로 가려면 왼쪽 노를 저어야 한다.

산줄기도 마찬가지이다. 산줄기의 한쪽에 가지가 붙어 주어야 방향을 전환하며 나아갈 수가 있다. 또한 산줄기의 양 옆에 가지를 달아 주는 경우도 있다.[1] 이

그림 2-5 요도지각은 생룡이 되기 위한 조건이다.

그림 2-6 요도지각은 산줄기가 앞으로 진행
하도록 지탱해 주며, 산줄기의 방향전환을 도
와준다.

는 어린아이가 썰매를 타는 것에 비유된다. 아이는 양손에 송곳을 쥐고 힘차게 얼음판을 지치면서 앞으로 나아간다. 이렇듯 요도지각은 산줄기가 앞으로 나아갈 수 있도록 지탱해 주고 방향전환을 할 수 있도록 산줄기의 옆에 붙는 작은 가지 산줄기를 의미한다.

풍수의 목적은 산줄기를 타고 오는 땅의 생기(地氣)를 얻는 것이다. 그래서 풍수의 간룡(看龍)은 터가 기대고 있는 주산에서부터 터까지 이어지는 산줄기가 땅의 생기를 지니고 있는지를 파악하는 것이다.

그런데 요도지각은 지기의 흐름 방향이 일반적인 산줄기와 반대이다. 일반적으로 지기는 산 위에서 산 아래의 터로 이어져 내려오는 것이 정상이다. 반면 요도지각에서의 지기의 흐름은 산 아래에서 산 위로 올라간다. 이것은 요도지각이 지기를 전달하는 산줄기가 앞으로 나아갈 수 있도록 지탱하고 방향전환을 할 수 있도록 받쳐 주는 역할을 하기 때문이다.

요도지각의 이러한 반대 방향의 지기 흐름이 사람에게 흉한 영향을 미치게 된다. 요도지각의 터에 주택을 조성하면 거주자는 건강 등에 악영향을 받으며, 묘소를 조성하면 그 후손에게 흉한 일이 발생한다.

요도지각의 구별 요령

요도지각의 터를 구별하는 요령은 팔꿈치를 연상하면 쉽다. 팔을 따라 땅의 생기가 흘러간다고 볼 때, 팔꿈치 바깥 부분이 요도지각이 된다. 팔을 보면 팔꿈치 부분은 불룩하고, 그 반대편은 상대

그림 2-7 팔꿈치 바깥 부분은 볼록하고 그 반
대편은 오목하다.

적으로 오목하다. 실제 지형에서 팔꿈치 바깥 부분의 요도지각 자리에는 바위가 있거나 땅이 두툼하다. 그 반대편에는 골짜기 등으로 땅이 오목하다.

실제 지형에서 요도지각의 모습을 보자. 〈그림 2-8〉을 보면, 산줄기(龍脈)가 산 아래로 내려오다가 좌측(사진 우측 아래)으로 크게 방향을 바꾸고 있다. 산줄기 속의 용맥은 기본적으로 직진하고자 하는 성질이 있다. 따라서 용맥이 이처럼 방향을 크게 바꾸기 위해서는 반대방향에 받쳐 주는 힘이 있어야 한다. 그래서 용맥의 이동로 바깥에 큰 요도가 붙어 용맥의 방향전환을 도와주고 있다. 그리고 반대편은 자연적으로 오목한 '골짜기'가 형성된다. 문제는 요도의 하단 지점에 주택이 들어서 있는 것이다. 어쩌면 이곳의 거주자는 뒤에 산을 기대고 남향을 하고 있어 주택의 위치에 대해 좋은 평가를 할 수도 있다. 그러나 요도지각에 자리한 주택은 거주자의 건강에 해로운 결과를 초래한다.

요도지각이 큰 산줄기에서만 발생하는 것은 아니다. 〈그림 2-9〉와 같이 작은 산줄기에도 방향을 바꾸는 곳에는 요도지각이 있으며, 그 피해는 동일하다. 산

그림 2-8 요도지각의 실제 사례. 요도지각 부분은 두툼하고 그 반대편은 오목한 골짜기이다.

풍수로 공간을 읽다

그림 2-9 요도지각 부분은 두툼하고 그 반대편은 오목한 골짜기이다.

줄기가 사진 좌상단으로 이동하다가 우측으로 서서히 방향을 바꾸어 진행한다. 이에 따라 산능선의 왼쪽은 불룩하고 오른쪽은 오목한 '골짜기'가 형성되어 있다. 요도 지점 하단부에는 주택이 한 채 있다. 현재 이 집은 몇 년 전부터 빈집으로 방치되어 있다고 한다. 거주자가 도저히 살 수 없어 떠나간 것이다.

고갯마루터는 양쪽으로 바람을 맞는다

고갯마루는 봉우리와 봉우리 사이의 잘록하고 좁은 작은 고개로서, 산줄기가 위로 솟구쳤다가 아래로 꺼지는 부분이다. 고갯마루는 예로부터 산 너머 마을로 가는 길에 꼭 거쳐야 했던 지점이었다. 골짜기를 따라 고갯마루를 넘는 길이 경사가 다소 가팔랐지만, 산봉우리를 넘는 것보다 훨씬 시간을 줄일 수 있기 때문

그림 2-10 봉우리와 봉우리 사이 고갯마루 터는 양쪽으로 바람을 맞는다.

그림 2-11 고갯마루 터에 자리한 주택은 양쪽으로 불어오는 바람을 모두 맞아야 한다.

이었다.

고갯마루는 동물의 '목'에 해당되는 부분이다. 그래서 우리나라 지명(地名)에는 '-목(項)'이나 '-재(嶺)'가 붙은 지역이 많이 나타난다. 풍수에서는 고갯마루를 과협(過峽)이라 하여 대단히 중요하게 여긴다. 과협은 땅의 기운(地氣)을 모아 주고 응축시켜 주는 역할을 하는데, 이것은 마치 호스에서 뿜어져 나오는 물을 더 강하고 멀리 보내기 위해 손가락으로 눌러 주는 이치와 같다.

과협이 풍수적으로 중요한 역할을 한다고 해서, 주택이나 묘소의 터로서 적합하다는 의미는 아니다. 우리나라 전통마을의 주택들은 대부분 산줄기가 끝나 평지와 만나는 지점에 자리 잡아 있으며, 산줄기가 한창 이어져 가는 과협에 자리한 곳은 없다. 과협 부분은 고개를 넘나드는 바람이 모여들기 때문에 골짜기 양쪽으로 강한 바람을 맞게 되는 곳으로 주택이나 묘소의 터로 부적합하다.

물이 곧장 치고 들어오거나 배반하는 터

강이나 하천뿐만 아니라 작은 개천이나 골짜기라 하더라도 물이 곧장 터를 치고 들어오는 것은 흉하다. 물이 감아 도는 바깥쪽(공격사면)에 위치한 터 또한 좋지 못하다. 이러한 곳은 수살(水殺)을 받는 터로서, 바람을 맞고 홍수의 피해가 염려되는 자리이다. 풍수에서는 사람이 다치고 단명하거나, 파산하여 가난해지는 터로 해석한다.

물이 곧장 치고 들어오거나 배반하는 터가 흉하다는 것은 그 터가 주택이나 묘 터로서 적합하지 못하다는 뜻이지, 완전히 이용 불가능하다는 의미는 아니다. 사실 땅이라는 것은 그 자체로 존재한다. 단지 인간의 잣대로 그 활용가치와 길흉만을 논하는 것 뿐이다. 그리고 땅의 활용가치와 길흉도 기준에 따라 달라질 수 있다.

그림 2-12 전원주택 단지가 물이 앞뒤로 치고 들어오는 진퇴양난의 자리에 있다.

그림 2-13 두 개의 하천이 직교하는 곳에 자리한 경주 금장대.

물이 치고 들어오거나 배반하는 터는 높은 바위 절벽을 형성하고 있는 경우가 많다. 그래서 앞이 훤히 트여 전망이 좋고 바람이 많다. 이러한 터는 주택이나 묘터로서는 부적합하지만 펜션 등의 휴양시설이나 연구소, 또는 종교부지로서는 안성맞춤이다. 과거 조선시대 선비들이 시를 짓고 유흥을 즐기던 정자의 위치가 대부분 높은 바위 절벽이나 언덕 위에 있는 것도 같은 맥락이다.

대표적인 사례로 경주 금장대가 있다. 금장대는 신라시대부터 금장낙안(金丈落雁)으로 불리면서 신라 8괴(八怪) 중의 하나로 유명했으며, 김동리의 소설『무녀도』로도 유명한 곳이다. 이곳의 지형은 두 개의 하천이 직교하고, 뒤로는 높은 절벽이 있어 전망이 좋고 바람이 많다. 이러한 터는 장기간 머무르는 주택의 터로서는 부적합하며, 잠시 머물면서 쉬어 가는 휴양을 위한 터로서는 제격이다.

도로가 곧장 치고 들어오거나 배반하는 터

현대 도시 풍수에서는 도로를 물과 같은 속성을 가진 것으로 본다. 그래서 도로가 곧장 치고 들어오거나 배반하는 터는 흉하다. 상식적으로도 빠르게 달리던 차량이 제 속도를 못이길 경우 원심력에 의해 도로가 휘어지는 바깥 방향으로 튕겨져 나갈 것을 쉽게 짐작할 수 있다. 또한 도로를 따라 바람이 불어오고 나가기 때문에 화재위험 또한 높다. 따라서 이러한 터는 교통사고와 화재위험에 노출되어 있다.

그림 2-14 도로가 배반하거나 곧장 치고 들어오는 터는 흉하다.

풍수로 공간을 읽다

물이 곧장 치고 들어오는 터가 휴양지나 연구소 부지로 적합하듯이, 도로가 곧장 치고 들어오거나 배반하는 터는 광고를 위한 부지로 적합하다. 이런 곳은 교통사고와 화재의 위험은 높지만, 시각적으로 눈에 확 띄는 특성이 있다. 그래서 아파트 모델 하우스나 기타 광고 기능의 건물, 대형 간판 등의 설치 부지로 적합하다.

저수지나 늪, 골짜기를 매립한 터

아파트 단지 개발 시 매입비용 절감을 위해 하천 변 늪지대를 메우고 건물을 올리는 사례가 있다. 그러나 매립지는 땅의 기운을 얻을 수 없으며, 습기나 악취로 거주자의 건강을 해친다. 또한 지반의 강도가 약해 지반침하 등 안전성이 떨어진다. 사람은 땅의 기운을 받고 살아야 하기에 기본적으로 고층으로 올라갈수록 좋지 않지만, 매립지는 오히려 고층으로 올라가는 것이 유리하다.

골짜기를 매립하여 조성한 터 또한 좋지 못하다. 도시 개발이 자연지형에 순응하는 방향으로 나아가고 있지만, 아직도 산줄기를 잘라 내고 골짜기를 메워서 평탄지를 조성하는 방법이 일반적이다. 골짜기를 매립한 터는 겉으로는 일반 평탄지와 다를 바 없지만 그 내부는 물이 흐르던 골짜기의 특성을 완전히 버리지는 못한다. 그래서 골짜기 매립 터는 수맥이 흐를 가능성이 높고, 시간이 흐를수록 지반침하의 우려가 있다.

〈그림 2-15〉를 보면, ①은 도시를 둘러싸고 있는 산이다. ②는 산에서 도시 내부로 이어져 내려온 산줄기이다. ③과 ④는 도시 내로 흐르는 물길이다. 그중 ③은 도시의 개발 과정 중 물길이 있었던 골짜기를 성토 및 복토하여 평탄지로 조성한 구역이다. 그리고 ⑤는 시각적으로 산줄기로 볼 수 없는 평탄한 지형으로 물길과 물길 사이의 야트막한 구릉지이다.

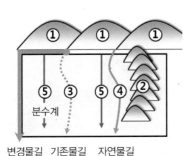

그림 2-15 도시 개발 과정에서의 매립지 발생.

APT 부지

변경 물길

기존 물길

그림 2-16 아파트 단지 개발 전의 물길과 개발 후의 물길의 변화(사진의 내용은 실제 지형과 일부 다를 수 있음).

　문제가 되는 구역은 골짜기를 메우고 평탄지로 조성한 ③이다. 대단지 아파트의 경우에는 일부 동이나 라인이 ③에 해당될 경우가 많다. 따라서 아파트를 분양받거나 매입하기 전에 개발 이전의 지도나 사진을 통해 과거 물길의 여부를 확인해 볼 필요가 있다.

　실제 아파트 단지 개발 사례를 보면, 아파트 개발 예정 지역에 작은 물길이 하나 있었다. 이후 개발 과정에서 기존의 물길을 메우고 평탄하게 정리한 다음, 부지 밖으로 새로운 물길을 만들었다. 그래서 표면적으로는 부지가 평탄지로 보인다. 그러나 물길이 가진 특성은 쉽게 변하지 않는 법이기 때문에, 매립지반 하부에는 여전히 물이 흐르고 있다고 보아야 한다. 일부 몇 개 동은 과거 물길이 흐르던 자리 위에 서 있다.

언덕 위의 하얀 집

　복잡한 도시생활을 벗어나 전원으로 돌아가는 것은 이제 많은 사람들의 꿈이 되었다. 그것이 안 되면, 시골에 작은 집 하나를 장만해 두고 주말이나 휴가 때 찾아가 휴식하는 것이 하나의 유행이 되었다. 전원생활을 꿈꾸는 사람

그림 2-17 언덕 위의 하얀집.

들의 머릿속에 있는 대표적인 자리가 '언덕 위의 하얀 집'이다. 전망 좋은 언덕 위에 이쁘게 지은 이층집 테라스에 앉아 커피 한잔 마시면서 저녁노을을 바라보는 광경을 생각하면 저절로 미소가 나온다.

그러나 풍수의 관점에서 이런 터는 일반인의 거주지로서 부적합하다. 풍수에서는 언덕 위에 홀로 돌출되어 있는 터를 '팔풍받이'라 하여 흉하게 여긴다. 이러한 터는 물길이 바로 들이치는 바위 절벽 위의 터와 특성이 비슷하다. 앞이 환히 트여 조망이 좋은 반면, 사방팔방으로 바람이 강하게 불어온다. 그래서 일반인이 거주하는 집터로 어울리지 않으며, 잠시 머무르며 휴양하는 펜션이나 호텔 부지로 제격이다.

또한 이러한 자리는 흔히 말하는 '기(氣)가 센 터'이다. 그래서 종교용 부지로 적합하며, 창의성 발휘가 필요한 연구소 부지로 어울린다. 그러나 이러한 터에서의 수양이나 연구 활동 또한, 몸과 마음이 건강할 때 가능하다. 노인과 환자 등 몸과 마음이 약해진 상태에서는 이러한 터가 오히려 해로운 영향을 미치게 된다.

그림 2-18 언덕 위는 집터가 아닌 휴양시설이나 연구소 및 종교용 부지에 적합하다.

주위에 험한 바위나 암석이 많은 터

사찰이나 암자 주위에는 바위가 흔하다. 바위가 강한 기운을 가지고 있다고 여겨져, 사찰과 암자의 입지선정에서 고려되었기 때문이다. 대통령이나 관직 출신 인물들의 생가 및 선영에서도 바위나 암석을 흔하게 접할 수 있다.

바위나 암석으로 이루어진 터와 흙으로 된 터를 투자에 비유할 수 있다. 바위나 암석의 터는 고위험 고수익의 주식이다. 그 크기, 형태, 색상 등이 유정(有情)하고 균형이 맞으면 터에 좋은 기운을 힘 있게 불어넣어 주지만, 그 반대의 경우에는 오히려 해로운 영향을 더 크게 미치게 된다.

반면에 바위나 암석이 없이 흙으로만 이루어진 터는 저위험 저수익의 적금이다. 이러한 터에서는 바위나 암석이 있는 터만큼의 강한 발복을 기대할 수 없지만, 반대로 그만큼 악영향을 받을 위험도 줄어든다. 그래서 추길(追吉)보다 피흉(避凶)이 더 현실적인 일반인에게는 오히려 바위나 암석이 없는 무해무득(無害無得)의 터가 어울린다.

바위나 암석의 기본적인 길흉은 형상과 크기, 색상, 땅 위로 노출된 정도 등으로 판단한다. 먼저 그 형상이 부드럽고 원만해야 한다. 풍수에서는 어떠한 경우에도 날이 선 예각의 물체를 긍정적으로 평가하는 경우가 없다. 바위 또한 강하고 날카롭게 집터나 묘터를 찌르는 듯한 형상이면 지극히 흉하다. 그리고 바위나 암석의 크기가 집터나 묘터와 어울려야 한다. 과도하게 클 경우 땅의 기운을 누를 수 있다.

바위나 암석의 표면이 땅 위로 많이 드러나 있는 것도 좋지 못하다. 대부분은 땅속에 묻혀 있고 그 일부만 땅 위에 석맥(石脈)의 형태로 보이는 것이 길하다. 그리고 바위나 암석은 땅속의 기운을 그대로 반영하기에 그 색깔이 밝은 노란색 계통이 좋다. 반대로 색깔이 검은색이면 땅속의 기운도 차가운 것을 반영하기에 좋지 않다.

그림 2-19 경주 보리사. 석조여래좌상 뒤로 큰 뱀 한 마리가 슬금슬금 기어오는 듯하다.

그림 2-20 대구 파계사 성전암. 성철 스님이 수행하셨던 곳으로 유명한 암자로 일반인들은 이런 곳에서 버텨낼 수 없다.

그림 2-21 날카로운 바위가 사찰의 뒤를 찌르고 있다.

그림 2-22 시커먼 괴물이 집터를 위압적으로 내려다보고 있는 듯하다.

그림 2-23 산줄기를 깎아 낸 모습이 마치 동물의 가죽을 벗겨 놓은 듯하다.

깨지고 부서진 땅이 보이는 터

깨지고 부서져 흉측한 모습의 산들이 터에서 보이면 좋지 않다. 자연적인 것뿐만 아니라 도로공사 등으로 파괴된 것도 마찬가지다. 광산이나 채석공장이 들어서면서 산줄기를 훼손한 이후, 인근 마을에 원인 모를 변고가 있었다는 이야기는 어렵지 않게 들을 수 있다.

피해는 산줄기가 직접 훼손된 마을만 받는 것이 아니다. 산줄기가 훼손된 모습이 보이는 곳 또한 해로운 영향을 받는다.

산줄기가 날카롭게 찌르는 터

풍수의 목적은 땅의 생기(地氣)를 받는 것이다. 그래서 산줄기에 기대어 집을 짓고, 또 산줄기 위에 묘터를 잡는 것이다. 그러나 아무리 땅의 생기를 전달하는 산줄기라 해도 뾰족하고 날카로운 산줄기의 끝이 터를 향해 직격하는 것은 불길하다. 풍수에서는 이를 '능침살(陵針殺)'이라고 하여 대단히 흉하게 여긴다.

불가피하게 이런 곳에 주택이나 공장을 지을 때는 본채나 사무실 등 주요 건물만이라도 날카로운 산줄기를 피해야 한다.

절벽이나 낭떠러지 주위의 터

절벽이나 낭떠러지 근처의 터는 항상 위험에 노출되어 있다. 절벽을 타고 부는 바람은 회오리바람이 되어 생기(生氣)가 모일 수 없다. 강한 회오리바람은 살풍(殺風)이 되어 거주자에게 질병과 낙석 등의 재난을 가져다준다.

도로 아래에 위치한 터 또한 좋지 못하다. 이런 터에 자리한 주택은 근본적으로 교통사고 위험에 항시 노출된다. 도로에서 발생하는 각종 먼지와 소음도 거주자의 건강에 해롭다.

경사가 급한 터

풍수의 핵심인 혈(穴)은 오직 평평하고 반듯한 땅에서만 형성되며, 어떠한 경우에도 급한 경사지에서 형성되는 법은 없다. 아무리 높고 험준한 산중의 절터나 묘터에서도 혈을 맺기 위해서는 그 터에서만큼은 평평하고 반듯한 땅을 이루어야 한다.

석축을 수 미터 이상 쌓아 조성한 전원주택이나 묘지를 주위에서 흔히 볼 수 있다. 그런 곳은 경사가 급한 곳을 토목기술로 산줄기를 절개하고 석축을 높게

그림 2-24 날카로운 산줄기가 터를 찌르고 있다(좌). 주택 본채를 날카로운 산줄기를 피해 배치한 모습(우)이다.

그림 2-25 절벽이나 도로 아래에 있는 주택의 거주자는 항상 불안하다.

그림 2-26 경사가 심해 쏟아져 내리는 듯한 산줄기(좌)와 경사가 심한 물가에 자리한 사찰(우).

쌓아 평탄하게 만든 곳이다. 그러나
경사가 심하면 땅의 기운은 머물지
못하고 흘러가 버린다. 풍수에서는
이러한 산줄기를 과룡(過龍)이라 하
여, 이런 자리에 집터나 묘터를 쓰는
것을 흉하게 여긴다.

그림 2-27 경사지에 건축물이 삐딱하게 서 있는
느낌이다.

　경사가 급한 곳은 물 또한 급하게
흘러가 버린다. 그래서 물이 '졸졸'
흐르지 않고 '콸콸' 흘러가는 곳은 피해야 한다. 경사가 급한 계곡에서 흘러내리
는 물소리를 밤에 들을 경우 귀신의 곡소리에 비유하여 좋지 못한 것으로 여긴
다. 이러한 원리에 따라, 경사진 도로에 건축된 건물 또한 풍수적으로 좋지 않다.
건물이 반듯하게 서 있지 못하고 삐딱하게 서 있는 느낌이다.

뒤가 낮고 앞이 높은 터

　우리나라 사람이라면 풍수를 모르는 사람이라도 어떠한 곳이 좋은 터인가 질
문 받으면 배산임수(背山臨水)의 터라고 말한다. 배산임수의 터는 뒤로 산을 기
대고 앞으로는 들판을 바라보는 터로서, 뒤가 높고 앞이 낮은 터이다. 그러나 그
반대로 뒤가 낮고 앞이 높은 곳은 배수임산(背水臨山)의 터로서, 전쟁에서의 마

그림 2-28 앞이 높고 뒤가 낮은 배수진의 터는 항상 불안하다.

풍수로 공간을 읽다

지막 보루로 더 이상 물러설 곳이 없는 '배수진'과 같은 모양새이다.

뒤가 낮고 앞이 높은 터에 거주하는 사람은 항상 불안감을 가진다. 특히 경사지에 도로가 난 후, 도로 아래쪽을 복토한 땅은 언제 뒤로 넘어질지 몰라 불안하다. 따라서 거주자는 시간이 지날수록 결국 가산(家産)이 망하고 패절한다. 국도 주변에 있는 모텔이나 주유소가 이런 형태로 지어진 곳이 제법 있다.

큰 고목이 주위에 있는 터

예로부터 큰 고목에는 신령스런 기운이 있다는 믿음이 있다. 도로를 내거나 집을 짓고자 큰 고목을 베어 내다가 예기치 못한 변고를 당했다는 이야기도 있다. 그래서인지 큰 고목을 볼 수 있는 곳은 일반 민가는 아니었으며, 마을의 입구, 향교나 서원이었다.

생태학적 관점에서도 큰 고목은 햇빛을 가리고, 집안으로 벌레나 해충을 불러들인다. 또한 땅속으로 뻗어 나간 뿌리는 지반의 균열과 불안정을 야기한다.

〈그림 2-29〉를 보면, 큰 고목이 앞뒤에서 집을 억누르고 있다. 마을의 다른 집

그림 2-29 주택의 앞뒤로 큰 고목이 서 있다.

들은 별다른 일이 없었지만, 유독 이 집에서는 우환이 잦았다. 주인 또한 수차례 바뀌었지만 우환을 견디지 못하고 떠나갔으며 결국에는 폐가로 남아 있다.

고압전류가 흐르는 철탑 아래의 터

고압선에 흐르는 전류는 인체에 유해한 전자파를 발생시킨다. 작은 스마트폰이나 TV도 유해 전자파를 발생시키는 것을 보면, 대형 고압선이 배출하는 전자파의 양은 엄청날 것이다. 또한 고압선 인근 택지는 항상 감전사고의 위험이 도사린다. 따라서 주위 약 100m 이내에 철탑과 고압선이 지나가는 터는 피하는 것이 안전하다.

그림 2-30 고압전선들이 교차로를 이루는 곳 아래에 주택이 있다.

이런 터는 아무리 값이 싸게 나오고 다른 조건이 좋다하더라도, 매입할 경우 살지도 못하고 되팔기도 어렵다. 몇 년 전 사회적 이슈가 되었던 밀양 고압 송전탑 사태를 단지 주민들의 이기적 욕심으로만 치부할 수 없는 이유를 되새길 필요가 있다.

연이은 흉사가 많았던 터

요즘 어느 시골마을이든 폐가로 방치되어 있거나, 건물은 사라지고 터만 남은 땅들이 비일비재하다. 그래서 전원생활을 꿈꾸는 도시 사람들이 즐겨 매입하는 곳이 이런 폐가나 빈 터다. 이런 곳은 마을과 너무 떨어져 있지 않아 치안문제가 해결되고, 남아 있는 건물 뼈대를 살리면 더욱 운치 있는 집을 지을 수 있기 때문이다.

시골마을 안팎의 폐가나 집터를 매입하고자 할 경우에는 '지적도상의 도로' 확보 등의 부동산 법률적인 측면을 확인하는 것이 우선이다. 그러나 풍수적 관점에서는 그 터가 왜 비워져 있는지의 내력을 살펴보는 것 또한 중요하다.

물론 시골마을에 있는 빈집의 대부분은 도시 이주 및 인구 감소가 그 첫째 원인이다. 그러나 옛말에 선간삼대주(先看三代主)라는 말이 있다. 터의 내력을 알기 위해 그 터에 살았던 삼대를 살펴보라는 의미이다. 이 말은 족보체계의 삼대(三代)를 뜻하지만, 오늘날에는 그 터에 살았던 과거의 세 번째 주인까지 거슬러 확인하라는 의미도 된다. 즉 폐가나 땅이 사회적 현상에 따라 비어 있는 땅인지, 아니면 땅에 문제가 있어서 비어 있는지를 확인해야 한다.

대부분 마을 주민들은 그 터에 살았던 사람들의 내력에 대해 잘 알고 있다. 그래서 땅을 매입하기 전에, 그 터에 살았던 사람들의 건강과 형편 등에 대해 알아보아야 한다. 연속적으로 좋지 않은 일이 발생했었던 터는 가급적 매입하지 않는 것이 좋다.

2. 택지의 모양

산줄기와 물줄기, 도로 등을 고려하여 입지를 선택했으면, 다음으로 택지의 모양과 크기를 살펴야 한다. 사실 부동산 지적도를 보면 택지의 모양이 천차만별

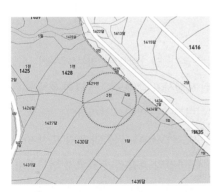

그림 2-31 지적도상 택지 모양은 천차만별이며, 그 중 요철이 심한 곳을 주의해야 한다.

이다. 그러나 택지의 모양은 평탄 원만해야 지기와 천기를 안정되게 모을 수 있다. 택지의 모양을 길흉으로 구별할 때 기본적인 원칙은 반듯하고 평탄하고, 단조로우면 길하고, 복잡하거나 기울고 요철(凹凸)이 심한 곳은 흉하다. 〈그림 2-31〉은 택지의 모양이 흉한 대표적인 모습이다.

풍수에서 원형을 기(氣)가 가장 원

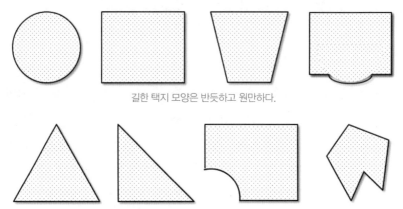

길한 택지 모양은 반듯하고 원만하다.

흉한 택지 모양은 복잡하고 요철이 심하다.

그림 2-32 택지의 길한 모양과 흉한 모양.

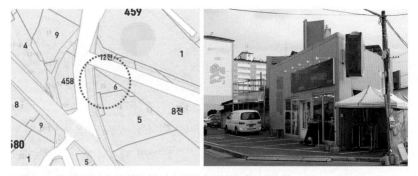

그림 2-33 삼각형 택지에 삼각형 건물이다. 업종과 주인이 자주 바뀐다.

활하게 순환되고 생기가 가득 차는 형태로 본다. 인간이 살고 있는 지구가 둥글고, 작게는 조류의 알이 둥글다. 또한 주위 사신사가 감싸 안은 명당의 형태도 원형에 가깝다. 그러나 택지의 모양이 원형이면 활용도면에서 불리하다.

따라서 차선책으로 정사각형과 직사각형이 선호된다. 건물의 모양 또한 마찬가지이다. 주택설계상 원형이 어렵고 내부 공간의 효율성이 떨어져 정사각형, 직사각형 형태의 건물이 많은데, 원형이나 사각형 모양으로 적절히 돌출된 택지는 길하다.

풍수로 공간을 읽다

실속이 있고 재운이 길하다. 실속이 없고 재운이 불길하다.

그림 2-34 마름모꼴 택지.

반면 세모꼴이나 요철이 심한 곳은 뾰족하게 튀어나온 부분이 모두 살(殺)이 된다. 기의 흐름이 원활하지 못하여 바람의 순환 또한 잘 이루어지지 않는다. 택지의 형태뿐만 아니라 건물의 모양이나 실내 공간이 세모꼴이나 요철이 심해서는 안 된다. 사각형 택지 일부분이 움푹 들어간 곳 또한 기가 쇠해지며 흉하다.

부동산 측면에서, 택지의 모양이 세모꼴이나 요철이 심한 부정형이면 이용가치가 떨어지는 자투리 부분이 생겨 투자 가치가 떨어진다. 욕심을 부려, 건물의 형상을 부정형으로 지으면, 실내 가구 뒤의 틈에 먼지가 쌓여 음기가 축적된다.

〈그림 2-34〉의 왼쪽 그림과 같이 전면이 좁고 후면이 넓은 마름모꼴 택지를 '전착후광(前窄後廣)'이라 한다. 외부로 보이는 것보다 실속이 있고 재운이 길한 형상이다. 반면 〈그림 2-34〉의 오른쪽 그림과 같이 전면이 넓고 후면이 좁은 택지는 겉모양만 화려한 데 비해 실속이 없고 재운이 불길한 형상이다.

3. 건물의 모양

건물은 땅으로부터 전달되는 지기(地氣)와 하늘로부터 받는 천기(天氣)가 서로 만나 조화를 이루는 공간이다. 따라서 건물의 형태는 지기와 천기를 효과적으로 받아들일 수 있는 구조여야 한다. 음택은 오로지 상승하는 지기를 타는 것을 목적으로 하지만, 땅 위에 들어서는 양택은 지기 못지않게 천기가 중요하다.

그림 2-35 부드러운 산세에 어울리지 않게 집의 형태가 너무 뾰족하다.

또한 물이 담겨지는 그릇에 따라 형태가 변하듯, 천기는 지상 구조물의 형태에 따라 그 성질이 변한다. 공중에서는 넓게 퍼져 오는 천기가 건물에 닿으면 건물 모양대로 변한다. 원만 방정한 건물에 닿으면 천기는 안정된 형태로 변하지만, 날카롭고 예리한 모양의 건물에 닿으면 천기도 그 성질 그대로 변해 건물 내부에 영향을 준다.

건물 안에서 생활하는 거주자는 건물의 생김새가 길상이냐 흉상이냐에 따라 천기를 어떻게 받아들이는지가 결정된다. 건물의 생김새가 중요한 이유는 이 때문이다.

주변 산세와 어울리는 모양이 좋다

건물의 형태는 주변의 산세와 어울려야 보기도 좋고, 기도 원활하게 유통된다. 우리나라의 전통가옥은 대부분 산세와 아름다운 조화를 이루는 형태를 가진다.

그림 2-36 양동마을의 집들은 뒤에 기대고 있는 산과 서로 닮은꼴이다.

사진 속 양동마을도 산의 품 안에 마을이 포근히 안겨 있는 듯한 모습이다. 주변 산세와 마을의 집들이 닮은꼴이다.

그러나 오늘날의 건물의 형태는 모두 따로국밥이다. 택지 소유자의 취향대로 규모나 형태가 정해진다. 주변 산세나 환경은 크게 고려되지 않는다. 특히 부드러운 산세에 뾰족한 유럽식 건물은 잘 어울리지 않는다. 건물의 모양은 주변의 산세와 어울리는 모양으로 하여야 한다.

건물 바닥 전체가 지면과 접하는 것이 좋다

오늘날 도시에서는 주차난이 심해 이를 위해 많은 노력을 기울이고 있다. 그중에 하나가 필로티 주차장이다. 현행 건축법은 건축물 1층 바닥면적 1/2 미만을 필로티 구조의 주차장으로 사용할 경우, 1층을 주택의 층수에서 제외하고 있다. 그러나 풍수적인 관점에서 필로티 구조의 건물은 흉상이다. 풍수의 핵심인 지기를 받을 수 있도록 건물의 바닥이 지면에 밀착되도록 짓는 것이 좋다. 옛 전통주택은 모두 지면에 붙여 건축되어 있다.

풍수에서 '기는 바람을 만나면 흩어진다(氣乘風則散)'는 말이 있다. 지기는 수직으로 상승하는 특성이 있

그림 2-37 전통주택의 바닥은 지면에 딱 붙어 있다.

그림 2-38 1층이 비어 있는 필로티 구조의 건물은 좋지 않다.

는데, 건물과 지면이 떨어져 있으면 땅속에서 수직 상승하는 지기가 중간에서 흩어져 버리고 건물로 전달되지 않는다. 다세대주택에서 거주하고자 할 경우, 가능한 한 필로티 주차장 바로 위쪽은 피하는 것이 좋다.

건물의 형태는 반듯하고 안정감이 있어야 좋다

건물 외관의 길흉은 택지 모양의 길흉과 비슷하다. 기본적으로 반듯하고 안정감이 있으면 길상이며, 날카로운 각이 복잡하게 있거나 요철이 심하면 흉상이다. 풍수적으로 가장 좋은 건물의 형상은 원형이다. 그러나 원형은 실내 가구배치 등의 효용성이 떨어지기 때문에, 일반적인 건물 형태로는 방형이 선택된다.

건물의 형상은 반듯하고 단순해야 한다. 사람은 환경에 동화되는 동물로서, 삼각형처럼 날카롭고 뾰족한 모습을 자주 보는 사람의 성격은 날카롭고 도전적이된다. 따라서 건물의 외관이나 지붕, 창문 등은 원형이나 사각형이 좋으며, 날카로운 모서리가 나타나는 삼각형은 좋지 않다.

또한 건물의 외벽에 돌출 및 함몰된 부분이 많거나 불필요한 부착물이 많으면 흉상이다. 외관상 좋지 않을 뿐 아니라 건물 주위로 소용돌이 바람이 불게 되고, 건물의 하자 발생률이 증가할 가능성이 높다.

그림 2-39 여러 개의 창날이 하늘을 찌르는 듯하다.

그림 2-40 머리가 몸통보다 큰 가분수 건물이다.

풍수로 공간을 읽다

그림 2-41 건물의 형태가 사용 후 구겨진 휴지 덩어리 같다(좌). 쐐기가 곧 떨어질 것 같은 단두대가 연상된다(우).

건물의 형상은 안정감이 들어야 한다. 건물의 하단부와 상단부가 같고 반듯하게 서 있는 느낌을 주는 건물이 풍수적으로 길상이다. 건물 상단부가 하단부보다 더 큰 가분수형 건물이나 무거운 물건이 건물 끝에 매달려 있어 불안한 형상은 풍수적으로 흉상이다.

건물의 주종 관계가 명확해야 좋다

풍수 사신사에서 현무의 역량이 다른 사신사에 비해 강해야 주종의 질서가 잡혀 길하다고 했다. 이것은 건물에도 해당된다. 한 공간에 여러 건물이 있을 때는 건물들의 주종 관계가 명확해야 한다. 궁궐의 경우, 임금의 집무 공간인 궁전이 주가 되고, 신

그림 2-42 궁궐 건물들은 주종관계가 명확하다.

하들의 업무 공간은 종이 된다. 일반 주택에서도 사람이 거주하는 건물이 주가되고, 창고 등의 부속건물이 종이 된다. 만약 건물들이 크기 및 높이가 같거나 뒤

그림 2-43 건물들이 유정하게 마주 보면 길하나(좌), 서로 등을 돌리고 있으면 협조가 되지 않고 반목한다(우).

바뀐다면 기가 분산되고 중심이 양분되어 풍수적으로 흉하다.

건물은 서로 마주 보는 것이 길상이다

한 공간에 여러 건물이 있을 때는 건물들이 서로 마주 보는 것이 길하며, 항상 유정한 얼굴(面) 쪽을 보이는 것이 길하다. 서로 등을 돌린 형태의 건물은 서로 배반하는 형상이 되어 흉하다. 이런 건물에 사는 사람들은 서로 협조가 되지 않고 반목하게 된다.

건물의 크기는 적절해야 좋다

건물의 크기는 주변 환경, 거주 인원과 비교하여 적절해야 좋다. 우선 건물의 크기는 주변 환경과 어울려야 한다. 시골의 대부분 주택들이 아담한데, 독불장군처럼 혼자 이층 양옥으로 크게 짓는 사람들이 있다. 마을 주민들과 조화되어 살아가기 위해서는 건물도 마을의 다른 주택과 크기

그림 2-44 독불장군처럼 주변과 어울리지 못하는 주택은 흉하다.

풍수로 공간을 읽다

가 어울려야 한다. 건물도 겸손할 줄 알아야 하는 것이다.

건물의 크기는 거주 인원과도 어울려야 한다. 정년퇴직 후 전원생활을 선택한 사람들 중, 방이 네 개씩이나 있는 2층 주택을 짓는 사람들이 있다. 평시에는 부부 내외만 생활하지만, 출가한 자식들이 한 번씩 다녀갈 방까지 준비한다는 생각이다. 풍수적 관점에서 식구 수에 비해 너무 큰 집은 사람이 집의 기운에 눌리게 된다. 또 자주 출입하지 않은 공간은 음기가 쌓이게 되어 좋지 못하다.

대통령이나 유명인의 생가를 답사해 보면, 예상 외로 집의 규모가 작고, 생활한 방의 크기 또한 작다. 과거의 주택 규모가 전체적으로 작았다는 점을 감안하더라도 집의 규모나 방의 크기가 작았던 것은 여전한 사실이다.

대문의 크기와 구조

대문은 외부의 기가 집 안으로 처음 들어오는 곳으로, 집의 얼굴이다. 대문의 크기는 집의 크기와 균형을 이루어야 한다. 대문이 집의 규모에 비해 지나치게 작고 초라하면 집 안에서 필요한 기를 제대로 받아들이지 못해 집안사람들이 협소하고 빈약해지며, 남에게 얕보일 수도 있다. 반대로 지나치게 크면 실속은 없고 허세나 과장을 좋아하여 망하게 된다.

대문이 현관문과 마주 보이면 좋지 않다. 이런 구조는 순화되지 않은 외부의 기가 그대로 집 안으로 들어오기 때문에 흉하다. 현실적으로는 사생활이 외부에

그림 2-45 주택에 비해 대문이 너무 웅장하다(상). 대문에서 본채가 바로 보이지 않도록 담이 설치되어 있다(하).

노출될 수가 있다. 그래서 전통주택에는 대문으로 본채가 바로 보이지 않도록 아담한 벽이나 담이 설치되어 있다.

또 두 집의 대문이 작은 길을 두고 마주 보는 경우도 좋지 않다. 두 대문 사이에 기 싸움이 일어나 기운이 안정되지 못한다. 건물에 대문이 두 개 있는 것도 좋지 않다. 대문이 두 개 있을 경우, 가능한 한 정문을 이용하고 후문은 잠금장치를 해서 사용하지 않는 것이 좋다.

풍수의 관점에서 담장은 필수이다

근래 서양식 전원주택은 개방감과 아름다움을 누리기 위해 담장을 없애는 것이 유행처럼 자리 잡았다. 담장 허물기를 시책으로 추진 중인 도시도 있다. 그러나 풍수적 관점에서 담장은 필수적이다. 담장은 기본적으로 외부와 경계를 구분하고, 외부의 바람과 시선을 막는다. 담장의 이러한 역할은 풍수에서 사신사의 역할과 똑같다.

담장의 높이는 건물과 어울려야 한다. 담장이 너무 높으면 통풍에 유리하지 않고 건물의 기운을 눌러 좋지 않다. 마치 교도소처럼 되어 버린다. 또 높은 담장은 오히려 외부인으로 하여금 의심과 호기심을 유발할 수 있다. 반대로 담장이 너무 낮으면 외부의 바람과 시선을 막지 못한다. 특히 도둑방지용으로 담장에 철조망이나 쇠창살, 유리 조각 등을 설치하는 것은 지극히 흉하다. 옛날 도시 골목

그림 2-46 너무 높지도 않으면서 바람을 잘 막아 주는 풍수적으로 길한 형태의 담장(좌)과 개방감은 있지만 바람을 막아 주지 못하는 담장(우).

풍수로 공간을 읽다

주택에서 흔히 볼 수 있었다.

근래 유행인 담장 없는 전원주택은 개방감과 아름다움을 즐기기에는 제격이지만 집이라는 공간은 기본적으로 거주자의 입장에서 봐야 한다. 즉 외부에서 바라보는 개방감과 미학적 아름다움보다는 내부에서 느껴지는 안정감이 중요하다. 따라서 전원주택에 어울리는 생울타리 등으로 담장을 조성하는 것이 바람을 막고 심리적 안정을 위해 좋다.

4. 아파트 풍수

근래 들어 예쁜 정원이 딸린 전원주택을 찾아 떠나는 것은 하나의 유행이자 도시인들의 꿈이 되었다. 그러나 여전히 많은 사람들은 생활의 편리성과 경제적 이유로 아파트를 선호하여 아파트가 도시민의 대부분이 살아가는 주택의 대명사처럼 되었다.

아파트는 집단공동체이기 때문에 양택보다 범위가 큰 양기풍수에 해당된다. 그래서 길흉이 1/n이 된다. 즉 좋은 기운도 각 세대가 나누어서 받고, 흉한 기운도 나누기 때문에 위험성은 덜하다고 볼 수 있다. 그러나 아파트별, 동별, 세대별 풍수적 길흉의 차이는 엄연히 존재한다. 풍수적으로 흉한 아파트를 피하고 길한 아파트를 선택하여 가족이 살아갈 소중한 보금자리를 찾는 방법을 알아본다.

배산임수형 아파트를 선택하라

풍수의 기본 원칙은 배산임수다. 뒤로는 산을 등지고 앞으로는 물이나 들판을 바라보라는 의미이다. 이는 뒤가 높아야 하고, 앞이 낮아야 한다는 의미가 되며, 산줄기의 흐름에 순행한다는 뜻이 된다. 〈그림 2-47〉의 ①이 배산임수형 아파트이다. 이때 앞쪽이 남향이면 금상첨화로 배산임수와 일조(日照)의 이득을 동시에 누릴 수 있다.

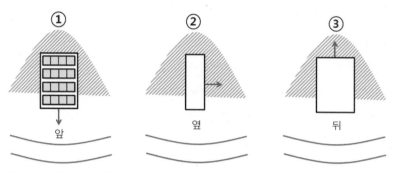

그림 2-47 배산임수로 조성된 아파트를 선택하라.

②는 아파트가 배산임수를 따르지 않고 일조를 위해 남향으로 조성된 경우이다. 이 경우는 배산임수보다는 못하지만 무난하다고 할 수 있다. 그러나 ③은 일조를 위해 남향을 고집한 나머지 물을 등지고 산을 앞으로 한 배수임산의 형태로 좋지 못하다.

골짜기 입구에 자리한 동이나 라인을 피해라

뒤에 산이 있고 앞에 물이 있다고 해서 배산임수는 아니다. 뒤에 산이 있다는 것은 뒤로 산봉우리에 기대야 하고, 앞에 물이 있다는 것은 물이 둥글게 감아 도는 형태가 되어야 한다. 그 반대로 뒤에 산이 있긴 하나 봉우리와 봉우리 사이 골짜기가 있다면 이것은 배산이 아니며, 앞에 물이 있긴 하나 물이 치고 달아나는

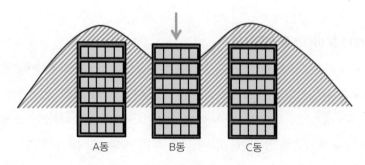

그림 2-48 골짜기 입구에 자리한 아파트는 바람의 피해를 받는다.

풍수로 공간을 읽다

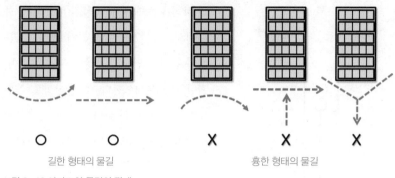

길한 형태의 물길   흉한 형태의 물길

그림 2-49 아파트와 물길의 관계.

형태이거나, 물이 빠져나가는 것이 훤히 보인다면 임수라 할 수 없다.

〈그림 2-48〉에서 A동과 C동은 뒤에 산봉우리에 기댄 배산의 형태이나, B동은 뒤에 골짜기가 있다. 따라서 B동은 골짜기 초입부에 있어 밤낮으로 바람의 피해를 받게 된다. B동 중에서도 골짜기의 가장 중심선에 걸리는 가운데 라인이 가장 흉하다.

아파트와 물길의 관계

물길의 형태를 보고 길흉을 파악하는 것은 기본적으로 음택과 양택이 모두 동일하다. 물길이 아파트를 둥글게 감싸 안고 흘러가는 형태는 아주 길하다. 물길이 아파트 앞을 횡으로 흘러가는 것 또한 비교적 무난하다.

그러나 아파트가 물이 돌아 나가는 바깥에 위치하고 있거나, 또 물길이 치고 들어오거나 직교하는 형태는 흉하다. 이런 물길에서는 저층보다는 어느 정도의 고층으로 올라가는 것이 피해를 감소시킬 수 있다. 아파트 좌우에서 흘러온 물길이 아파트 앞으로 흘러나가는 것이 훤히 보이는 것 또한 흉하다.

일조를 고려한 아파트와 물길의 관계

〈그림 2-50〉의 ①은 일반인들이 가장 선호하는 남향이다. 그러나 ①은 일조

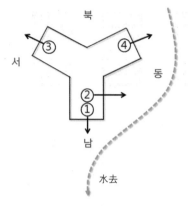

북
③
④
서
동
②
①
남
水去

그림 2-50 일조를 고려한 아파트와 물길의
관계.

의 장점에 비해 풍수적 물길이 흉하다. 풍
수에서는 터 앞으로 물길이 빠져나가는
것이 훤히 보인다면 재물이 물과 함께 빠
져나간다고 해석한다. ②는 방향도 동향
으로 좋고, 풍수적 물길 또한 아주 우수한
자리이다. 앞으로 보이는 물길이 아파트
를 향해 원만하게 굽어가고 있다.

③은 방향이 북서향으로 일조권도 불리
하고, 동시에 물을 등지고 산을 바라보고
있는 배수임산형이다. 모든 조건이 불리

한 자리이다. 평지 아파트일 경우, 별다른 영향이 없으나 산지 절개 후 평탄화한
자리에 조성한 아파트일 경우 더욱 좋지 못하다. ④는 방향이 동북향으로 일조
권이 다소 불리하나, 물길 조건은 대체로 양호하다.

결과적으로 아파트 동·호수를 결정할 때는 일조 조건과 물길의 관계를 동시
에 고려하되, 물이 빠져나가는 방향은 가급적 피해야 한다.

아파트와 도로의 관계

아파트 주변 도로의 형태에 따른 길흉 판단은 물길의 형태에 따른 길흉 판별법

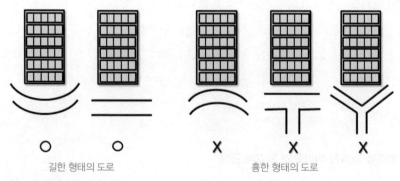

길한 형태의 도로   흉한 형태의 도로

그림 2-51 아파트와 도로의 관계.

과 거의 유사하다. 도로가 아파트를 둥글게 감싸 안고 있는 형태는 아주 길하다. 도로가 아파트 앞에 횡으로 나 있는 것 또한 비교적 무난하다.

그러나 도로가 휘어져 나가는 바깥쪽에 위치하고 있거나, 도로가 아파트를 치고 들어오거나 직교하는 형태는 흉하다. 이런 도로 형태에서는 저층보다는 어느 정도의 고층으로 올라가는 것이 피해를 감소시킬 수 있다. 아파트 좌우에서 이어져 온 도로가 아파트 앞으로 직선으로 나 있는 형태 또한 흉하다.

산보다 높은 층수의 아파트를 피해라

풍수의 기본 목적은 땅의 생기(地氣)를 얻는 것이다. 음택은 시신을 매장하여 땅속으로 흘러온 땅의 생기를 직접 받는 것이나, 양택은 땅속의 생기가 땅 위로 분출되는 지점에서 받는 것이다. 그래서 아파트는 저층일

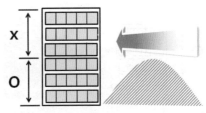

그림 2-52 산보다 높은 세대는 바람을 맞는다.

그림 2-53 아파트 단지가 산보다 높이 솟아 있는 동탄 신도시.

수록 땅의 생기를 얻는 면에서 유리하고, 고층일수록 불리하다. 풍수에서는 통상 8층 정도까지를 땅의 생기를 받을 수 있는 적정 층수로 본다.

그러나 아파트와 인접해서 산이 있을 경우, 산 높이까지는 땅의 생기를 얻을 수 있다. 간접적이나마 아파트 베란다로 보이는 산의 모습이 좋은 기운을 준다고 볼 수 있다. 그러나 산보다 높은 세대는 땅의 생기를 전혀 받을 수 없다. 바람 또한 막아 줄 것이 없어 세차게 불어온다.

산줄기를 절개한 곳은 절개면 상단부 세대를 선택하라

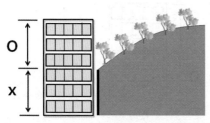

그림 2-54 절개지 상단부 세대를 선택하라.

대도시에는 평지가 아닌 산 중턱에 조성된 아파트 단지가 많다. 그중 일부는 산줄기를 절개하고 바로 그 자리에 들어선 동이 있다. 그런 아파트는 절개면 상단부 층수를 선택해야 한다. 절개면 하단부는 엄밀히 말하면 땅속에 있던 자리였다. 일조나 수맥 등의 불리함이 있으며, 홍수 때 산사태 위험마저 있다.

아파트와 바람

바람이 아파트에 부딪치면 건물외벽을 타고 불어 간다. 이때 아파트 동별 구조가 옆으로 되어 있을 경우, 바람을 그대로 맞게 되는 호수는 피해야 한다. 〈그림 2-55〉의 A동은 ②번이 바람을 맞고, B동은 ①번이 바람을 맞는다.

C동의 경우, 앞의 두 개의 동이 마치 깔때기처럼, 바람을 모아 주는 역할을 한다. 그래서 아파트 앞에서 불던 바람이 두 건물 사이에서 만나 속도를 높인 다음 C동을 향해 몰아치게 된다. 아파트를 선택할 때는, 아파트 구조가 어떻게 되어 있는지 거실에서 확인해야 한다.

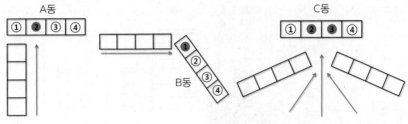

그림 2-55 아파트와 바람의 관계.

아파트와 모서리

반복해서 말하지만, 사람은 심리적으로 날이 선 무언가가 나를 향하고 있으면 위협감을 느끼기 마련이다. 살고 있는 아파트 동·호수에서 인접 아파트나 건물의 모서리가 보이는 경우가 있는데, 모두 모서리살(殺)이다. 〈그림 2-56〉의 ③번 아파트는 앞 건물의 모서리 부분이 정면으로 마주 보인다. 이런 아파트에 거주하는 사람은 밖을 쳐다볼 때마다 살기를 느끼기 마련이다.

부속건물에 해당하는 라인은 좋지 않다

주택에는 사람이 거주하는 본채와 창고 등의 부속건물이 있다. 주종의 관계에서 본채가 주가 되고, 부속건물이 종이 된다. 아파트 단지에도 이처럼 본채와 부

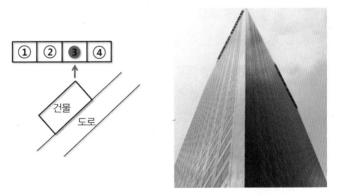

그림 2-56 모서리살을 받는 아파트는 피해야 한다. 우측 사진의 예리한 각에 살기가 느껴진다.

그림 2-57 부속건물은 사람의 팔다리에 해당한다. 남향을 고집하여 부속건물에 해당하는 라인에 살면 좋지 못하다.

속건물로 구별된 듯한 모양새로 건축된 것을 가끔 볼 수 있다. 가능한 한 본채에 해당하는 호수를 선택하는 것이 좋다.

특히 〈그림 2-57〉의 오른쪽 사진 속 사례의 경우, 부속건물에 해당하는 라인 (B)이 남향이다. 그래서 남향을 고집하는 사람들은 B 라인을 선호하기도 한다. 그러나 풍수적 관점에서 B 라인은 건축물의 부속건물에 해당하여 길한 기운을 받기 어렵다.

베란다 확장 공사는 풍수적으로 흉하다

풍수의 요체라 할 수 있는 혈(穴)은 어떠한 경우든 경사가 급한 곳에서 형성되지 않는다. 아무리 험준하고 가파른 산지에서도 땅의 생기(지기)가 멈추어 혈을 맺는 장소는 평평함을 유지하여 온화함을 느끼게 된다.

이러한 원리에 따라, 고층 아파트일수록 넓은 평수의 아파트가 좋다. 넓은 평수의 아파트는 그만큼 명당이라 할 수 있는 평평함을 넓게 보유하고 있기 때문이다. 이는 일반 주택에서도 마찬가지여서, 지대가 높은 곳에 있는 주택일수록 마당이나 정원이 넓어야 한다.

요즘 생활의 편리성이란 이유로 베란다를 확장하는 세대가 많다. 그러나 이것은 풍수적인 측면에서는 좋지 못하다. 베란다는 음택풍수에서는 전순에 해당하고 양택풍수에서는 담장에 해당한다. 전순이나 담은 둘 다 외부에서 불어오는 바람과 흉한 기운으로부터 내부를 보호하는 공통점이 있다. 베란다 또한 외부의 바람을 한 번 더 걸러 주는 역할을 하는데 베란다를 확장하게 되면, 외부의 바람이 순화되지 않고 바로 거실로 치고 들어오게 된다.

5. 터와 도로와의 관계

현대 도시 풍수에서는 도로를 물길과 같은 것으로 보기도 한다. 물길은 물이 흐르는 길이지만, 동시에 바람의 통로이기도 하다. 사람이 도로를 만들고 도로 변에 건물을 짓게 되면 도로가 바람이 지나다니는 길이 된다. 또한 도시계획에 의해 조성된 도로가 개발 전의 자연 물길을 따라 나 있는 경우도 많다.

이러한 의미에서 도로를 물길로 보는 것이다. 이에 따라 도로의 길흉 판단은 앞서 설명한 물줄기 읽기의 방법을 적용하면 된다. 즉 도로가 터를 감싸듯 굽어 돌아가는 형태는 길하고, 반대로 등을 돌리거나 치고 들어오는 듯한 형태는 흉하다.

1) 길한 도로 형태

도로가 집터를 감싸듯 완만하게 굽어 있는 곳

물이 집터를 완만하게 감싸 주고 흐르듯 도로가 택지를 완만하게 감싸 주는 형태이다. 교통사고 발생률도 적으며, 기운이 안정되는 길한 형태이다.

도로가 평탄하게 평행으로 나 있는 터

반듯한 도로가 택지 앞에 평행으로 나 있는 형태이다. 도로가 택지를 완만하게 감싸 주는 형태보다는 못하지만 대체로 길한 형태이다. 단, 도로가 경사져서는

그림 2-58 도로가 터를 완만하게 감싸고 있는 곳(도로 우측 상가)이나(상) 반듯한 도로가 택지 앞에 평행한 곳이 좋다(하).

안 되며, 또 택지보다 높으면 역시 흉하다.

2) 흉한 도로 형태

도로가 등을 돌리고 있는 터

물이 흐르는 공격사면에 해당된다. 물길의 공격사면이 물과 바람이 쳐 절벽이 형성되는 곳인 것처럼, 도로의 공격사면은 빠르게 달리던 차량이 제 속도를 못 이기고 도로가 휘어지는 바깥 방향으로 튕겨져 나갈 수 있는 지점이다. 또한 도로를 따라 바람이 불어오고 나가 화재 위험 또한 높다. 따라서 이러한 터는 교통

풍수로 공간을 읽다

그림 2-59 도로가 터를 등지고 돌아가고 있어 거주자는 항상 불안하고 재산이 모이지 않는다.

사고 및 화재 위험에 항상 노출된다.

〈그림 2-59〉의 여관과 식당도 도로가 등을 돌리고 있는 터에 자리하고 있다. 인근 식당가는 교외이지만 손님이 제법 몰리는데도, 유독 사진 속 식당은 손님이 없고, 또 매물로 내어 놓아도 쉽게 매도가 되지 않는 상태이다.

도로가 삼각점을 이루는 터

하나의 직선도로가 삼거리에서 양쪽으로 갈라져 두 개의 도로가 되는 경우로 마치 두 개의 칼이 마주치는 형상이다. 이런 곳은 아주 심한 도로살을 받기 때문에 주택 및 상가 부지로 부적합하다. 반면 운전자나 보행자의 눈에 확 띄는 곳이기 때문에, 광고 시설물 설치에 최적의 장소라 할 수 있다.

〈그림 2-60〉의 사진 속 아파트가 자리한 터는 도로가 일반적인 삼각점 형태를 넘어, 완전한 화살표 모양이 되어 아파트를 치고 들어오는 자리이다. 아파트를 정면으로 치고 들어오는 도로와 등을 돌리고 배반하는 도로가 만나 하나의 화살표살이 되어 아파트를 그대로 치고 들어오는 모양새가 되어 버렸다. 또 뒤로는 계곡물이 치고 들어온다. 이것도 부족한지 인근 골프연습장의 골프공의 방향 또한 아파트를 향해 살(殺)이 되어 날아간다. 이래저래 이만큼 흉지인 곳도 드물다.

그림 2-60 도로가 삼각점을 이루고 있어 도로살을 받고 있는 아파트(빨간색 화살표).

그림 2-61 부지가 협소한데도 삼각점 터에 억지로 구겨 넣은 듯 지은 건축물.

도로가 택지보다 높은 터

도로가 택지보다 높은 곳에 있으면, 침수나 매연 등에 쉽게 노출될 뿐만 아니라 교통사고 발생률도 높게 된다. 가족들의 건강을 해치고 뜻하지 않은 흉화의 우려가 있다.

그림 2-62 도로 바로 아래에 식당이 있다. 먼지와 소음은 제쳐 놓고, 손님들이 마음 놓고 식사를 할 수 있을까?

택지 뒤로 도로가 있는 터

사람은 항상 뒤가 든든해야 한다. 뒤로는 산에 기대고 앞으로는 물을 본다는 배산임수의 원리도 심리적으로 같은 맥락이다. 택지 뒤에 도로가 있으면 항상 뒤가 불안하다. 땅의 기운을 전달해 주는 용맥이 절단되었을 가능성도 높다. 그렇다고 집의 방향이 도로를 향하게 되면, 이제는 배수임산형이 되어 버린다.

택지 앞에 일직선으로 내려가는 도로가 있는 터

택지 앞으로 일직선의 경사진 도로가 있는 곳이다. 이러한 형태를 "견동토우 (牽動土牛)"라 하여, 흙으로 만든 소를 끌어당기는 꼴이다. 흙 소는 당연히 딸려

그림 2-63 택지 뒤에 도로가 있으면 항상 뒤가 불안하다.

그림 2-64 모든 재물이 경사진 도로를 따라 쏟아져 내려가 버린다.

오지 않고 급기야는 흙만 무너져 내린다. 즉 남보다 아무리 더 노력하고 열심히 살아도 결과는 항상 보잘 것 없고 가난하게 된다는 의미이다.

경사진 도로가 있는 터

풍수에서는 물이 재물을 뜻한다. 경사진 도로에는 기가 머물지 못하며, 물 또한 급히 흘러가게 된다. 이러한 곳은 재물이 달아나는 터이다(그림 2-27 참고).

풍수로 공간을 읽다

제2장
부동산 풍수 인테리어

　일반인의 관점에서 풍수에 관심을 두는 목적은 기본적으로 흉한 땅을 피하고, 이에 더해 여건이 허락하는 범위에서 좋은 땅을 구하는 것이다. 그러나 아무리 좋은 땅을 구했더라도 어느 땅이든지 조금의 풍수적 흠결은 있기 마련이다. 그래서 풍수적 흠결을 고쳐서 땅의 풍수적 등급을 조금 더 높이는 것을 비보(裨補)라고 한다.

　풍수의 비보에는 두 가지 의미가 포함되어 있다. 즉, 터의 기운이 약한 것을 북돋아 주고(裨補), 터의 기운이 너무 강한 것은 눌러 주는 것(壓勝-압승)이다. 이러한 비보의 실제적인 모습은 숲, 연못, 인공산, 돌무더기, 탑 등으로 이루어진다.

　부동산 풍수 인테리어는 부동산 풍수학의 관점에서 전통 풍수의 비보 개념을 부동산에 접목하여, 부동산의 가치를 한 단계 올리는 조치라고 정의할 수 있다.[2] 부동산 풍수학 관점에서 취할 수 있는 비보적 조치 몇 가지를 살펴보자.

1. 직충살 피하기

누구나 상대방이 검지 손가락을 몸을 향해 가리키면 기분이 좋지 않다. 특히 손가락이 눈 가까이를 향하고 있다면 위협감마저 느끼기 마련이다. 사람은 이처럼 예리한 무언가가 나를 곧장 향할 경우 두려움과 위협감을 느끼게 된다. 그래서 칼이나 가위 등을 상대방에게 건넬 때에는 날카로운 날 부분을 내가 잡고 손잡이 부분이 상대방에게 향하도록 하는 것이 예의라고 배워 왔다. 밥상에서 모서리에 앉지 말라는 교육을 받아 본 것도 비슷한 맥락일 것이다.

앞에서 물길이나 도로가 치고 들어오는 것을 흉하다고 설명하였다. 또 전통주택에서 대문으로 외부의 시선과 기운이 바로 치고 들어오지 못하도록 작은 담장을 쌓았음을 설명하였다. 이러한 원리에 따라 직충살을 피하는 풍수 인테리어 방법을 설명한다.

대문과 현관을 마주 보이지 않게 배치하기

그림 2-65 대문과 현관문이 일직선이면 좋지 않다.

대문은 주택의 내부와 외부를 연결하는 기운의 통로이다. 집 밖의 좋은 기운을 받아들여야 하겠지만, 흉한 기운을 막기도 해야 한다. 그래서 대문과 현관문이 일직선으로 놓이면 좋지 않다. 집 외부의 흉한 기운이 현관문으로 직충할 수 있다. 주택의 현관은 대문과 대지에서 사선(지그재그)으로 배치하는 것이 좋다.

정문과 현관 사이 화단 조성하기

관공서 건물의 경우, 정문과 현관문을 사선으로 조성하면 무언가 밸런스가 맞지 않아, 통상 정문과 현관문을 일직선으로 둔다. 풍수에서 대문은 수구에 해당한다. 정문과 현관문이 일직선으로 놓여 있는 것은 수구가 벌어져 있어 물이 빠

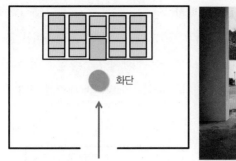

그림 2-66 정문과 현관 사이에 화단을 조성하는 것이 좋다.

져 나가는 것이 훤히 보이는 것과 같다. 이럴 경우, 내부의 생기가 쉽게 빠져나가고, 외부의 살기가 쉽게 침입하게 된다.

따라서 가장 좋은 방법은 정문과 현관문의 배치를 지그재그로 하는 것이다. 그러나 여건상 정문과 현관문을 일직선으로 둘 경우에는 현관문 앞에 화단 등의 조경 시설물을 설치하여 직충을 방지하는 것이 좋다.

통로가 직충하는 사무실 피하기

긴 통로가 연결되어 있는 끝에서 통로를 마주 보고 자리한 사무실의 위치는 흉하다. 긴 통로를 따라온 바람이 사무실을 바로 직충한다. 이때 사무실의 출입문이 통로와 직접 마주하면 더욱 흉하다.

긴 골목길 끝의 막다른 위치에 자리한 주택이나 상가 또한 이러한 원리로 흉하다.

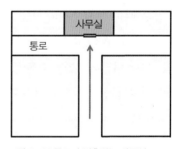

그림 2-67 통로가 직충하는 사무실.

이때는 직충하는 정면에서 비켜나서 출입문을 설치하는 것이 좋다. 또 출입문 옆에 물이 흐르는 작은 분수나 거울 등을 설치하여 직충하는 살기를 누그러뜨리는 것도 도움이 된다.

사무실 출입문과 책상이 직충하지 않도록 배치

사무실 출입문과 바로 마주한 책상의 위치는 흉하다. 출입문을 통해 들어온 외부 기운이 여과되지 않고 책상을 바로 직충한다. 주택에서 방문과 바로 마주한 침대 위치 또한 흉하다. 책상과 침대의 위치는 출입문과 방문과 대각선 위치에 배치되도록 해야 한다.

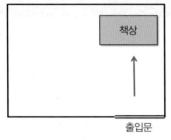
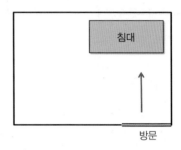

그림 2-68 출입문과 직충하면 좋지 않다.

2. 터의 성격과 어울리는 인테리어

풍수에서는 산봉우리의 형상을 음양오행에 따라 목성(木星), 화성(火星), 토성(土星), 금성(金星), 수성(水星)으로 구별한다. 그중 화성을 제외한 나머지는 비교적 안정적이고 안온한 느낌을 주어 길한 형상으로 여긴다. 반면 화성은 석산(石山)이 대부분이고, 강하고 억센 느낌을 주어 흉하게 여긴다.

그러나 이러한 길흉의 판단은 일상적으로 거주하는 주택을 기준으로 보았을 때이며, 호텔 등의 휴양시설 기준으로 보면 달라진다. 즉 화성체인 석산의 불안정한 기운이 사람들이 며칠간 묵어가는 휴양지의 성격과 어울리는 것이다. 그래서 화성체의 석산이 보이는 곳은 리조트나 호텔 및 모텔의 입지로 제격이다. 사람들이 그런 곳을 찾는 이유가 '편안한 휴식'을 위해서라고 말하면서도, 본능적으로는 안정감보다는 기분의 '들뜸'을 느끼기 위해서이기 때문이다.

호텔 및 모텔의 입지로서 또 하나 적합한 곳이 여근곡(女根谷) 형상과 풍수적

그림 2-69 호텔이나 모텔은 화려하고 불안정한 인테리어가 오히려 손님을 이끈다(상). 호텔이나 모텔에는 웅장한 화산이나 폭포 그림이 좋다(하).

그림 2-70 여근곡 형상(좌)과 현군사(우)가 보이는 곳은 호텔이나 모텔 부지로 제격이다.

현군사(懸裙砂)가 보이는 곳이다. 여근곡은 음기가 세다는 이유로 마을에서 그러한 형상의 산이 보이는 것을 꺼려하는 산이다. 현군사는 산 모양이 여자의 주름치마처럼 여러 갈래로 째져 있는 형상으로, 방탕하고 음란한 사람을 만들어 낸다고 해석되어 흉한 형상으로 분류된다. 그러나 휴양지, 특히 호텔이나 모텔의 기운적 특성상 오히려 이러한 형상의 산이 보이는 곳이 제격이다.

건물 내·외부의 인테리어 또한 터의 기운적 특성에 맞출 수 있다. 모텔의 외부 인테리어는 일반인이 보기에 살기(殺氣)가 느껴질 만큼 뾰족하게 치장되어 있다. 그러나 모텔에 막 들어서는 사람에게는 멋진 풍수 인테리어가 된다. 내부 인테리어 또한 적절하게 각이 지고 불안정한 형상과 화려한 색상의 조합으로 '들뜸'의 기분을 유도하는 것이 좋다. 풍경화를 설치한다면, 고즈넉한 저녁노을 풍경보다는 웅장한 석산 그림이나 폭포 그림이 적합하다.

3. 대문과 물길의 관계

건물을 바로 둘러싸고 있는 담장은 청룡·백호 산줄기의 축소판이며, 대문은 수구에 해당한다. 풍수에서는 청룡·백호 산줄기가 물을 거슬러 주고, 영역 내부에서 수구로 물이 빠져나가는 것이 보이지 않아야 길하게 여긴다. 이런 원리에

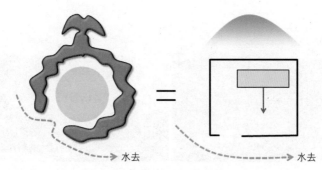

그림 2-71 물이 흘러오는 방향으로 대문을 내면 청룡(백호)이 물을 거슬러 주는 형태가 되어 길하다.

A호텔은 영역의 중심부를 차지할 욕심에, 앞뒤의 풍수적 흉을 간과하고 말았다.

A 호텔(좌)의 정문이 견동토우형임에 비해, B 호텔(중앙)과 C 호텔(우)은 물길이 흘러오는
방향으로 정문이 나 있다.

그림 2-72 대문과 물길의 관계 사례.

따라 담장이 물을 거슬러 주는 형태가 되어야 길하며, 이것은 대문의 위치에 의
해 실행된다.

〈그림 2-71〉과 같이, 물이 집의 우측(그림으로 볼 때 좌측)에서 흘러올 경우, 대
문을 우측으로 당겨서 물이 흘러오는 방향으로 설치하면, 청룡이 물길을 거슬러
주는 형태가 되어 길하다. 만약 그 반대로 물이 빠져나가는 방향으로 대문을 설
치하게 되면, 자칫 앞에서 설명한 견동토우(牽動土牛) 형태가 될 우려가 있다. 이
것은 수구를 따라 물이 흘러 내려가는 것이 훤히 보이는 것과 같은 이치이다. 모

든 재물이 대문을 따라 흘러가 버리게 된다.[3]

〈그림 2-72〉의 지도는 대구 인근의 관광단지이다. 이곳에는 3개의 소규모 호텔이 있다. 호텔들의 규모, 시설 등은 대동소이하나, 현재 A 호텔만 잠정휴업 상태이며, 나머지 두 호텔은 영업 중에 있다. 풍수적 관점에서 보면, A 호텔은 긴 계곡이 바로 뒤를 치고 들어오는 수살(水殺)과 풍살(風殺)을 맞는 자리에 있다. 그리고 호텔 앞의 도로가 물길을 따라 나 있어 수구를 향해 곧장 뻗어 가고 있다. 호텔 정문의 방향이 물이 빠져나가는 자리로 나 있어, 전형적인 견동토우 형태가 되었다. 이런 입지와 구조에서는 아무리 악전고투(惡戰苦鬪)하더라도 모든 생기와 재물이 빠져나가게 된다.

반면 나머지 두 호텔은 뒤에 골짜기가 있지만, 건물이 골짜기를 살짝 피해 자리를 잡고 있어, 직충을 피했다. 또한 정문의 방향을 물길이 흘러오는 쪽인 택지의 우측(사진상 좌측)으로 내었다. 호텔의 성업과 폐업에는 사회·경제적 여건과 영업 능력 등 여러 문제들이 복합적으로 작용하겠지만, 입지선정과 건축물의 구조 등 풍수적 단점이 A 호텔의 장기간 휴업에 일말의 영향을 미쳤을 것이다.

4. 부정형 택지의 모양 다듬기

건물은 지기를 받는 곳이고, 마당은 양기인 천기를 받는 곳이다. 마당은 네모반듯하거나 원만한 원형으로 평탄한 것이 길상이다. 마당이 삼각형 등 날카롭게 각이 지면 극히 흉하다.

그러나 지적도에 있는 실제 땅 모양은 천차만별이다. 대부분의 택지에는 일부의 귀퉁이 부분이 있게 마련이다. 풍수의 관점에서 이런 귀퉁이 부분이 대단히 중요하다. 귀퉁이 부분

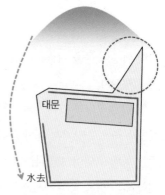

그림 2-73 각진 모퉁이는 욕심을 버리고 담장 밖으로 내쳐야 한다.

이 부드럽고 원만하게 조금 튀어나온 것은 길한 형상이나, 삼각형 등 각진 형상이면 오히려 흉상이다.

그런데 문제는 택지 소유자의 욕심에서 비롯된다. 택지 구입 시 귀퉁이 부분의 값을 모두 지불했기 때문에, 어떻게 해서든지 영역 속으로 넣고 싶어 한다. 그러나 과감하게 담장 밖으로 내쳐야 한다. 담장 영역은 최대한 사각형에 근접하도록 반듯하게 조성해야 마당 안에 길한 기운을 모을 수 있다. 밖으로 내쳐진 모퉁이 부분은 밭이나 화단으로 이용해야 한다. 좀 더 욕심을 버린다면, 담장 모서리 부분을 각이 지게 하지 말고 부드럽게 만들면, 마당 안의 기운을 보다 부드럽게 할 수 있다.

한편, 마당 전체를 시멘트로 포장하거나 큰 돌과 자갈 등을 까는 것은 좋지 않다. 열의 전도율이 빨라 여름에는 주위 온도를 끌어 올리고 겨울에는 온도를 끌어 내려 좋은 기를 발생시킬 수 없다. 마당에 깨끗한 잔디를 심는 것은 풍수적으로 무방하다. 마당에 인공 연못을 파는 것 또한 좋지 않다. 인공 연못은 물의 순환이 자연적으로 이루어지지 않기 때문에 조금만 관리가 소홀해도 오염되고 탁해져 나쁜 기운을 내뿜는다.

5. 정원수와 정원석

앞서 설명한 바와 같이, 산줄기의 굽은 면 안쪽을 얼굴(面)이라 하고, 그 바깥쪽을 뒤통수(背)라 한다. 또 터에서 보았을 때, 산줄기의 얼굴이 보이면 산줄기가 터에 대해 유정(有情)하다고 하며, 그 반대로 산줄기의 뒤통수가 보이면 산줄기가 터에 대해 무정(無情)하다고 한다.

산줄기가 유·무정이 있듯이, 조경수 또한 그 형상으로 유·무정을 구분할 수 있다. 구분의 기준은 산줄기와 마찬가지로 굽은 면을 어디로 향하고 있는가이다. 〈그림 2-74〉의 나무들은 길을 향해 고개를 약간 숙인 것처럼 가꾸어져 있

그림 2-74 유정한 형태의 조경수.

다. 이것은 곧 보행자가 나무의 굽은 면의 안쪽인 유정한 면을 볼 수 있음을 나타
낸다. 그래서 보행자는 공손히 허리를 굽혀 도열한 사람들의 가운데를 주인공이
되어 걷고 있는 듯한 느낌을 가지게 된다.

그 반대로, 길의 바깥 방향으로 굽어져 있는 나무들은 보행자에게 나무의 뒤통
수를 보이는 것이며, 이것은 곧 산줄기가 터에 대해 무정하게 굽은 면의 바깥쪽
을 보이는 모양새와 같다. 이런 맥락에서, 조경수의 형태가 과도하게 비틀어지
거나 휘어진 것은 좋지 않다. 이런 형상은 마치 산줄기가 질서 없이 제 마음대로
날뛰는 것(狂龍-광룡)과 같으며, 나무의 고통을 연상시킨다.

특히 휘어진 소나무군(群)은 사진작가들의 단골 출사지이다. 그러나 이런 형
상의 나무는 미학적 관점에서 아름다울 수 있으나, 풍수적 관점에서는 유정하지
못하고 특히 강한 음기를 발산시킨다. 이런 나무는 묘지에서나 어울리지 사람이
살아가는 주택 마당의 조경수로는 부적합하다.

정원수의 크기 또한 중요하다. 마당에 깨끗한 잔디나 작고 아름다운 나무를 심

풍수로 공간을 읽다

그림 2-75 허리가 꺾인 나무가 고통을 호소하는 듯하며(좌), 불규칙적인 형상의 소나무군에서 강한 음기가 느껴지는 듯하다(우).

으면 집의 운이 번창한다. 그러나 뿌리가 깊은 큰 나무나 오래된 나무는 독기를 내뿜으므로 피해야 한다. 지붕을 덮을 만큼 큰 나무는 집을 그늘지게 하여 양기를 차단해 거주자의 건강을 해칠 수 있으며, 태풍이나 벼락으로 나무가 쓰러질 경우 건물을 덮칠 수도 있다.

정원수로 적당한 나무는 키가 작고 낙엽이 무성하지 않으며 사시사철 푸른 것이다. 작지만 곧게 자란 소나무, 사철나무, 오죽, 매화나무, 감나무, 석류나무, 살구나무, 대추나무 등이 무난하다.

그림 2-76 묘지에 주로 설치되는 석물을 식당이나 주택 마당 조경석으로 활용하면 흉하다.

정원에 돌을 가져다 놓는 경우에는 그 수량과 모양에 주의를 기울여야 한다. 기본적으로 적정한 수량의 정원석으로 정원에 포인트를 주는 정도로 만족해야지 큰 돌을 많이 가져다 놓는 것은 좋지 않다. 돌의 모양은 둥글둥글하고 원만한 것이 좋으며, 각지고 흉한 형상은 좋지 않다. 특히 왕릉이나 묘지에나 있을법한 망주석, 문·무인석, 동자석 등이 개인 주택의 마당이나 음식점에 조경석으로 있는 곳도 있다. 식사하러 가는 손님들이 제사상 받으러 가는 모양새가 된다.

6. 도로가 배반하는 택지 다듬기

도로가 배반하는 곳에 위치한 택지는 물이 흐르는 공격사면에 해당되어 교통
사고와 화재의 위험이 높다. 이런 곳은 기본적으로 도로에서 최대한 떨어뜨려
건물을 배치하는 것이 최선이며, 도로와 택지 사이에 완충시설을 설치해 살기를
누그러뜨려야 한다. 그 반대로 택지가 가진 기운적 특성을 최대한 이용할 필요
도 있다.

먼저, C 지점에 있는 광고간판을 A 지점으로 옮겨야 한다. 도로가 배반하는 곳
의 입구, 도로가 직교하거나 삼각점을 이루는 곳은 교통사고 가능성이 높다는
단점이 있지만, 눈에 확 띄는 특성이 있다. 그래서 이런 곳은 광고시설물 설치 장
소로 제격이다.

그리고 B 지점에는 동일 간격으로 벽돌화단 등의 완충시설을 설치한다. 화단
은 차도의 강한 살기가 바로 택지로 치고 들어오는 것을 막아 주는 완충 역할을
할 뿐만 아니라 조경기능을 겸한다. 마지막으로 C 지점에는 담장, 나무나 생울타
리 등을 식재하여 물을 거슬러 주는 백호 역할을 하도록 한다.

그림 2-77 도로가 배반하는 택지 다듬기 사례.

그림 2-78 도로가 배반하는 택지에서 광고판과 완충시설물을 적소에 잘 설치한 주유소.

7. 잠잘 때 머리 방향

잠자는 방향은 가장 손쉽게 실천할 수 있는 풍수 비보법이다. 그러나 그 원리를 알고 나면 쉽게 무시할 수 없는 것이 또 잠자는 방향이다.

잠잘 때 머리 방향의 기본은 배산임수를 지키는 것이다. 뒤로 산을 기대고 있기 때문에 머리 방향이 높고, 앞으로 물을 보고 있기 때문에 다리 방향이 낮다. 이것은 사람이 잠을 잘 때도 그렇지만 묘터에 시신을 안치할 때도 마찬가지다.

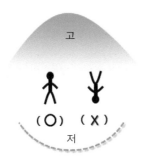

그림 2-79 잠잘 때 머리 방향은 배산임수형으로 두어야 한다.

만약 방향이 반대일 경우, 등산해서 휴식할 때 뒤로 앉은 어정쩡한 자세를 십수 년간 반복한다고 생각하면 된다. 평지형 주택이면 크게 영향이 없지만, 산자락에 들어선 주택이나 아파트에서는 반드시 머리 방향을 배산임수형으로 두어야 숙면을 취할 수 있다.

그러나 집 내부 구조상 배산임수형을 지키지 못할 경우도 있다. 〈그림 2-80〉에서 ①번

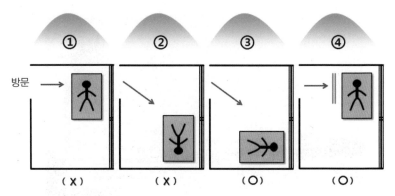

그림 2-80 잠잘 때 머리 방향은 배산임수를 우선으로 하고, 집 내부 구조를 고려한다.

의 경우, 머리 방향을 배산임수형으로 두면 방문과 머리 방향이 직충이 되어 흉하다. 그래서 머리 방향을 방문으로 대각선(②번)으로 두면, 이번에는 배수임산형이 되어 버린다. 이때는 ③번과 같이 창문 쪽으로 머리 방향을 두면 된다. 방문과 머리 방향이 대각선이 되고, 완전한 배산임수형은 아니지만 그 반대는 피할 수 있다. 구조상 ④번과 같이 배산임수형으로 해야 할 경우에는 방문과 머리 방향의 직충을 피할 수 있는 작은 칸막이를 설치하는 것이 좋다.

풍수로 공간을 읽다

제3장
전원주택단지 자리 선정의 실제

1. 사례 1

전원생활을 해 보고자 현재 개발 중인 전원주택단지를 찾았다. 전체적인 조건이 마음에 들어 〈그림 2-81〉의 택지들 중에서 선택하고자 한다. 이때 풍수적 관점에서 자리를 선정하는 기본적인 방법을 알아보자. 자리의 선정은 세 단계로 이루어진다. 첫째, 터를 형성하고 있는 산줄기와 물줄기를 읽는다. 둘째, 산줄기

그림 2-81 전원주택단지 자리 선정의 사례.

와 물줄기를 읽은 결과를 바탕으로, 물길을 고려한 수평적 자리 잡기를 한다. 그리고 마지막으로 바람을 고려한 수직적 자리 잡기를 한다.

〈그림 2-81〉을 통해 구체적으로 살펴보자. 먼저 산줄기가 만들어 내는 스카이라인을 유심히 살피면, 산줄기가 봉우리(起)를 만들고 밑으로 꺼졌다가(伏) 다시 봉우리(起)를 만들고 있다. 그리고 산줄기가 아래로 꺼진 부분에서는 작은 골짜기가 시작된다. 이런 작은 골짜기는 평상시에 물은 흐르지 않지만, 터의 풍수적 평가에 중요하게 고려되는 물길(골짜기)이다.[4]

둘째, 산줄기와 물줄기 읽기를 통한 결과를 바탕으로 수평적(좌우)적 자리 잡기를 한다. 이때 고려되는 요건은 '물길'이다. 그래서 세 구역 중 골짜기를 포함하고 있는 '나' 구역을 우선 배제하는 것이 중요하다. 그리고 나머지 '가'와 '다' 구역을 대상 구역으로 남겨 둔다.

셋째, 수직적(상하) 자리 잡기를 한다. 이때 고려되는 요건은 '바람'이다. 가장 상단부인 Ⓐ는 조망이 좋다는 장점이 있어 대부분의 사람들이 선호하는 자리이다. 그러나 조망이 좋은 만큼 바람이 많다는 단점도 있다. 여름에는 시원하지만, 겨울 난방비 효율이 낮고 건강에도 해롭다. 특히 노인과 환자들에게는 더욱 좋지 않다.

반면 하단부인 Ⓒ는 바람이 적다는 장점이 있지만, 조망이 좋지 않고 단지의 입구로서 사생활 보장이 상대적으로 곤란하다는 단점이 있다. 결과적으로 여러 측면을 고려했을 때, 풍수적으로 가장 양호한 자리는 중간부인 Ⓑ가 된다. 또한 사정상 '나' 구역을 선택해야만 할 경우에는 부지 조성 전의 물길이 지나던 자리(그림의 검은 실선 내부 영역)는 마당으로 남겨 두고, 그 자리를 피해서 건물을 지어야 한다.

2. 사례 2

먼저 글을 읽기 전에, 〈그림 2-82〉에서 Ⓐ~Ⓔ 다섯 곳의 주택(택지) 중 어느 곳을 선택하겠는지 스스로 생각해 보자. 그리고 지금까지 설명한 산줄기와 물줄기 읽는 방법을 떠올리며 각 주택의 풍수적 장단점도 생각해 보자.

그럼, 각자가 생각한 내용과 어느 정도 맞는지 살펴보자. 먼저 터를 형성하고 있는 산줄기와 물줄기 상태를 개괄하면, 산줄기가 북에서 남으로 이어져 내려와, 단지 뒤에서 몇 번의 작은 기복(起伏)을 반복하고 있다. 그리고 동쪽에는 산줄기를 따라 작은 물줄기가 북에서 남으로 내려오고 있다.

먼저 Ⓐ는 택지의 가운데 후방은 작은 봉우리를 형성하고 있지만, 좌우측 후방은 작은 골짜기로 되어 있다. 따라서 주요 건물을 작은 봉우리에 기대어 건축하고, 부속건물은 좌측이나 우측에 건축해야 한다. Ⓑ는 '터와 도로와의 관계'에서 설명했던 '견동토우'형이다. Ⓑ 앞에는 길게 뻗어 있는 내리막길 도로가 나 있는데, 이 길은 Ⓐ와 Ⓑ 주택 사이의 작은 골짜기에서 시작된 자연 물길을 따라 낸 도로이다. 문제는 Ⓑ 주택 건물의 주 방향이 내리막길 도로를 보고 있는 것이다.

그림 2-82 택지 선정 사례.

모든 재물과 기운이 길을 따라 빠져나가 버리는 형태이다.

ⓒ는 단지에서 풍수적으로 가장 양호한 곳이다. 후방의 골짜기의 영향이 없으며, 방향 또한 남동향으로 우수하다. 게다가 도로가 완만하게 감아 주기까지 한다. ⓓ는 택지의 위치 자체는 양호하나, 건물의 방향이 잘못되었다. 무조건적으로 남향을 선호하다 보니 물이 빠져나가는 곳을 바라보고 있어 흉하다. ⓔ는 단지의 출입구에 있어 사생활 보장이 어렵다. 전통마을로 치면 아랫사람들의 가옥 위치이고, 군대 막사로 치면 위병소 자리이다.

풍수로 공간을 읽다

1. '형국론'에서 설명했던 지네 형상의 산줄기 옆에 붙어 있는 다리들이 지각의 대표적인 모습이다.

2. 풍수건축가 조인철은 전통풍수의 비보 개념을 부동산에 적용해 기운을 되살리는 것을 '양생풍수(養生風水)'로 정의하였다. 그의 저서 『부동산 생활풍수』와 『양생풍수의 비밀』은 전통풍수논리를 활용한 부동산 선정 및 가치 향상법에 대해 구체적으로 설명하고 있다.

3. '견동토우'에 관한 내용은 앞의 '터와 도로와의 관계'에서 설명하였다.

4. 실제 부지 조성 시 자연물길 자리는 통상 도로로 조성된다. 〈그림 2-81〉은 설명을 위해 일부 내용을 변경했음을 알려 둔다.

제3부

풍수,
서양공간학과
소통하기

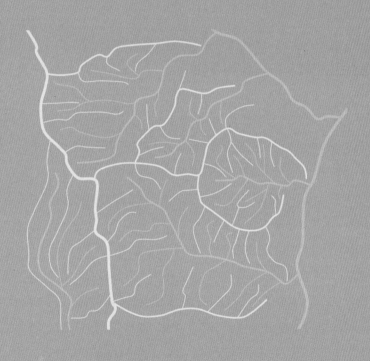

제1장

풍수와 심리학의 만남

1. 풍수는 한국인의 공간심리학이다[1]

　대부분의 사람은 멋진 풍경 그림을 보면 자연스럽게 기분이 좋아진다. 그 반대로 사막의 광경을 보면 무언가 황량함을 느끼기 마련이다. 그러나 우리는 그림을 보고 왜 기분이 좋아지고 황량함을 느끼게 되는지 그 이유를 잘 알지 못한다.

　땅에 대한 느낌도 마찬가지다. 산을 오를 때, 혼자인데도 따뜻한 기운이 감돌고 전혀 무섭지 않은 곳이 있는 반면, 이유 없이 머리카락이 곤두서고 음산한 기운이 들어 빨리 벗어나고 싶은 장소가 있다. 이러한 현상은 살 곳을 마련하기 위해 주택을 보러 다닐 때도 경험할 수 있다. 집을 보자마자 기분이 좋아 단숨에 계약을 하는 곳도 있지만, 왠지 느낌이 안 좋아 계약이 망설여지는 곳도 있다.

　이처럼 사람이 가진 땅에 대한 느낌은 대략 비슷하다. 단지 어떤 그림을 보고 왜 그런 느낌이 드는지, 또 특정 장소에 따라 기분이 좋거나 아니면 음산하고 벗어나고 싶은 이유가 무엇인지 구체적으로 모를 뿐이다. 풍수는 바로 그 이유를 체계적으로 정리해 놓은 학문이다. 이때 풍수는 터의 지형지세, 바람과 물, 햇빛, 방향, 기타 주변 환경 등의 조건들을 따져 본다. 결국 풍수는 한국인의 공간심리

158　　　　　　　　　　　　　　　　　　　　　　　풍수로 공간을 읽다

그림 3-1 멋진 풍경 그림은 기분이 좋아지게 하고, 사막 그림은 황량함을 느끼게 한다.

를 오랜 세월 동안 경험 통계적으로 축적해 놓은 결과물이라 할 수 있다.

2. 진화심리학과 공간

1) 진화심리학

　사람들이 느끼는 땅에 대한 비교적 일관된 심리는 비단 한국인에게만 해당되는 것이 아니며, 그것은 동서양을 막론한다. 이러한 공간에 대한 인간의 공통된 심리의 근원은 과연 어디일까? 그 대답을 위해서는 수백만 년 전의 아프리카 사바나 초원으로 거슬러 올라가야 한다.

　진화론의 창시자인 찰스 다윈(Charles Darwin)에 따르면, 모든 생물은 진화 과정의 산물이며, 인간 역시 하나의 생물 종으로서 진화된 생물이다. 인류의 조상은 약 7백만 년 전에 침팬지 가계와 갈라져 나무 위에서 땅으로 내려왔다. 이후 그들은 아프리카의 사바나 초원에서 수렵·채집 생활을 하는 동안,[2] 생존과 번식에 유리하도록 '신체적 진화'를 이루었다.

　눈은 신체적 진화 형태의 하나이다. 인간은 발달된 눈이 있기 때문에 사물을 보고 공간을 효율적이고 안전하게 이동할 수 있으며, 이로써 사냥감을 발견하고 맹수를 피할 수 있다. 인간의 귀 역시 그러하다. 인간은 집음관 역할을 잘 수행하도록 복잡·정교하게 조직화되어 있는 두 개의 귀가 있기 때문에 소리를 정확히 듣고 몸의 균형을 유지할 수 있다.

인간의 신체가 과거의 환경에서 생존과 번식에 유리하도록 진화해 왔듯이, 인간의 마음 또한 종의 진화사에서 생존과 번식상의 중요한 문제들을 잘 해결하게끔 진화해 왔다. 진화심리학은 이처럼 인체에 적용되는 진화의 법칙을 마음에도 똑같이 적용하여, 인간의 마음을 진화이론의 틀로써 이해하고자 하는 학문이다.

인간의 감정과 행동을 유발하는 근원적 원인을 바라보는 시각은 두 가지가 존재한다. 그것은 인간의 타고난 '본성'과 '경험(학습)'이다. 타고난 '본성'은 인간의 유전자에 부호화되어 있어, 경험이 없이도 고정적인 '타고난 행동'을 유발한다. '경험'은 생애에 걸쳐 외부와의 다양한 접촉에 의해 형성되며, 유연한 '학습된 행동'을 유발한다.[3]

그중 인간의 감정과 행동이 각자의 경험에 의해 형성된다고 보는 관점이 있다. 이 관점에서 가정하는 인간의 본성은 아무 것도 쓰여 있지 않은 '백지(a blank slate)'와 같으며,[4] 인간의 감정과 행동은 거의 전적으로 경험과 학습의 결과물이다. 사례로 실험실의 쥐가 미로에서 길 찾기, 파블로프의 개가 종소리에 침을 흘리기, 아이들의 언어 습득 과정 등이 있다.

반면 진화심리학자들은 인간의 감정과 행동을 형성하는 원인으로 타고난 본성에 주목한다.[5] 즉 진화된 심리적 장치가 인간의 감정과 행동 속 이면에 숨겨져 있어, 그것이 우리로 하여금 특정한 방식으로 느끼고 행동하도록 이끈다.[6] 멋진 초원의 풍경 그림을 보고 기분이 좋아지는 이유가 진화된 심리 장치가 마음속에 숨겨져 있다가 우리가 그림을 볼 때 본능적으로 기분 좋게 느끼도록 이끌기 때문이다.

2) 사바나 가설

현생 인류의 기원은 다지역 기원설과 단일 지역 기원설로 대별된다. 다지역 기원설은 180만 년 전에 아프리카에서 유라시아 대륙으로 퍼진 원인(原人)이 세계 각지에서 베이징 원인과 자바 원인 등으로 분화하고 그들이 현대인의 조상이 되었다는 견해다. 단일 지역 기원설인 아프리카 기원설은 모든 현대인(호모 사피엔스)의 기원이 20만~5만 년 전의 아프리카에 있다는 견해다.[7] 그 둘 중 과학자들의 해부학적, 고고학적, 유전학적 증거를 통해 지지를 받는 쪽은 아프리카 기원설이다.[8]

단일 지역 기원설을 지지하는 진화심리학자들은 우리 인간이 21세기에 살고 있지만 그 두뇌는 아프리카 사바나에서 생활하던 상태에 머물러 있다고 주장한다. 두뇌를 포함한 인간의 신체는 수백만 년에 걸쳐 살아온 아프리카 사바나 환경에서 생존과 번식 성공도를 높이도록 적응되어 왔다. 지금으로부터 1만 년 전의 농업혁명과 이후의 모든 문명적 생활은 진화론적 시간의 척도에서 아주 짧은 기간이며, 인간이 그것에 적응하려고 변화하기에는 충분하지 못한 시간이었다.

인간은 결국 1만 년도 더 전에 우리 조상이 지녔던 것과 똑같은 진화된 심리적 본능을 아직까지 지니고 있다고 보는데, 이것이 사바나 가설(Savanna Hypothesis)이다. 생태학자 고든 오리언스(Gordon Orians)에 의해 최초 소개된[9] 사바나 가설에 의하면, 인류의 진화적 조상의 생존과 번식 성공도에 영향을 끼친 여러 문제 중 '서식처 선택(habitat selection)'은 중요한 자리를 차지하였다.

서식처 선택은 '공간'적 문제 해결과 다름없었다. 현대인들이 며칠간 묵을 야영지를 선택할 경우에도 자리를 가리게 마련이다. 하물며 과거 야생의 환경을 생각해 보면, 살아가는 데 필요한 자원이 풍부한 곳을 찾아 정착하고, 그 반대로 자원이 부족하고 생존을 위협하는 요소가 많은 환경을 피하는 것은 생존과 번식에 많은 영향을 끼친 문제였다.[10]

인류의 진화적 조상은 서식처 선택 등의 공간적 문제들을 해결하면서 생존과 번식에 유리한 방향으로 진화해 왔다. 그러한 진화 과정 속에서, 인간의 생존 성공도를 높여 주었던 서식처의 지형적 특성, 분위기, 경관 등은 자연스럽게 편안함이나 즐거움 같은 긍정적인 정서를 느끼도록 진화되었다. 그 반대로 생존 성공도를 낮추었던 서식처의 환경적 특성은 두려움, 고통, 혐오와 같은 부정적인 정서를 느끼도록 진화되었다.[11]

이러한 공통된 공간적 심리는 원시 조상들이 아프리카를 벗어나 세계 여러 지역으로 흩어져 생활했던 인간들의 마음속에도 그대로 자리매김하였다. 비록 그들의 출 아프리카 이후, 각 집단이 속한 지역의 기후 및 지형 등의 지리적 변이에 따라 서로 다른 공간 문화가 유발되었지만, 마음 깊은 곳에는 보편적인 공간심리적 본능이 자리 잡고 있는 것이다.

예로서, 현대 한국인의 공간심리는 과거 아프리카 사바나에서 생활했었던 인류의 진화적 조상들이 지녔던 보편적인 공간심리에, 한국의 기후 및 지형 등의 지리적 변이가 입력된 '유발된 공간심리(evoked spacial psychology)'를 형성한 후, 주변국이나 서양 등 여러 다른 문화적 집단과의 역사적 상호작용에 따른 '전파된 공간심리(transmitted spacial psychology)'가 덧씌워진 결과물이다.

그렇다면 인류의 진화적 조상들이 지니고 있었던 보편적인 공간심리에는 어떠한 것들이 있을까?

3. 인간 보편적인 공간심리를 찾아서

1) 인간의 직립이족보행과 수평-수직 공간관

인류의 조상은 침팬지 가계와 갈라진 이후 나무에서 내려와 땅바닥에서 생활하게 되면서, 생존과 번식 성공도를 높이기 위해 네발보행에서 직립이족보행(直立二足步行)으로 진화하였다. 이것은 장거리 이동과 넓은 시야 확보 등 아프리카 사바나 환경에서 인간에게 많은 이익을 주었을 뿐만 아니라,[12] 인간의 공간적 인식의 전환을 수반하였다.

인간은 태어나 유아기 동안 뒤집기, 배밀이 등의 단계를 거치며 엎드린 자세에서 앉는 자세로 성장한다. 이때 수평적인 엎드린 자세에서 수직의 앉는 자세로의 변화는 자세의 성취 이상의 의미를 가지며, 이는 새로운 공간적 세계로 나아가는 첫걸음이다. 이후 이러한 자세의 성취는 한 인간의 삶을 통해 일상적으로 되풀이된다.

인간은 낮 동안 직립 생활을 한다. 그것은 질서정연한 인간세계를 창조하고 유지하기 위해 중력이나 여타 자연의 힘에 도전하는 것이다. 그리고 밤이면 다시 수평의 엎드린 자세로 복귀하는데, 그것은 중력이나 여타 자연의 힘에 대한 순응을, 그리고 인간이 창조한 세계와의 작별을 의미한다.[13]

인간이 직립 자세로 서 있는 상태의 공간은 여섯 방향, 즉 위와 아래, 앞과 뒤, 오른쪽과 왼쪽으로 나뉜다. 독일 철학자 오토 프리드리히 볼노(Otto Friedrich Bollnow)에 따르면, 그 세 쌍의 대립방향은 서로 대등하지 않으며, 위와 아래의 방향을 다른 것과 분리시켜 생각해야 한다. 즉 오른쪽과 왼쪽, 앞과 뒤는 인간이 몸을 돌리면 방향이 바뀌지만, 위와 아래는 인간이 눕거나 어떻게 움직이더라도 항상 동일하다.[14]

다시 말해서, 앞은 내 몸이 향해 있는 곳에서 내 앞에 있는 방향이지만, 내가 몸을 돌리면 방금 앞이었던 곳은 뒤도 되고 오른쪽도 되며 그 중간 방향도 될 수 있다. 즉 내가 몸을 돌리더라도 나를 제외한 공간은 고정되어 있고, 공간 속에서 나 혼자 몸을 돌리는 것이다. 따라서 내가 공간을 움직이는 것이 아니라 공간 속에서 내가 움직이는 것이다.[15] 결과적으로 오른쪽과 왼쪽, 앞과 뒤는 직립해 있는 인간의 자세에서 생겨난 것이지만, 수직축은 인간의 자의에 의한 것이 아니라 중력의 방향을 통해 객관적으로 주어진 방향이다.

인간이 다른 동물들과 달리 직립 자세를 하고 있다는 점에서 오래전부터 수직 공간은 수평 공간과 대립적인 가치가 부여되어 왔다. 수평과 수직은 곧 자연과 문화, 현실과 초현실, 물질과 정신, 수동성과 능동성의 대립적 상징성을 나타내게 되었다.[16]

직립이족보행에 따른 인간의 보편적인 수평-수직 공간심리는 건물의 조성 목

그림 3-2 서양의 신전과 한국의 전통 사찰이 대부분 높은 언덕이나 산 위에 있는 반면, 일반 주택들은
낮은 평지에 자리하고 있다.

적에 따른 자리 선정에 이용되어 왔다. 그중에서도 특히 정신적 측면이 강조되
는 종교용 건축물의 자리 선정에는 수직적 공간심리가 활용되었다. 즉 서양의
신전과 한국의 전통 사찰들은 대부분 높은 언덕이나 산 위에 자리한 경우가 많
다.[17] 이것은 장소의 선택에 있어 '낮은' 자리에 있는 일반 주택보다 수직축의 '높

풍수로 공간을 읽다

그림 3-3 종교용 건축물은 건물의 외양 또한 수평 대비 수직의 비율이 큰 형태로 하늘을 향한 수직성을 지향하고 있다.

그림 3-4 조선의 궁궐에서 왕의 집무 공간(정신적 공간)이 수직적 건물임에 비해 침소 공간(육체적 공간)은 수평적 건물이다.

은' 자리를 차지하고자 했음을 보여 준다.

종교용 건축물에서 수직축의 '높음'을 지향하는 것은 자리 선정에 그치지 않고, 건축물의 형태와 계단 등의 각종 기법으로까지 이어졌다. 종교용 건축물은 일반 주택에 비해 수평 대비 수직의 비율이 크며, 하늘을 향한 수직성을 강조한 형태이다. 그리고 진입 공간에 연단이나 계단을 조성하여 땅바닥에서 건축물을 다시 들어올렸다.

비단 종교용 건축물에서뿐만 아니라 동일 영역에서 건축물의 조성 목적에 따라 수평-수직 공간심리가 반영되기도 했다. 대표적으로 조선의 궁궐이 그러하다. 왕의 집무 공간은 정신적 공간으로서 수직적 건물인 반면, 침소 공간은 편안한 휴식을 위한 육체적 공간으로서 수평적 건물이다.

　종교용 건축물에서 수직성의 강조는 존경심과 권위감을 유도하는 수단이 되었다. 평지의 '낮은' 지역에서 살아가는 일반인들은 저 멀리 '높은' 위치에 있는 종교용 건축물에 대해 존경과 신비감을 갖고 살아갔으며, 방문객들은 높은 계단을 통해 어렵게 도달한 뒤, 수직으로 뻗은 건축물을 보고 다시 한 번 존경심과 권위감을 느꼈던 것이다.

2) 장소의 혼

　땅에 영(靈)이 존재하고 그것이 인간에게 영향을 미친다는 생각은 세계 어디에서나 발견되는 공통적인 관념이다.[18] 동양뿐만 아니라 세계 여러 나라는 일정한 장소에 특별한 의미를 부여해 왔다. 각 문화권에는 나름대로의 의미, 즉 힘, 병의 치료, 자연과의 유대, 성스러움 또는 공포, 위협 등을 느끼고 경험하는 특정한 장소가 있다. 서양에서는 이와 같이 장소에서 독특한 느낌을 갖게 되는 것은 장소의 혼(場所靈, spirit of place)이 있기 때문이라고 믿었다.[19]

　미국의 미생물학자 르네 듀보(Rene Dubos)는 각 장소에는 혼이 있다고 주장하였다. 그에 따르면 장소의 혼은 외관으로 드러난 경관 속에 숨어 있으며, 장소의 경관과 혼 가운데에서 그 장소의 정체성이 형성된다. 그리고 마치 사람들이 자기 외모의 개성이나 특성을 어린 시절부터 노년까지 계속 지니게 되는 것처럼, 장소에는 어떤 내적으로 숨겨진 힘이 있기 때문에, 많은 외적 변화를 겪으면서도 그 정체성이 지속될 수 있다.[20]

　장소의 정체성은 외부로 드러난 경관과 그 속에 내재된 장소의 혼이 함께 어우러져서 형성된다. 그래서 장소의 정체성을 심오한 수준으로 느끼기 위해서는 경관 속에 내재된 장소의 혼을 느낄 수 있어야 한다. 이를 위해서는 그 장소의 외부자가 아닌 내부자의 입장에서, 눈으로 보는 것이 아닌 몸으로 느끼는 장소의 경험이 되어야 한다.

한편, 볼노는 '장소의 혼'이라는 용어를 직접 언급하지 않았지만, '분위기 (Stimmung)'라는 개념을 사용하여 특정 장소가 가진 고유한 특성에 대해 설명하였다. 그에 따르면 분위기는 인간이 살아가는 공간을 이해하는 핵심 현상이자 모든 공간이 갖고 있는 본질적인 특성이다.

공간은 밝은 분위기를 내는 곳도 있고, 가벼운 분위기를 내는 곳도 있으며, 그 외 어두운 분위기, 밋밋한 분위기, 장엄한 분위기를 만들어 낸다. 그리고 이러한 각각의 공간이 가진 분위기의 특성은 해당 공간에 머물고 있는 인간에게 전이된다.[21]

서양의 '장소의 혼'은 풍수이론의 '기(氣)'의 개념과 유사하다. 둘 다 자연에 생명력이 있고 그것이 인간에게 영향을 미친다고 보는 점에서 공통점이 있다. '기(氣)'는 풍수이론의 중심이다. 그래서 풍수이론에서 말하는 풍수의 목적은 '생기(生氣)'로 가득 찬 땅을 구하는 것이다. 문제는 기가 눈에 보이지 않기 때문에 어떠한 장소가 생기로 가득 차 있는지 알 수 없다는 것이다.

풍수는 이 문제를 해결하기 위해 유파에 따라 다양한 논리체계로써 접근한다. 그중 형세론(形勢論)은 외관상 드러난 형상을 보고 생기로 가득 찬 땅을 찾는 이론이다. 즉 형세론에서 땅을 파악하는 절차는 산줄기가 상하좌우 운동을 유연하게 하면서 혈장으로 이어지는지(看龍-간룡), 산줄기가 적절한 높이로 혈장을 잘 둘러싸고 있는지(藏風-장풍), 그리고 영역 내·외부의 물줄기가 구불구불하게 천천히 흘러가는지(得水-득수)를 본 다음, 그러한 형상을 갖춘 영역 내에서 최적의 장소를 주거지(묘소)로 정하는(定穴-정혈) 것이다.

르네 뒤보의 관점에서 형세론은 장소의 경관(형상)을 통해 그 장소 속에 내재된 장소의 혼(생기)을 찾는 것이다. 형세론의 이러한 경관 중심적 특성은 자칫 그 목적인 장소의 혼을 찾는 데 한계를 드러낼 수 있다. 즉 상식적인 범주에서 장소의 혼이 땅마다 각기 다를 것이고, 그에 따라 외관으로 드러나는 경관 또한 모두 다르다는 추론이 가능하기 때문이다. 단지 형식적인 경관분석 틀(간룡·장풍·득수·정혈)로써 장소 속에 내재된 각 장소의 혼을 정확하게 찾아내기에는 한계가 있

다.[22]

　풍수이론의 또 다른 논리체계인 형국론(形局論) 또한 자연에 생명력이 있다고 본다. 형국론은 우주만물의 겉으로 드러난 형상 속에는 그에 상응한 기상(氣象)과 기운(氣運)이 내재해 있다는 개념을 원리로 삼는 이론이다.[23] 그래서 한국의 산천과 마을에는 풍수 형국과 관련한 지명이 부여된 곳이 흔하다. 옥녀가 단장하는 땅, 비룡이 승천하는 땅, 노승이 예불하는 땅, 신선이 책을 읽는 땅, 기러기가 나래를 접는 땅, 거미가 알을 품는 땅과 같이, 모든 땅은 생명체로 은유되고 해석된다.[24]

　형국론이 장소의 경관을 통해 그 장소 속에 내재된 장소의 혼을 찾는 점에서는 형세론과 동일하다. 그러나 형세론이 그 나름대로의 분석 틀(간룡·장풍·득수·정혈)로써 장소의 경관을 파악하는 데 비해, 형국론은 장소의 경관을 생명체나 물체에 은유하여 해석한다.

　앞서 설명한 여러 주장들의 타당성 여부를 차치하고, 시공을 떠나 땅에는 장소의 혼이 존재하며, 그것이 인간에게 영향을 미친다는 사실은 부인할 수 없다. 한국의 전통 공간관인 풍수의 논리체계로 바라보는 장소 또한 이와 다르지 않다.

　이러한 맥락에서 장소의 혼의 존재는 시공을 초월한 보편적 공간 인식의 하나이다. 그리고 나아가 장소의 혼은 '장소적 특성에 따른 활용'의 첫걸음이기도 하다. 각 장소에 혼이 있는 것은 동일하지만 그 종류와 특성에서 다르다. 따라서 인간의 장소 활용에서 장소의 혼의 종류와 특성을 고려한다면, 그 장소를 경험하는 인간은 해당 장소의 정체성을 더욱 심오한 수준으로 경험할 수 있을 것이다.

4. 인간 보편적인 경관심리를 찾아서

1) 자연환경 경관의 선호

〈그림 3-5〉에 네 장의 풍경 사진이 있다. 만약 다음과 같은 질문을 받는다면, 당신은 몇 번을 선택하겠는가?

당신이 살고 있는 집 창문 밖으로 어떤 광경이 보였으면 좋겠는가? 당신의 거실에 걸어두고 싶은 풍경 사진은 어떤 것인가?

취향에 따라 달라질 수 있겠지만, 대부분의 사람들이 선호하는 풍경은 ②번과 ③번일 것이다. 그 반대로 ④번에 대한 선호도는 조금 떨어질 것이며, 특히 ①번은 거의 선택받지 못할 것이다.

그렇다면 ②번과 ③번이 많은 사람으로부터 선택받는 이유는 무엇일까? 그것은 자연환경 경관적 요소가 많이 들어 있기 때문이다. 반면 ①번과 ④번은 인공 건축물이 경관의 대부분을 차지하고 있다. 특히 ①번은 건축물의 회색톤과 지나친 복잡함 등이 인공적 느낌을 더하고 경관 선호도를 떨어뜨리고 있다. 이처럼 우리는 본능적으로 자연환경을 선호하는 경관심리를 지니고 있다.

자연환경 경관에 대한 선호는 아프리카 사바나 초원의 경관으로 거슬러 올라간다. 원시 조상들이 생활했던 야생의 서식처에서 바라다보이는 경관은 적절한 높이의 산들과 숲이 섞여 있는 초원의 경관이었다. 그러한 안전한 서식처 환경에서 인간의 생존 성공도를 높여 주었던 경관 및 분위기 등은 자연스럽게 편안함이나 즐거움 같은 긍정적인 정서를 느끼도록 진화되었다. 따라서 현대인들이 인공 건축물의 집합 속에서 생활하면서도, 그 마음 깊은 곳에는 여전히 자연환경 경관에 대한 선호가 뿌리 깊이 박혀 있는 것이다.

실제로, 인간의 본능 속에 자연환경 경관의 선호 심리가 들어 있다는 것을 뒷

그림 3-5 네 장의 풍경 사진.

받침하는 연구 결과들[25]이 제시되었다. 미국의 교육학자 캐플런(Kaplan)은 사람이 인공 환경보다 자연환경을 더 선호한다는 연구 결과를 제시함으로써, 사바나 가설을 뒷받침했다. 즉 그는 참여자들이 컬러 사진이나 슬라이드로 본 풍경을 5단계 점수제로 평가한 연구에서 사람들이 인공 환경보다 자연환경을 더 좋아하는 경향이 일관되게 나타남을 밝혔다.[26]

　나아가 인간이 단지 자연환경 및 경관을 선호하는 것에 그치지 않고, 그것들이 인간의 건강과 생리에 영향을 미친다는 연구 결과들[27]이 제시되었다. 미국 지리학자 울리히(Ulrich)는 인공 환경에 나무 등의 식물이 포함된 경우 그런 것이 없는 환경보다 높은 점수를 받았으며, 스트레스가 심한 상황에 놓인 사람들에게 자연 풍경을 찍은 슬라이드를 보여 주자 생리적 고통이 줄어드는 효과가 있음을 증명하였다.[28]

2) 조망과 은신

평소 당신이 즐겨 찾는 이국적 분위기의 레스토랑에 친구와 함께 갔다고 상상해 보자. 출입문을 열고 들어서자 두 개의 자리(Ⓐ와 Ⓑ)가 비어 있다. 당신은 두 곳 중 어느 자리를 선택할 것인가?

많은 사람들이 Ⓐ 자리를 선택했을 것이다. 또 당신이 매너 있는 사람이라면 '가'와 '나' 중 '가' 자리를 친구에게 권할 것이다. 이에 대해, 왜 Ⓐ 자리를 선택했느냐는 질문을 받는다면, "구석진 자리가 좋아서", "그냥 느낌이 가는대로" 등의 대답을 할 것이다. 또 왜 친구에게 '가' 자리를 양보했느냐는 질문을 받는다면, "왠지 그 자리가 편할 것 같아서" 등의 대답을 할 것이다.

이외에도 직접 자리를 선택하는 술집이나 식당을 생각하면, 가장자리에 놓인 테이블이 먼저 찬 다음에 중간 자리가 채워진다. 왜 이렇게 사람들이 선호하는 자리가 대개 비슷한 현상이 일어나는 것일까? 그것은 우리 내면 깊숙이 공간적 잠재의식이 숨어 있다가 그런 선택을 하도록 이끌기 때문이다.

그림 3-6 레스토랑의 자리.

인간의 장소 및 경관 경험의 관점은 크게 두 가지로 나뉜다. 그 하나는 생물학적 진화의 차원에서 설명하려는 진화 이론(evolutionary theory)의 입장으로 인간이 장소 및 경관을 경험하고 느끼는 감정과 결과는 시대와 문화를 떠나 동일하다고 보는 관점이다. 다른 하나는 인간이 성장하고 생활해 온 환경의 영향으로보는 문화 학습 이론(cultural learning theory)의 입장으로 장소 및 경관을 경험하고 느끼는 감정과 결과는 인간이 성장해 온 생활환경에 영향을 받아 형성된다고보는 관점이다.[29]

그중 진화 이론의 입장에 서 있는 대표적인 사람으로 영국 지리학자 애플턴(Appleton)이 있다. 그는 '조망과 은신 이론(Prospect-Refuge Theory)'[30]을 통해 인간의 경관 경험을 진화론적으로 해석한 최초의 인물이다. 그에 의하면, 진화과정의 인간은 쫓는 자(hunter)인 동시에 쫓기는 자(hunted)였다. 그래서 자신의 시야를 확보(조망)하면서 쫓는 자의 시선으로부터 피할 수 있는(은신) 장소가 각종위험으로부터 생존을 보장하는 가장 좋은 환경이었다. 그리고 이러한 두 요건이동시에 만족되는 생활공간 및 경관은 문화와 역사적 배경을 떠나 과거 조상들이나 현대인에게 공통적으로 선호되는 것[31]이다.

'조망과 은신' 개념은 공간심리적인 면에서 매우 타당성 있는 이론이다. 이는자신의 존재를 적게 드러내면서도 주변 경관을 최대한 확보한 존재만이 장소적우위를 선점해 왔다는 이론으로서, 단지 물리적이고 동물적인 차원을 넘어 문화적이고 정신적인 면에서도 깊은 의미를 가진다.[32]

우리가 어떤 대상을 바라볼 경우, 아래를 내려다볼 때도 있고 그 반대로 고개를 들어 위를 쳐다봐야 할 때도 있다. 언덕이나 산 위에 있는 전망대에서 경치를즐길 때에는 아래를 내려다보며, 평지에서 산 위나 빌딩을 바라볼 때는 고개를들어 위로 쳐다본다. 이때 위에서 아래로 내려다보는 것을 부감(俯瞰)이라 하며,고개를 들어 위를 쳐다보는 것을 앙관(仰觀)이라 한다.

그런데 인간의 시선은 위를 쳐다보는 것과 아래를 내려다보는 것 중 어느 쪽이더 자연스러울까? 1,400명을 대상으로 실시한 미국의 한 실험에서 인간의 일반

풍수로 공간을 읽다

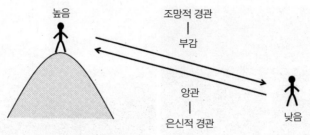

그림 3-7 위에서 아래를 내려다보는 부감은 조망적 경관이며, 밑에서 위를 쳐다보는 앙관은 은신적 경관이다.

적인 시선은 서 있는 자세에서 수평보다 10° 아래에 있고, 앉아 있는 경우는 15° 아래에 있음이 밝혀졌다.[33] 이것은 인간의 눈이 신체 구조상 내려다보는 것이 더 편하고 자연스럽다는 것을 의미한다.

부감과 앙관은 인간의 보편적 공간관의 하나인 '수직적 공간관'과 관련이 깊다. 그림을 보면, 수직축의 '높은' 곳에 있는 종교용 건축물이나 신단에서 '낮은' 곳을 바라볼 경우에는 아래로 내려다보는 부감경(俯瞰景)이다. 그 반대로 '낮은' 곳에서 '높은' 곳을 바라볼 때는 고개를 들어 위를 쳐다봐야 하는 앙관경(仰觀景)이다.

부감은 조망과 은신 중에서 조망에 해당한다. '자신의 시야 확보'를 위한 조망적 공간은 수직축 공간에서 '높은' 자리가 어울린다. 그 반대로 '남의 시선으로부터의 회피'를 위한 은신적 공간은 수직축 공간에서 '낮은' 자리가 어울린다. 따라서 조망적 공간에서의 경관은 아래를 내려다보는 부감경이며, 은신적 공간에서의 경관은 위를 쳐다보는 앙관경이 된다.

부감경과 앙관경은 인간에게 상반된 심리를 유발한다. 아래를 내려다보는 부감경은 시각적인 편안함과 원망(遠望)의 즐거움을 제공하며, 위를 쳐다봐야 하는 앙관경은 존경심과 권위감을 자연스럽게 유도한다. 그러나 부감과 앙관이 어느 한쪽에 극단적으로 치우치면, 인간은 심리적으로 불안감을 느끼게 된다. 아래를 내려다보는 부감경이 너무 지나쳐 시각적 자연스러움을 벗어나게 되면, 넓은 장소에서 여러 사람의 눈에 시달리는 것을 두려워하는 증상인 광장

① 적절한 조망적 경관

② 과도한 조망적 경관

③ 적절한 은신적 경관

④ 과도한 은신적 경관

그림 3-8 조망적 경관과 은신적 경관.

공포증(Agoraphobia)이 생길 수 있다. 그 반대로 위를 쳐다봐야 하는 것이 너무 지나치게 되면, 좁은 장소에 갇히는 것을 두려워하는 병적 증세인 폐소공포증(Claustrophobia)과 같은 심리가 유발될 수 있다.

〈그림 3-8〉의 조망적 경관을 보자. 적절한 조망적 경관은 시각적으로 편안한 부감경(조망)을 즐길 수 있는 동시에, 수직적으로 지나치게 높은 곳이 아니어서 과도한 노출의 회피(은신) 또한 가능하다. 반면 과도한 조망적 경관은 수직적으로 내 위치의 노출이 심할 만큼 '높은' 곳이다 보니, 부감경이 시각의 자연스러움을 벗어나 편안한 느낌을 주지 못하고 무언가 하늘에 떠 있는 듯한 느낌을 준다.

은신적 경관의 경우, 적절한 은신적 경관은 수직적으로 적절하게 '낮은' 위치

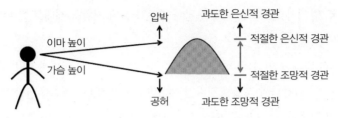

압박　　과도한 은신적 경관

이마 높이

적절한 은신적 경관

가슴 높이

적절한 조망적 경관

공허　　과도한 조망적 경관

그림 3-9 풍수에서 규정하고 있는 안산의 적절한 시각적 높이인 가슴에서 이마 높이까지의 범위는 사람이 시각적으로 편안함을 느끼는 '적절한 조망적 경관'에서부터 '적절한 은신적 경관'까지의 높이와 유사하다.

(은신)에 있으면서, 멀리 산을 위로 쳐다보는 시선에서 별다른 어려움이 없이 편안(조망)하다. 반면 과도한 은신적 경관은 수직적으로 과도하게 '낮은' 곳에 위치하다 보니, 위로 쳐다보는 시선에서 많은 압박감을 느끼게 된다.

　풍수에서도 또한 땅에서 앞으로 바라다보이는 경관을 중요하게 여긴다. 앞으로 보이는 여러 산들 중 터와 가장 가까우면서 작고 단아한 봉우리를 안산(案山)이라 한다. 안산은 재물(富)과 관직(貴) 등으로 연결해 술법적 해석이 내려지는데, 그 형상이 반듯하고 단정해야 길하게 여겨진다. 그래서 한국의 전통 가옥들이 그런 산봉우리가 보이는 곳에 자리를 잡고, 또 마당이나 대문을 그 방향으로 조성한 사례들이 많다.

　풍수에서 안산의 격을 따질 때, 그 형상과 더불어 중요하게 고려되는 것이 높이다. 안산의 높이는 너무 높아서도 안 되며, 반대로 너무 낮아서도 안 된다. 풍수 고전 『인자수지(人子須知)』는 안산의 형상이 비록 귀하더라도 그 거리가 너무 가까워 혈장을 핍박(逼迫)하면 사람이 흉하게 되고 어리석은 자가 나온다고 했으며,[34] 고탁장로(辜託長老)의 『입지안전서(入地眼全書)』에서도 안산이 너무 높을 경우 핍착(逼窄)하고, 반대로 너무 낮을 경우 공허할 우려가 있다고 하였다.[35]

　풍수는 안산의 적절한 시각적 높이를 터에 있는 사람을 기준으로 가슴에서 이마 정도의 높이로 규정하고 있다.[36] 이때 안산의 시각적 높이란 안산의 절대적 높이(標高)를 뜻하는 것이 아니라, 터에서 안산까지의 거리를 고려한 안산의 상대적인 높이를 가리킨다. 그래서 안산이 너무 높으면 터를 위압하고, 반대로 너무 낮으면 앞에서 불어오는 바람을 막아 주는 장풍의 역할을 제대로 할 수 없게 되는 것이다.

풍수에서 따지는 안산의 적절한 시각적 높이인 가슴에서 이마까지의 높이는 조망 및 은신적 경관의 적절한 시각적 높이와 다르지 않다. 풍수적 안산의 최저 높이의 한계인 가슴 높이는 조망적 경관에서 사람이 시각적 편안함을 느끼는 최저 높이(적절한 조망적 경관)와 유사하며, 이보다 낮을 경우 사람은 불안감과 공허함을 느끼게 된다. 그 반대로 풍수적 안산의 최고 높이의 한계인 이마 높이는 은신적 경관에서 사람이 시각적 편안함을 느끼는 최고 높이(적절한 은신적 경관)와 유사하며, 이보다 높을 경우 사람은 심리적 위압감을 느끼게 된다.

3) 공간의 열림과 닫힘

인간이 각자의 집에서 사는 방식을 '거주'라 한다. 그러나 거주는 인간이 공간에 단순히 존재하거나 머무르는 것과 같이 공간과의 피상적인 관계만을 맺는 것을 의미하지 않는다. 거주는 특정한 장소를 집으로 삼아 그 안에서 뿌리를 내리고 거기에 속해 있는 것이다.[37] 이러한 거주의 중심에 집이 있다. 인간은 집에서 거주한다. 집은 누구에게나 육체적인 안전과 정신적인 편안함을 제공하는 외부로부터의 피난처이다. 집이 이러한 기능을 하기 위해서는 외부 공간과 내부 공간을 구별하는 '막'이 있어야 한다.

외부 공간과 내부 공간의 특성은 전혀 다르다. 외부 공간은 인간이 세계에 나가 활동하는 공간으로서 항상 위험이 도사리고 있어 긴장의 끈을 놓을 수 없는 공간이다. 반면 내부 공간인 집은 외부 공간의 위협으로부터 벗어날 수 있는 피난처로서 안전과 편안함의 공간이다. 따라서 집의 최대 과제는 외부 공간과 내부 공간을 분리하여 거주자에게 육체적인 안정과 정신적인 편안함을 제공하는 것이다.

인간이 거주하는 집에서 외부 공간과 내부 공간을 구별하는 막은 담장과 지붕이다. 이런 구조물들이 존재할 때 집은 단순한 거처에서 진정한 의미의 집으로 바뀐다. 인간이 외부 공간으로부터 구별된 둘러싸인 울타리 안에서 비로소 안전과 편안함을 느낄 수 있는 것은 인간 마음의 본성이다. 문명이 진보하여 인구나 물자의 교류가 증대하면서 그와 같은 울타리의 입지는 점점 작아져 왔다. 그러나 인간의 일상적 거주 공간인 집에는 여전히 울타리가 있다.

외부 공간과 내부 공간을 구별하는 울타리 기능은 비단 집이라는 건물 자체로만 국한되지 않는다. 세부적으로는 집 안에 다시 많든 적든 간에 칸막이가 설치되어 있으며, 이 칸막이는 실제 우리들이 자신의 집에 들어가, 휴식과 편안함을 느끼는 가장 큰 이유가 된다.[38] 그리고 범위를 확대하여 인간이 거주하는 장소의 규모에 따라 촌락과 도시, 국가를 불문하고 자연지형으로 둘러싸여 있는 곳을 선호하였고, 성벽이나 해자로 부족한 부분을 보완하였다.

내부 공간의 외부 공간에 대한 개방 및 폐쇄 정도에 따라 '열림'과 '닫힘'으로 표현할 수 있다. 내부 공간이 외부 공간에 대해 개방 정도가 클수록 '열린 공간'이 되고, 그 반대로 폐쇄 정도가 클수록 '닫힌 공간'이 된다. 열린 공간과 닫힌 공간은 각각의 장소적 분위기(장소의 혼)를 지니고 있어, 인간의 심리에 많은 영향을 미친다. 열린 공간은 자유와 모험, 빛, 공적인 영역, 정돈되고 변치 않는 아름다움을 뜻하고, 닫힌 공간은 자궁, 은거, 어둠, 생물학적 삶이라는 아늑하고 무사한 것을 뜻한다.[39]

공간의 '열림'과 '닫힘'은 공간축의 수평적 공간에 해당한다. 따라서 그 열림과 닫힘이 인간의 심리에 미치는 강도는 수직적 공간관인 조망 및 은신과의 관련 속에서 발휘된다. 즉 인간을 둘러싸고 있는 자연 및 인공물의 열림과 닫힘의 수평적 범위가 동일하다면, 인간의 위치가 수직축의 조망과 은신 중 어디에 있느냐에 따라 받아들여지는 심리적 결과가 다르게 나타나는 것이다.

구체적으로, 아래의 두 사진은 자연 및 인공물이 인간을 둘러싸고 있는 수평적 범위가 비슷한 닫힌 공간이다. 그런데 왼쪽은 시각적 압박감을 주지 않는 반면, 오른쪽은 압박감과 답답함을 준다. 이것은 인간을 둘러싸고 있는 자연 및 인공

열린 공간

열린 경관

그림 3-10 열린 공간과 열린 경관.

닫힌 공간

닫힌 경관

그림 3-11 닫힌 공간과 닫힌 경관.

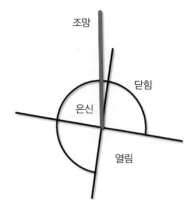

그림 3-12 공간의 열림과 닫힘이 인간 심리에 미치는 강도는 조망과 은신 공간관과 통합적으로 작용한다.

풍수로 공간을 읽다

그림 3-13 동일한 닫힌 경관이 사람이 서 있는 장소의 수직축의 높이(조망적 공간 또는 은신적 공간)에 따라 적절한 닫힌 경관(좌) 또는 과도한 닫힌 경관(우)이 될 수 있다.

물의 열림과 닫힘의 수평적 범위가 동일하다 하더라도, 인간의 위치가 수직축의 '높은' 장소인 조망적 공간에 있다면, 닫힌 경관이라 하더라도 심리적 압박감을 주지 않기 때문(적절한 닫힌 경관)이다. 반면 인간의 위치가 수직축의 '낮은' 장소인 은신적 공간에 있다면, 동일한 닫힌 경관이 인간의 심리에 압박감을 주게 된다(과도한 닫힌 경관).

따라서 앞서 설명한 광장공포증과 폐소공포증 역시 수평적 경관인 열림 및 닫힘과 수직적 경관인 조망 및 은신의 상호 연관 속에서 발생하게 된다.

풍수이론에서는 열림과 닫힘의 개념을 '장풍(藏風)'으로 설명한다. 앞에서 설명한 바와 같이 풍수이론의 중심에는 '기'가 있으며, 풍수의 목적은 생기 가득한 땅을 구하는 것이다. 풍수 고전 『장서(葬書)』에 "장사를 지내는 것은 생기를 타는 것이다(葬者乘生氣也)"[40]라는 구절이 첫 문장으로 등장하는 이유도 여기에 있다. 그런데 생기는 바람을 타면 흩어져 사라지는(氣乘風則散) 성질이 있다. 그래서 바람으로부터 생기를 보호할 필요가 있는데, 이러한 방법을 이론적으로 체계화시킨 것이 장풍법이다.

풍수이론에서 장풍의 의미는 외부로부터 불어오는 바람을 막아 내부의 생기를 보호하는 것으로 요약된다. 그리고 이를 구체적으로 실행하는 것은 산줄기이다. 영역을 둘러싼 산줄기는 외부 공간과 내부 공간을 구별하는 막으로서, 네 개의 방위에 각각 사신사(현무·주작·청룡·백호)의 개념이 배정되어 있다. 풍수에서

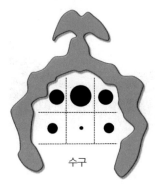

수구

는 기본적으로 사방의 산줄기가 내부 영역을 에 워싸고 있는 닫힌 공간을 선호하는데, 이를 장풍 국(藏風局)이라 지칭한다.

풍수에서는 사방의 산줄기가 내부 영역을 잘 감싸 주어 '닫힘'의 효과를 높일수록 길(吉)하게 여긴다. 그러나 현실적으로 완벽한 장풍국을 이 루고 있는 곳은 드물다. 장풍국의 형성은 내부 영역의 크기가 묘소나 주택, 소규모 마을을 형성 할 정도에서는 가능하나, 그 이상의 규모에서는

불가능하다고 해도 틀림이 없다. 그래서 한국의 전통마을 중 장풍국 지형이라 여겨지는 곳도 네 방위 중 어느 한 곳이 트여 있는 곳이 대부분이다.

풍수에서는 이 틈을 수구(水口)라고 하며, 이 틈을 통해 물이 내부 공간에서 외 부 공간으로 빠져나가고, 바람이 내부 공간과 외부 공간으로 들락날락거린다. 그래서 대부분의 전통마을 수구에는 숲(비보 숲)이나 연못을 조성하여 외부의 바 람을 막고, 내부의 생기를 보호하고자 하였다. 숲은 내부 영역의 거주자에게 아 늑함과 편안함을 제공함으로써 닫힌 공간으로서의 심리적 효과를 높였다.

그리고 전통마을에서 주요 주택의 위치 또한 동일한 내부 영역에서도 좀 더 닫 힌 공간(경관)의 입지가 선호되었다. 경북 지역 종택41 42개소의 영역 내 위치를 조사한 연구42에서, 종택이 수구에 가까운 영역의 전면보다는 후방에 입지한 비 율이 높았음을 밝혔다. 또한 종택의 위치가 영역의 전면으로 나올수록 가운데보 다 좌우 측면으로 입지한 경우가 많았다.

풍수에서 일반적으로 땅을 판단하는 순서는 두 단계로 이루어진다. 먼저 멀리 서 해당 장소를 전체적으로 조망(尋穴-심혈)하면서 그 길흉을 판단한다. 이때의 기준은 해당 장소가 산줄기로 둘러싸여 일정 영역(保局-보국)이 형성되어 있는 지 보는 것이다. 첫째 단계에서 풍수적 기준을 통과한 장소에 대해 두 번째 단계 로, 영역의 내부로 직접 들어가 최적지를 정하게(定穴-정혈) 된다.

그림 3-15 전통마을의 수구 숲은 마을 외부에서 마을 내부가 바로 보이지 않고, 마을 내부에서는 심리적 안정감을 느낄 수 있는 '공간의 닫힘' 효과를 제공하였다.

풍수에서 땅을 찾고 판단하는 순서는 심리적으로도 유의미하다. 먼저 멀리서 조망하는 첫 단계는 외부 영역과 구별되는 하나의 '막'이 형성되어 있는 곳을 찾는 것으로, 공간의 '열림과 닫힘' 중에서 '닫힘(닫힌 공간)'을 추구하는 것이다. 그 다음 내부 영역으로 들어가 최적지를 찾는 두 번째 단계는 '닫힌 공간' 속에서의 '열림(열린 공간)'을 추구하는 것이다.

한국의 전통마을이 입지한 곳은 대부분 산이 끝나고 평지가 시작되는 지점으로 자연스런 배산임수형 지세가 형성된다. 이 경우 표고가 높은 영역의 후면은 수직축 공간에서 '높은' 지점인 조망적 공간이 되는 반면, 표고가 낮은 영역의 전면은 수직축 공간에서 '낮은' 지점인 은신적 공간이 된다. 따라서 영역의 후면에 위치한 종택은 조망적 경관을 보장받는다. 또한 영역 전면에 있는 일반 민가에 대해서는, 시각적으로 위로 쳐다보도록 하고 접근상 올라오도록 함으로써 장소적 존경심과 권위감을 유도해 낼 수 있었다.

제2장
풍수와 힐링의 만남

1. 힐링이 대세다

요즘 힐링(Healing)이 대세다. 일상생활의 스트레스를 해소할 다양한 방법을 찾고, 그것에 유행처럼 '힐링'이라는 단어를 붙이게 되었다. 여행을 다녀온 사람이라면 으레 SNS에 '힐링하고 왔다'는 흔적을 남기며, 심지어 맛난 음식을 먹고 나서도 '입을 힐링했다'라는 표현을 쓰기도 한다. 이외에도 힐링 댄스, 힐링 뮤직 등 지친 몸과 마음을 치유할 수 있는 모든 방법에 '힐링'이라는 용어가 사용되고 있다. 몸과 마음의 치유, 즉 힐링을 하는 방법은 사람마다 다양하지만, 공간심리적 관점에서 보면 힐링과 공간의 관계가 주목된다.

공간은 관점에 따라 조금씩 다르게 해석되지만, 힐링의 관점에서 자연적 공간(natural space)과 인공적 공간(built space)으로 구분할 수 있다. 힐링 관점에서의 자연적 공간은 자연적 지형 및 경관과 인간의 치유 사이의 관계를, 인공적 공간은 건축물의 구조 및 배치와 인간 치유 사이의 관계를 따진다. 힐링과 공간에 관한 지금까지의 연구 또한 크게 두 가지 주제로 대별되어 이루어져 왔다. 그중 자연적 공간 힐링은 '공간'의 용어 대신에 '장소'라는 용어를 사용하여 인공적 공간 힐링과 구별해 왔다. 즉 자연적 공간과 인간의 힐링에 관한 연구에서는 '힐링 장소(healing place)'라는 표현을 사용했으며, 인공적 공간과 인간의 힐링에 관한 연구에서는 '힐링 공간(healing space)'이라는 표현을 사용했다.

이처럼 자연적 '공간'을 '장소'로 대치(代置)시킨 것은 '공간'과 '장소'라는 단어가 일상적으로 같이 사용되는 용어이지만, 그 심층적 의미가 조금씩 다른 것에 기인한다. 우리가 살고 있는 공간은 인간이 배제된 '물리학적 공간'과 인간의 관점으로 바라보는 '인간적 공간'으로 구분할 수 있다. 오토 프리드리히 볼노에 따르면, 물리학적 공간은 수학자와 물리학자가 다루는 '추상적 공간'이며, 인간적 공간은 우리의 삶이 진행되는 현실의 구체적인 '체험 공간(생활공간)'이다.[43] 우리의 일상생활이 이루어지는 공간은 우리의 삶이 공간 바깥에서 머무르는 물리학적 공간이 아니며, 공간 속 내부자로서 생활하고 체험하는 장소적 공간인 점에서, '힐링 장소'의 의미가 사용되어 왔다.

힐링과 장소의 관계가 주목받아 온 것은 근래의 일이 아니다. 일찍이 나이팅게일(Florence Nightingale)은 힐링 과정에서 장소의 중요성을 깨달은 선도적인 의료인으로 인정된다.[44] 그녀는 최적의 치유 환경(Optimal Healing Environment)을 위해서는 인간적 요소와 치료 과정에 더해 장소적 요소(자연, 건물의 장소, 건물 구조)가 통합적으로 이루어질 것을 강조하였다.[45] 또한 미국의 지리학자 게슬러(Wilbert M. Gesler)는 저서 『힐링 장소(Healing Places)』에서 "힐링과 장소는 따로 떼어놓을 수 없는 밀접한 관계"[46]임을 역설하였다.

이러한 지금까지의 연구를 발판으로 공간과 힐링의 관계에 대해 살펴보자. 구체적으로 인간의 힐링에 영향을 미치는 자연환경적 요소에는 어떠한 것이 있는가?, 사람의 나이와 건강, 심리적 상태에 따른 힐링 장소가 어떻게 구별되는가?, 인공 건축물의 구조 및 배치와 힐링의 관계는 어떠한가? 그리고 각 주제별 논의 과정에서 힐링과 풍수논리가 접목될 수 있는 부분에 대해 구체적으로 설명할 것이다.

2. 힐링과 장소

눈으로 보는 장소? 몸으로 느끼는 장소!

〈그림 3-16〉의 두 그림을 보자. 왼쪽은 하늘 위에서 내려다 본 산의 모습이고, 오른쪽은 왼쪽 그림의 노란색 점 위치에서 같은 산을 바라본 모습이다. 하늘에서 내려다본 풍경은 우리의 눈으로 일상적으로 접하는 익숙한 모습이 아니다. 짙은 그림자처럼 보이는 산줄기는 불규칙하게 움직이면서 잘게 잘려 시가지 속으로 녹아든다. 북쪽으로 흘러가는 강줄기는 구불구불 굽이지는 검은 띠로 보인다. 강줄기에 의해 나눠진 시가지도 몇 가닥 길과 구획만이 분간될 뿐이다. 즉 상공에서 내려다본 도시의 인상은 확실한 윤곽이나 구조 그리고 깊이감도 없는 형태로서, 우리가 일상적으로 경험하는 풍경과는 거리가 멀다.

오른쪽 그림은 시점을 지상으로 내리고 시선을 수평으로 맞춘 모습이다. 시점을 지상으로 내리면 우리가 일상적으로 경험하는 익숙한 풍경이 눈에 들어온다. 산봉우리가 하늘로 떠오르고 대지의 굴곡이 입체감을 더한다. 위아래로 출렁이는 산줄기는 다양한 모양의 산봉우리를 만들며 선명한 스카이라인을 그린다. 왼쪽의 버드나무 군락은 상공의 시점에서는 땅인지 물인지 애매한 형태이던 것이 지상의 시점에서는 산과 물의 관계를 이어주는 매개체인양 대지의 입체감을 높이고 있다.[47]

우리가 평소 생활하고 있는 공간에서의 경관은 〈그림 3-16〉의 오른쪽 지도와

그림 3-16 하늘에서 내려다본 산의 모습(좌)과 지상에서 바라본 산의 모습(우)

같이 장소 속 내부자가 지상에서 바라보는 경관이다. 이것은 하늘에서 내려다보는 공중의 시점보다 지상의 시점에서 바라보는 경관이 내부자에게 더욱 일상적이고 익숙하게 느껴짐을 의미한다. 그래서 힐링과 장소의 연관성을 풀어내기 위해서는 지상의 시점에서 바라보는 경관의 특성에 초점을 맞추어야 한다.

힐링과 장소의 연관성을 밝히기 위한 첫 단계는 '힐링'의 관점에서 '장소를 어떻게 경험하느냐'의 문제를 짚어 보는 것이다. 인간이 장소를 경험하는 방식에 대한 인식은 시대와 문화에 따라 다르며, 또 개인별로 다를 수 있다. 인간이 물리적으로 장소 안에서 살고 행동한다는 사실 자체는 동일하나 장소를 경험하는 구체적인 방법들이 다르기 때문이다.

인간이 장소를 경험하는 방식에는 눈, 귀, 코, 혀, 피부로 구성된 다섯 가지 감각 기관(五官)이 이용된다. 인간은 그중 87% 이상을 시각에 의존하여[48] 환경을 지각하고 정보를 수집한다. 그러나 눈이 오관 중 가장 중요한 기관인 것은 부인할 수 없지만, 오직 눈만이 홀로 기능해서는 지각과 정보 수집에 한계가 있다. 장소의 경험 또한 이와 다르지 않다.

인간의 몸은 외부자연세계(外部自然世界)와 몸 내부의 자생체계(自生體界)를 구별하는 하나의 막(膜)을 가지고 있다. 막은 단순히 외부에 대해 물리적으로 차단하는 벽이 아니다. 그것은 내부적 생존을 위해 외부와 관계 맺고 흡수·방출하는 생명 현상으로서의 막이며, 나아가 외부의 상태 변화를 민감하게 파악하여 거기에 대한 자기 보존적 대처를 하게 한다. 쉽게 말해, 날이 추우면 피부가 움츠러들어 열의 방출을 막고 위험이 닥치면 털을 곤두세우거나 돌기가 돋는 등의 작용이 이에 해당한다.[49]

인간의 몸은 막으로 에워 쌓여 있되, 온몸의 모든 곳이 균일한 재질(材質)의 막으로 덮여 있는 것이 아니다. 몸에는 외부 세계에 잘 대응하기 위해 복잡하고 다양한 기능의 장치, 즉 오관이 구축되어 있다. 오관은 모두 막에 붙어서 외부 세계의 상황을 내부로 전달하여 자기 보호적 대처를 하게 하는 막의 부분기능(部分機能)들이다. 오관은 단지 막의 일부분으로 붙어 있는 것이 아니라 오관 상호 간에,

그리고 몸의 내부 구조와 유기적으로 연결되어 서로 보완적이고 통합적인 작용을 한다. 우리의 몸은 그러한 감관들에 의해 흡수되는 정보들을 받아 종합적인 판단과 대처를 한다.[50]

이런 맥락에서 몸의 다른 감관을 제쳐 두고 눈만으로 이루어지는 장소의 경험은 완전한 장소의 경험이라 할 수 없다. 실제로 우리의 일상적인 장소 경험은 시각에만 국한되지 않고, 자연스럽게 오관을 모두 이용한 통합적인 경험으로 이루어진다. 놀이 공원에 나들이를 가면, 즐거운 가족들과 연인들의 모습, 놀이공원 전역을 채우며 흘러나오는 빠른 템포의 배경 음악, 놀이기구를 타는 사람들의 즐거운 비명 소리, 따뜻하고 밝은 햇살과 시원한 바람, 혀끝을 자극하는 달콤한 아이스크림의 맛 등이 함께 어우러져, 놀이공원의 장소적 경험을 만들어 낸다.

풍수논리에서 따져지는 장소의 길흉 평가 또한 단순한 시각적 평가에 머물지 않고 오관을 통한 통합적 평가를 강조한다. 풍수논리의 중심에는 '기(氣)'가 있으며, 풍수의 목적은 '생기(生氣)'로 가득 찬 땅을 구하는 것이다. 그런데 생기라는 것이 눈에 보이지 않고 과학적으로 명확히 증명되지도 않기에, 풍수를 비과학적이고 술법적인 것으로 해석되게 하는 이유의 하나가 되어 왔다.

'장소의 경험'이라는 관점에서 보면 '생기로 가득 찬 땅'이라는 것이 오직 술법적인 것으로만 여겨질 대상이 아니다. 풍수논리에는 음택(陰宅)과 양택(陽宅)의 개념이 있다. 음택은 죽은 자(死者)를 위한 묘를 지칭하며, 양택은 산 자(生者)를 위한 집을 의미한다. 생기의 측면에서 음택과 양택은 강조하는 바가 조금 다른 것이다.

생기는 크게 땅의 기운, 즉 지기(地氣)와 하늘의 기운, 즉 천기(天氣)로 구분할 수 있다. 음택은 그중 지기를 강조하여, 지기가 뭉쳐 있다고 여겨지는 산줄기 위에 주로 설치된다. 반면 사람이 살아가는 양택은 지기보다는 상대적으로 천기를 중요시하는데, 천기는 일반적으로 빛, 공기, 습도, 바람[51] 등을 의미한다. 우리나라 전통마을의 집들이 산줄기를 직접 타지 않고, 산줄기가 끝나고 평지가 시작되는 지점에 자리하고 있는 이유이다.

풍수의 양택에서 강조되는 천기, 즉 빛과 공기, 습도, 바람 등은 단지 눈으로만 경험되는 것이 아니다. 모든 오관을 통해 이들을 경험했을 때, 장소를 경험했다고 할 수 있으며, 그때야 비로소 장소의 정체성을 이해하고, 풍수적 길흉을 평가할 수 있을 것이다. 이런 맥락에서 풍수의 시선으로 바라보는 장소의 경험은 눈에 의한 시각적 경험에 그치지 않고, 몸의 오관이 유기적으로 작용하여 빛과 공기, 습도, 바람을 느끼는 통합적인 경험이다.

3. 힐링과 햇빛

인간은 시 지각을 통해 빛에 의해 드러난 사물의 외형과 색채를 본다. 이렇게 지각된 빛은 인간에게 다시 다양한 측면으로 영향을 미치게 된다. 빛은 기후 및 자연 조건, 시간의 변화에 따라 사람의 심리와 정서에 영향을 준다. 이것은 단지 자연광으로서의 햇빛뿐만 아니라 인공적 빛도 해당되며, 인공 빛의 세기가 실내 작업장 근로자의 작업 능률에 영향을 미치기도 한다.[52]

빛이 사람의 심리와 정서에 영향을 미친다는 사실은 종교 건축 공간에서도 드러난다. 고대로부터 성스러운 공간은 빛의 유입 경로와 정도를 조절함으로써 신앙심을 높였다. 르네상스 시대 건축가 레온 바티스타 알베르티(Leon Battista Alberti)는 "종교 건축 공간의 창문은 높은 곳에 설치하여 하늘을 느끼게 하고 신자들이 의식과 하느님 생각에만 몰두하게 해야 하며, … 과도한 빛은 산만하게 하므로… 제대 주변을 밝게 하여 집중되도록 한다"[53]고 말했으며, 이는 빛과 종교 건축 공간과의 관련성을 단적으로 보여 주는 사례다.

햇빛은 사람의 기분과 행동을 변화시킬 뿐만 아니라 면역체계와 치유에도 영향을 미친다. 이탈리아에는 '햇빛이 없는 곳에는 의사가 있다'라는 오래된 속담이 전해오며,[54] 겨울과 밤이 길어 햇빛을 잘 받지 못하는 북유럽 사람들의 우울증 환자 비율과 자살률이 높다[55]는 것은 익히 알려진 사실이다.

그림 3-17 알베르티 주장을 단적으로 보여 주는 교회.

인간 치유에 햇빛의 중요성이 인식되기 시작한 것은 크림전쟁이 일어난 19세기 중엽 나이팅게일이 등장했던 시기로 거슬러 올라간다. 당시 부상당한 병사들은 어둡고 공기도 통하지 않는 지저분하고 열악한 환경에서 치료받음으로써, 사망률이 60퍼센트에 가까웠다. 이때 나이팅게일은 환자들에게 햇빛을 쬘 수 있게 함으로써 사망률을 낮추었으며, 저서 『간호노트(Notes on Nursing)』[56]에서 환자 치유에 필요한 물리적 환경에 식물(plant), 신선한 공기(fresh air), 경음악(light music), 소음 통제(noise-free)와 함께 '자연광(natural light)' 조건을 들면서, 햇빛이 잘 들어서 신선한 공기와 쾌적하고 밝은 환경이 되어야 함을 강조했다.

나이팅게일의 활약 이후 햇빛, 통풍과 환기 등을 강조하는 병원 설계의 원칙이 전 세계로 퍼져나갔다. 이후 관련된 여러 연구들이 햇빛이 인간 치유에 영향을 미친다는 사실을 뒷받침했다. 그 사례로 치매노인이 아침햇빛에 2시간씩 노출되었을 때 불안 증세가 감소했고, 반면 그렇지 않은 날에는 현저히 높은 불안 증세를 나타냈다.[57] 그리고 어두운 병실의 척추수술 환자들과 비교했을 때 햇빛이 잘 비치는 밝은 병실의 척추수술 환자들이 스트레스와 고통을 덜 느끼고 진통제 투여량도 22%나 적었다.[58]

풍수에서도 햇빛의 조건은 터를 평가하는 중요한 요건의 하나로 고려되었다. 햇빛의 조건은 구체적으로 남향의 배산임수 터를 선호하는 것으로 나타났으며, 이것은 한국의 지리적 특성상 남향의 배산임수 터가 햇빛을 가장 잘 받을 수 있는 곳이기 때문이다. 반면 사방의 산이 높아 햇빛이 잘 비치지 않는 곳에 대해, 『택리지』는 습기와 안개 기운이 서려 사람이 쉽게 병든다[59]고 기술하고 있다. 이러한 사실을 반영하듯, 오늘날 치유공간으로 일컬어지는 곳의 공통적인 요건[60]에 적절한 햇빛과 신선한 공기의 제공 조건이 반드시 포함되어 있다.[61]

4. 힐링과 바람

1) 장소의 경험과 바람

일상적인 삶이 이루어지는 인간적 공간의 내부자로서 우리는 오관(五官) 중 높은 비율을 시각에 의존하여 장소를 경험한다. 시각을 매개로 성립하는 정신 현상을 풍경이라 하며,[62] 시각에 의존한 장소 경험을 풍경의 경험이라 할 수 있다. 그러나 시각에 의존한 풍경의 경험이 완전한 장소의 경험이 될 수는 없다. 장소의 경험이란 눈을 통한 시각적 경험에 국한되지 않고 몸의 모든 감각기관의 통합적인 경험이기 때문이다. 청각, 촉각, 그리고 후각은 시각적 환경에 생명을 불어넣어 보다 완전한 장소의 경험을 제공한다.

앞의 놀이공원의 사례에서처럼, 만약 눈앞에서 펼쳐지는 각양각색의 볼거리들이 무성영화와 같이 시각에만 의존된다면, 놀이공원 체험의 재미가 반감되기 마련이다. 놀이공원 전역을 채우는 빠른 템포의 배경음악과 놀이기구를 타는 사람들의 즐거운 비명 소리(청각), 따뜻하고 밝은 햇살과 시원한 바람(촉각), 혀끝을 자극하는 달콤한 아이스크림의 맛(미각) 등의 여러 감각적 요소들이 어우러졌을 때 보다 완성된 장소의 경험을 만들어 낼 수 있다.

바람은 인간의 오관 중 시각이 아닌 촉각과 청각을 통해 장소의 경험을 완성시키는 요소의 하나이다. 공기의 이동 현상인 바람이 인간이 장소를 경험하는 방식과 연결되면, 인간에게 다양한 모습으로 다가온다. 사람들이 무더운 여름에 계곡으로 피서를 떠나는 이유는 물과 더불어 피부에 와 닿는 시원한 계곡바람이 있기 때문이다. 그리고 바람이 물체에 부딪쳐 만들어 내는 다양한 소리는 장소를 경험하는 깊이를 더욱 크게 만들어 준다.

2) 힐링 장소와 바람

바람은 인간에게 많은 영향을 미친다. 힐링의 관점에서, 바람의 인간에 대한 영향을 최초로 언급한 것은 동서양 의학의 시원이라 할 수 있는 히포크라테스 의학과 『황제내경』으로 거슬러 올라간다. 주목할 점은 두 문헌에서 모두 바람의 인간에 대한 영향을 부정적으로 본 것이다.

기원전 2,500년 전, 히포크라테스(Hippocrates)는 유럽 사회에서 의학에 대한 지리적 사유의 원천이 되어 온 『공기, 물, 장소에 대하여(Airs, Waters, Places)』에서 다음과 같이 주장하였다.

의학을 연구하는 사람이면 나라 전체와 각 지방의 따뜻한 바람과 차가운 바람의 특수성을 연구해야 한다.[63]
바람은 인간의 불행과 관련 있다. 남풍은 두통, 마비나 무감각, 무기력감, 북풍은 기침, 편도선, 변비, 배뇨장애 등을 수반한다.[64]

그리고 『황제내경』의 「이합진사론」과 「풍론편」의 구절에도 바람이 인체에 미치는 영향에 대해 다음과 같이 언급하며 바람을 경계하고 있다.

훌륭한 의사는 치료를 할 때 반드시 인체와 자연을 긴밀하게 연관시킨다. 그러므로 하늘에는 운행 질서가 있고, 땅에는 경수(經水)가 있으며, 인체에는 경맥(經脈)이 있다. …… 갑작스럽게 바람이 불어오면 경수도 파도가 용솟음친다. …… 허사(虛邪)가 경맥에 침입하는 것도 경수가 바람을 만난 것과 같다.[65]

풍사(風邪)는 갖가지 질병을 일으키는 중요한 원인이며, 그 변화 양상이 너무도 다양해서 일정한 법칙도 없이 다른 질병으로 발전한다. 다만 병을 일으키는 원인은 결국 풍사에 의해 초래된 것이라 하겠다.[66]

이후 바람이 인간의 행동[67]과 질병[68], 그리고 사고율[69]에 영향을 미친다는 연구결과가 꾸준하게 제시되어 왔다. 풍수 또한 그 명칭이 상징하는 바와 같이, 바람을 좋은 터를 구별하는 중요한 요소의 하나로 다룬다. 풍수논리에서는 바람을 '장풍(藏風)'의 개념으로 설명한다. 앞서 설명한 것처럼, 풍수논리의 중심에는 '기'가 있으며, 풍수의 목적은 생기 가득한 땅을 구하는 것이다. 그런데 생기는 바람을 타면 흩어져 사라지는(氣乘風則散) 성질이 있다. 그래서 바람으로부터 생기를 보호할 필요가 있는데, 이러한 방법을 이론적으로 체계화시킨 것이 장풍법이다.

이렇듯 풍수에서 또한 고래(古來)의 문헌 및 연구들과 동일하게, 바람을 인간에게 해가 되는 대상으로 보았다. 이에 대해서 다양한 풍수 고전에서 그 내용을 찾을 수 있다.[70]

바람은 모든 병의 근원이다(風者百病之長).

바람은 사람을 상하게 한다(風之傷人也).

좋은 땅은 바람 피하기를 도적 피하듯 한다(明堂 避風如避賊).

청룡·백호의 어깨가 낮아 바람이 치면 좋은 땅을 맺지 못하며, 반드시 흉화가 따른다(龍虎腰低越肩風射則穴不結凶禍必至).

만약 산속에서 거처한다면 가장 두려운 것이 요풍이다(若居山谷最怕凹風).

삼곡풍이 부는 골짜기에서는 벙어리가 유전된다(三谷風吹長谷啞子出於遺傳).
가장 두려운 것이 요풍이 부는 땅이니, 마침내 인정이 끊어질 것이다(最忌凹
風穴決定人丁絶).

인체는 외부적으로 자연과 서로 영향을 주고받으며, 내부적으로 유기적인 균
형을 유지한다.[71] 그래서 인체는 환경의 온도 조건 변화(더위나 추위)에 따라 발
열량과 방출량을 가감해서 새로운 평형 상태를 만들어 냄으로써 체온의 항상성
을 유지한다. 그러나 인체에서 더위와 추위의 조정이 이루어지지 않을 때는 인
체의 평형성을 잃게 되어 질병이 발생하게 된다.[72] 외부 환경의 하나인 바람 또
한 인체에 영향을 미친다. 일시적인 바람은 더위를 식혀 주고 정체된 공기를 순
환시키는 순기능을 한다. 그러나 고정된 통로를 통한 지속적인 바람은 뇌혈관
질환(뇌졸중) 등 인체의 질병을 유발할 수 있다.[73]
바람이 인간의 생존에 영향을 미친다는 사실은 북극의 사례를 통해 명확히 알
수 있다. 북극에서는 수시로 발생하는 눈바람으로 가시(可視) 거리가 불과 몇 십
미터에 불과하며, 눈에 들어오는 것이라고는 바람을 타고 지표를 따라 흩날리는
눈송이들뿐이다.[74] 그러한 악조건 속에서 사냥을 하고, 길을 잃지 않기 위해서는
바람의 방향과 냄새까지도 구별해 낼 수 있어야 했다. 이러한 생존을 위한 바람
에 대한 세밀한 인식은 오랜 세월 동안 바람에 대한 다양한 이름으로 쌓이게 되
었다. 실제로 에스키모인들은 바람에 대해 최소한 12가지의 다양한 이름을 갖고
있다고 한다.
우리나라 또한 바람이 조상들의 생활과 밀접한 영향을 가져 왔으며, 특히 겨울
북서풍은 생존에 막대한 영향력을 미쳤다. 이를 반영하듯, 우리나라에도 계절별
바람의 이름이 다르다. 바람이 인간의 건강에 영향을 미치는 자연환경적 요소의
하나인 것은 명확하다.

5. 힐링과 물

물은 인간 생명을 유지하기 위한 가장 중요한 환경적 요소이다. 물은 신진대사, 체온 조절, 소화 작용, 장기 보호 등 인체의 여러 부문에 깊은 관여를 맺고 기능한다. 그래서 물과 인간과의 관계는 단순히 마시고, 목욕을 하는 위생적인 측면을 넘어 각종 질병의 치료에도 깊숙한 연관을 맺고 있다.

히포크라테스는 저서 『공기, 물, 장소에 관하여』에서 마시는 물의 성질과 질병의 관계를 제기하였다. 그는 물의 종류를 고인 물, 샘물, 빗물, 논이나 얼음 녹은물, 혼합된 물 등 다섯 가지로 분류하였다. 그리고 어떤 물이 건강에 좋고 나쁜 물인지를 제시하였고, 방향에 따른 물의 길흉에 대해서도 논하였다.[75]

고대 그리스에서는 악성종양, 신경활성에 물을 사용했고, 로마시대에는 황제를 비롯해 일반시민에 이르기까지 물을 이용한 치료를 널리 활용했다. 물을 이용한 질병 치료는 근대까지 이어져 1950년대 이르러 각종 질병에 물을 사용하는 것이 실제로 효과적이라는 것에 구체적 관심을 두기 시작했다. 이것은 1960년대부터 유럽과 미국을 중심으로 수 치료(水治療)란 개념으로 더욱 발전하였다.[76]

우리나라 세시풍속에서도 물은 치유의 상징이 되기도 했으며, 아울러 예방의 구실도 하였다. 사람들은 삼짇날, 단오, 유두와 같은 명절에 약수터를 찾아가 약수제(藥水祭)를 지내거나 머리를 감으며 건강을 기원했다.[77] 또한, 새벽에 제일먼저 길은 물에 정화수(井華水), 정월의 빗물에 춘우수(春雨水), 가을의 이슬에 추로수(秋露水)라는 이름을 붙여, 그 물을 달여 마시거나 그 물에 씻음으로써 무병장수를 기원하였다.[78]

물은 학문과 놀이의 매개체 역할도 하였다. 우리의 옛 선비들은 산 좋고 물 좋은 곳에 정자를 지어 놓고 평소 학문 수양(藏修)의 연장으로서 유식(遊息—즐김과 휴식)을 즐겼다.[79] 물과 가까이 지냄, 즉 친수(親水)라는 개념을 상징하는 공간은 정선의 〈피금정(披襟亭)〉에서 확인할 수 있다. 물가로 내려 선 완만한 경사, 수면과 육지면과의 낮은 단차, 물가로 낸 계단 등 수면으로 다가설 수 있는 시설과 주

그림 3-18 겸재 정선의 〈피금정〉

인이 자리를 비운 수변에 서 있는 빈 정자는 그 속에 들어가서 수면의 표정을 바라볼 수 있을 듯 보인다.[80]

6. 힐링 장소, 휴양지와 요양지

1) 공간은 사람에 따라 다르게 받아들여진다

오랫동안 짝사랑하던 이성과 데이트 약속을 받아낸 뒤 집으로 돌아가는 길이다. 이때 눈에 비친 세상은 형형색색의 풍선으로 채워지고, 아름다운 선율이 귓가에 들릴 듯하며, 쓰레기통을 뒤지는 길고양이조차도 예쁘게만 보인다. 그때 전화벨이 울리고, 직장에서 퇴사를 강요당하는 전화를 받는다. 이제 거리는 방금 전의 그 거리가 아니다. 지금의 거리는 검은 먹구름이 온 세상을 드리운 암흑

천지이며, 사람들의 웃음이 나를 비웃는 것처럼 보이기까지 한다.

왜 그럴까? 왜 똑같은 길거리의 풍경이 불과 몇 분 만에 완전히 딴 세상으로 비춰질까? 그것은 공간을 경험하는 인간의 문제이다. 물리학적 공간은 기하학적 단위로서의 공간이며, 측량이 가능한 분명한 양(量)적 개념이다. 그래서 물리학적 공간에서는 공간이 인간과 별개이며, 인간이 공간 밖으로 나오길 요구받는다. 그러나 인간이 살아가는 체험공간은 공간이 인간에게 중립적으로 항상 같은 모습으로 받아들여지지 않으며, 각 개인의 나이와 건강, 그리고 감정과 심리 상태와 밀접히 결부되어 받아들여진다.

공간이 모든 인간에게 동일하게 경험되지 않고, 개인의 특성에 따라 달리 경험되는 대표적인 공간심리에는 공간적 확장감(expansiveness)과 수축감(contractiveness)이 있다. 즉, 공간의 넓고 좁음이 결코 객관적이고 보편타당한 척도로 결정되지 않으며, 어떤 사람에게는 넓게 보이는 것이 다른 사람에게는 좁게 느껴질 수도 있는 것이다.

그렇다면 인간은 어떠한 상황에서 공간적 확장감을 느끼고, 또 반대로 공간적 수축감을 느낄까? 공간적 확장감과 수축감에 영향을 미치는 인간의 특성에는 두 가지가 있다. 먼저 각 개인의 나이와 건강이다. 육체적으로 활기에 넘치는 젊은 사람들(아이들이나 운동선수)은 공간적 확장감을 즐기며, 반대로 노인이나 몸이 불편한 환자들은 공간적 수축감을 받아들일 수밖에 없다. 일례로, 동일한 계단 공간이 아이들에게는 두 층 사이의 연결, 즉 '오르내리는 것에의 초대'로 받아들여지는 반면, 노인에게는 두 층 사이의 장벽, 즉 '제자리에 있으라는 경고'로 받아들여진다.[81]

인간의 특성이 공간적 확장감과 수축감에 영향을 미치는 두 번째 요소는 각 개인의 감정과 심리 상태이다. H. 텔렌바흐(Hubertus Tellenbach)의 「우울증 환자의 공간성」에 따르면, 우울증 환자는 공간적 깊이를 상실한다. 그들에게는 주변 세계가 깊이감이 없이 오직 평면으로만 보이고 그에 따라 입체감도 없다. 따라서 모든 공간이 허무하고 삭막하게 느껴진다.[82]

우울증 환자가 느끼는 공간과 달리, 기분이 즐거운 사람이 눈을 위로 쳐들면 공간이 넓어진다. 기쁨이 충만한 상태에서 샘솟는 힘은 그 자신을 벗어나 훨씬 커다란 공간을 펼쳐놓는다. 일반적인 낙천가뿐만 아니라 일시적이라도 즐겁고 들뜬 기분에 있는 사람에게 보이는 세상은 '밝고 좋은 세상', '부드럽고 유연한' 것으로 묘사된다.[83]

이렇듯 사람은 즐겁게 들뜬 상태에서는 넓게 펼쳐진 공간이 필요하지만, 반대로 깊은 슬픔에 빠졌을 때는 동굴처럼 좁은 곳으로 들어가려 한다. 이에 대해 프랑스 철학자 바슐라르(Bachelard)는 성과 오두막이라는 두 극단적 사례를 들면서 성이 확장을, 오두막이 은둔을 상징한다고 하였다. 그래서 인간이 잠을 잘 자기 위해서는 커다란 방에서 자서는 안 되며, 일을 잘 하려면 좁은 은신처에서 일해서는 안 된다고 주장하였다.[84]

결과적으로 인간은 공간적 확장감과 수축감을 동시에 지닌 채 살아간다. 젊은 시절에는 공간적 확장감을 즐기다가, 노인이 되어서는 공간적 수축감을 받아들일 수밖에 없다. 그러나 인간은 또한 나이와 건강에 관계없이 감정과 심리 상태에 따라 확장감을 즐길 수도, 수축감을 받아들여야 할 경우도 있다. 따라서 인간의 나이와 건강, 감정과 심리 상태에 따른 힐링의 장소가 구별될 필요가 있다.

2) 휴양적 힐링 장소(Healing Place to Rest)

사람들은 여름이면 피서를 떠난다. 며칠간의 휴가를 다녀오면 몸과 마음이 재충전되어 삶의 활력을 되찾게 된다. 사람들이 피서를 떠나는 장소를 떠올려 보자. 그곳은 대부분 바닷가나 계곡이다. 바닷가와 계곡은 어떤 매력이 있어서 사람들을 끌어들일까? 그곳들이 가진 공통적인 특성의 하나는 '물'이다. 물은 사람들이 여름철 더위를 피하기 위해 찾는 기본적인 이유이다. 앞서 살펴보았듯이, 물은 우리 인간 생존에 필수적인 요소일 뿐만 아니라 힐링의 측면에서도 중요하게 여겨져 왔다.

풍수로 공간을 읽다

바닷가나 계곡이 가진 공통적인 두 번째 특성은 '바람(wind)'이다. 바다에서 불어오는 바람, 그리고 계곡을 오르내리며 불어오는 바람은 여름날의 지친 몸과 마음을 충전시키기에 부족함이 없다. 그러나 앞서 살펴본 대로라면, 동서양을 막론하고 예로부터 바람은 인간의 건강에 악영향을 주었다. 그런데 사람들은 왜 바람이 많이 부는 곳을 찾고, 또 사람들이 그곳에서 건강이 나빠지기는커녕 오히려 재충전되어 돌아오는 것일까?

이에 대한 해답을 얻기 위해서는 '공간과 인간' 중에서 인간에 주목해서 살펴보아야 한다. 여름철 피서를 떠나는 사람들은 노인이나 환자들이 아닌 대부분 몸과 마음이 건강한 일반인들이다. 그리고 바람에 노출되는 시간 또한 고작 며칠간에 불과하다. 사람이 바람을 맞아 질병에 걸리는 것은 고정된 통로를 통해 오랜 기간 동안 지속적으로 불어오는 바람에 노출되었을 경우이다. 이 또한 건강인과 노인 및 환자가 받아들이는 영향력은 다르다. 그래서 여름철에 불과 며칠간 바람에 노출되었다 해서 건강한 사람이 질병에 걸릴 리가 없으며, 오히려 피서라는 힐링적 요소로 작용하는 것이다.

공간심리적 측면에서, 일반인들은 평소 직장 내 물리적인 좁은 공간과 조직적 문화에 의한 심리적 압박감 속에서 생활한다. 그래서 그들은 항상 탈출과 해방의 욕구를 갖고 있으며, 그 욕구를 채우기 위한 쉬운 방법으로서 '공간적 확장감'을 선택한다. 즉 평소의 심리적 압박감을 공간심리적 확장감으로 대신 채우는 것이다. 그들이 자연스럽게 피서지로 즐겨 찾는 바닷가나 계곡은 단지 더위를 피하는 곳만이 아니라, 공간적 확장감에 대한 욕구를 채울 수 있는 곳이다.

특히 바닷가나 계곡의 절벽 위 호텔 및 펜션은 여름철이면 예약하기가 어려울 지경이다. 그러한 곳은 공간의 수직축에서 '높은' 위치이기 때문에 전망이 좋고, 바람 또한 주변보다 훨씬 많이 분다. 앞으로 탁 트인 멋진 전망과 시원한 바람은 그동안 받았던 일상생활의 압박감과 스트레스를 해소하고 활력을 재충전할 수 있는 힐링이 되는 것이다. 또한 주변에 기암절벽이나 폭포 등이 있는 곳은 피서뿐만 아니라 평소의 여행지로서 더욱 각광을 받는다.

일반적으로 빛, 소리 등의 자극의 정도와 이에 대한 인간의 선호도 사이에는 '거꾸로 된 U자'의 관계가 있다.[85] 즉, 자극이 아주 약하거나 아주 강할 경우에는 선호도가 낮으며, 중간 정도의 자극일 경우에 가장 높은 선호도를 나타낸다. 이러한 관계는 개인의 특성에 따라 다소 변화를

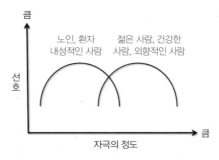

그림 3-19 자극의 정도와 선호도의 관계성(출처: 임승빈, 2014, p.256 재구성).

보인다. 즉, 젊고 건강한 사람, 또 외향적인 사람은 노인이나 환자, 내성적인 사람에 비해 높은 정도의 자극을 선호하는 경향이 있다.[86] 따라서 전자에 해당하는 사람의 경우에는 〈그림 3-19〉의 곡선이 후자인 사람에 비해 오른쪽으로 이동하게 된다.

몸과 마음이 건강한 사람들은 피서나 여행을 통해 일상생활에서 느낄 수 없는, 보다 자극적인 것을 요구한다. 그래서 기암절벽과 폭포에서 떨어지는 물줄기의 강렬한 인상과 거친 시각적 질감은 강하고 힘차며 튀어나오는 듯한 감정을 유발하고, 이에 더해 폭포의 굉음이 귀를 자극함으로써 사람들을 더욱 끌어들이는 것이다.

그러나 사람들이 여름철 즐겨 찾는 바닷가나 계곡의 절벽, 산 정상 등의 힐링 장소는 사람의 나이와 건강, 감정과 심리 상태에 따라 가릴 필요가 있다. 풍수서(風水書)에서는 지형에 대해 다음과 같이 언급하고 있다.

산 모양은 반드시 수려한 돌로 된 봉우리라야 산이 빼어나고 물도 맑다. 그러나 높은 산과 급한 물, 험준한 산과 빠른 여울은 한때 구경할 만한 운치가 있긴 하지만 절이나 도를 닦는 터를 세우기에 합당할 뿐이지, 오래오래 대를 이어 살 곳을 만들기에는 좋지 못하다.

산수는 정신을 즐겁게 하고 감정을 화창하게 한다. 그러나 산수가 좋은 곳은

풍수로 공간을 읽다

그림 3-20 기암절벽과 폭포는 사람들을 더욱 자극하여 끌어들인다.

생리(먹고 살아갈 방도)가 박한 곳이 많다. 그러므로 기름진 땅과 넓은 들에 지세가 아름다운 곳을 골라 집을 짓고 사는 것이 좋다. 그리고 10리 밖이나 반나절 거리 안에 산수가 아름다운 곳을 사 두었다가 생각이 날 때마다 때때로 오가며 시름을 풀고 머물러 자다가 돌아온다면, 이야말로 계속할 수 있는 방법이 될 것이다.[87]

날카롭고 송곳 같은 산봉우리, 험준한 절벽과 깎아지른 바위, 우레가 치는 듯

밤낮으로 쉬지 않고 쏟아지는 폭포수 등이 있는 땅은 그 기운이 화살과 같아, 거주하는 사람을 쏘아 죽이므로 모두가 거주할 수 없다.〈睽車志〉[88]

풍수서에서 언급된 '산수(山水)'는 휴양지 힐링 장소와 정확히 일치한다. 풍수에서는 이러한 지형을 소위 '기가 센 곳'으로 칭하며, 일반 주택지로는 금기시했고, 사찰이나 신당을 세우면 감응이 많이 일어난다고 하였다.[89] 특히, 바닷가나 계곡 절벽 위 등의 지형이 지닌 탁 트인 전망(조망적 경관)과 많은 바람은 이곳들의 장소적 정체성을 하늘로 향하는 사다리, 자유와 모험, 빛, 공적인 영역 등으로 규정시킨다. 실제로 동서양을 막론하고 이런 곳에는 사원, 제단 등의 종교 건축물이 건립되었다.

이런 맥락에서 바닷가나 계곡의 절벽 위, 주변에 기암절벽이나 폭포 등이 있는 장소는 전망이 우수하고, 바람이 많으며, 자극성 또한 높아 휴양지로서의 힐링 장소로 적합하다. 또한 이런 곳의 장소적 정체성이 안정감보다는 확장감, 자유와 해방 등의 추상적, 정신적인 의미로 해석되는 점에서, 창의성의 발휘가 필요한 연구소 부지 등으로도 제격이다.

그러나 이런 곳이 모든 사람들의 힐링 장소로 적합한 것은 아니다. 노인과 환자, 감정과 심리상태가 불안정한 사람이 이런 곳에서 휴양해서는 안 되며, 심지어 몸과 마음이 건강한 사람도 이런 곳에서 장기간 머문다면 건강에 악영향을 미칠 수도 있다. 볼노의 『기분의 본질(Das Wesen der Stimmungen)』에서 이를 뒷받침하는 글귀를 찾을 수 있다.

불행과 슬픔에 가득 찬 사람, 걱정과 고민을 안고 있는 사람은 산 정상에서 올라 산 아래 펼쳐져 있는 멋지고 장엄한 전망이 그 사람을 회복시키고 치료한다는 생각은 착각이며, 그것은 비웃음이나 모멸감으로 받아들여진다. 자신이 느끼는 슬픔 때문에 자연이 주는 아름다움과 맞서게 되어 자신을 가두게 되는 것이다.[90]

3) 요양적 힐링 장소(Healing Place to Care)

미국의 지리학자 게슬러(Wilbert M. Gesler)는 저서 『힐링 장소(Healing Places)』에서, 힐링 장소가 갖추어야 할 요건으로 두 가지를 제시하였다. 그것은 구불구불한 산줄기가 잘 감싸 주는 곳, 깨끗한 물을 구할 수 있는 수원(水原)이 있는 곳이다. 즉, 힐링 장소는 산줄기가 내부 공간을 잘 감싸고 있어 외부 공간과 격리되고 아늑한 휴식을 제공해야 하며, 나아가 유행병으로부터 보호되는 곳이어야 한다. 그리고 물은 인간 생존을 위한 필수 요소이기 때문에, 수원은 힐링 장소가 갖추어야 할 필수요건이다.[91]

게슬러가 강조한 힐링 장소로서의 요건 두 가지는 풍수이론에서 말하는 지형 요건과 다르지 않다. 먼저 산줄기가 내부 공간을 감싸 주어야 한다는 것은 풍수이론의 장풍 요건과 일치한다. 장풍이 요구하는 지형 조건은 동구가 닫힌 듯 좁고, 안으로 들이 넓게 펼쳐진 목 좁은 항아리 같은 분지형 지세로 요약된다. 그래서 영역을 감싸고 있는 산줄기가 내부 공간을 외부 공간으로부터 구별해 주는 '닫힌 공간'이 형성된다. 이에 내부자는 닫힌 공간 속에서 심리적 안전과 편안함의 장소성을 느낄 수 있다.

또한 산줄기가 둘러싸고 있다는 것은 내부와 외부가 지리적·사회적으로 일정 부분 단절된다는 의미이다. 게슬러가 힐링 장소의 사례지로 든 그리스 아스클레피온(Asklepion)의 위치 또한 도심에서 조금 떨어져 있으며, 자연과 직접 접촉할

그림 3-21 그리스의 고대 도시 에피다우로스의 아스클레피온은 사방이 산줄기로 잘 둘러싸여 있다.

그림 3-22 아스클레피온의 내부 영역에서 보이는 주변 산들이 부드럽고 단정하다.

수 있는 시골 지역이다. 외부와의 단절은 동서양의 공간적 이상향(유토피아)이 갖추어야 할 공통 특성이었다. 즉 주위가 물이나 깊은 산으로 둘러싸여 있어 안과 밖의 구별이 명확해야 하는 것이다.[92] 아스클레피온이 갖출 요건 중 '전염병으로부터의 보호(away from pestilence)'는 분지형 지세로 인한 외부와의 단절에 의해 만족된다. 이것은 조선시대 예언서 『정감록(鄭鑑錄)』의 십승지에서 거론된 내용

풍수로 공간을 읽다

과 동일하다. 십승지는 흉년, 전염병, 전쟁 등을 피해 안심하고 살 수 있는 곳을 말하는데, 그 지형적 조건이 풍수의 장풍 조건과 일치한다.

게슬러는 또한 힐링 장소의 요건으로서, 장소를 둘러싸고 있는 산줄기의 형태를 지적하였다. 그는 산줄기의 형태가 구불구불(rolling)하고 부드러워야(gentle) 한다고 강조했다. 풍수에서는 〈그림 3-23〉과 같이 산봉우리를 형태에 따라 목산(木山), 화산(火山), 토산(土山), 금산(金山), 수산(水山)의 다섯 가지로 구분하였다. 그중 게슬러가 주장한 힐링 장소에 적합한 산의 형태는 수산에 가까우며 목산, 토산, 금산도 해당된다. 이러한 형태의 산들은 모두 풍수이론에서 거주지나 묘소 주변의 산으로서 길하게 여기는 형태이다.

게슬러가 언급한 산의 형태와 정반대인 것이 화산이다. 화산은 기암절벽의 바위산이 많으며, 그 형태가 날카롭고 예각이 많다. 이러한 형태는 시각적 자극이 강해서, 인간에게 심리적 안정감을 주지 못한다. 풍수에서도 화산은 강한 기운을 가진 반면 일반인을 위한 거주지나 묘소 주변의 산으로는 부적격하다고 여기는 산의 형태이다. 공간심리적 측면에서 휴양지 주위의 화산은 몸과 마음이 건강한 사람의 심리적 자극을 높여 주어 일면 효용성이 있으나, 노인이나 환자가 요양하는 곳 주위의 화산은 과도한 자극이 되어 심리적 불안감을 주게 된다.

깨끗한 물을 구할 수 있는 수원의 요건은 풍수의 득수 조건과 일치한다. 물은 동서양을 막론하고 그 중요성이 끊임없이 강조되어 온 인간생활의 필수요소이다. 특히 연중 강우량이 적거나 강우 시기가 고르지 못한 지역은 더욱 그러하다. 게슬러가 사례로 든 그리스의 에피다우로스(Epidaurus)는 연중 강우량이 500mm밖에 되지 않는다. 한국 또한 연중 강우량은 600~1,000mm이나 여름철에 집중되는 강우 특성을 보인다.

풍수에서는 물의 발원지(發源地)가 멀고 깊어야 하며, 물이 빠져나가는 모습이 보이지 않아야 길하게 여긴다. 물의 발원지가 멀고 깊다는 것은 산줄기의 수가 많다는 것이고, 이것은 지류가 될 수원이 많다는 의미이다. 그리고 물이 빠져나가는 모습이 보이지 않는다는 것은 수구가 막혀 물이 내부 영역에 머무르는 시

그림 3-23 풍수의 오형산(五形山).

간을 최대한 지속시킬 수 있다는 의미이다.

그런데 한 가지 주목되는 점은 힐링 장소의 사례지로 든 그리스의 아스클레피온(Asclepian)이 치유 목적으로 조성된 고대 종합의료시설이었다는 점이다. 즉 환자들이 장기간 머물면서 물리치료, 자연요양, 심리치료, 체력단련과 음악 및 연극 감상 등 심신 요양을 위한 종합적 치료를 받았다. 이러한 치유법이 큰 효과가 있는 것으로 명성이 나 전 세계 환자들이 줄이어 방문했다고 한다.

풍수로 공간을 읽다

결과적으로 게슬러가 주장하는 힐링 장소가 갖추어야 할 지형적 조건은 구불 구불하고 부드러운 산줄기가 영역을 잘 둘러싸고 있어야 하고, 또 깨끗한 수원을 확보하는 것이다. 그리고 이러한 지형적 조건은 노인과 환자들을 위한 요양지로서의 힐링 장소에 적합하다.

게슬러가 힐링 장소의 위치로 산꼭대기 지형(mountaintop)보다 오목한 지형(凹地, hollow)이 적합하다고 한 것은 이러한 맥락에서 이해할 수 있다. 오목한 지형이란 풍수의 장풍 요건이 잘 구비된 분지형 지세와 다름없다. 오목한 지형은 자궁[93]이나 은신처를 상징하며 신체적 및 심리적으로 안정감을 준다. 인간은 둘러싸인 울 안에서 심리적 안정감을 느낄 수 있는 것은 마음의 본성이다.[94] 그래서 일반적인 거주지와 노인이나 환자들의 요양지로서의 힐링 장소로 적합하다.

그러나 사방이 산으로 둘러싸여 있는 장소라 해서 노인이나 환자들을 위한 요양지로서의 힐링 장소로 모두 적격인 것은 아니다. 사방으로 둘러싸고 있는 산줄기의 높이가 과도하게 높은 장소는 '과도한 은신적 경관'이 형성되어 심리적 압박감 속에서 생활해야 한다. 이에 대해 『택리지』에서 다음과 같이 언급한다.[95]

사방의 산이 과도하게 높아 해는 늦게 떠서 일찍 지는 곳은 피해야 한다. 이런 곳은 아침저녁으로 습기와 안개 기운이 서려 사람이 쉽게 병든다. 또한 신령스런 빛도 적을 뿐만 아니라 음기가 쉽게 침입하기 때문에 귀신들이 우글대는 소굴이 되는 경우가 많다. 계곡에 사는 것이 들에 사는 것보다 못하다고 말하는 이유가 여기에 있다.

7. 힐링과 공간

지금까지 인간의 힐링과 자연적 공간(장소) 사이의 관계를 살펴보았다. 요약하면, 사람은 몸과 마음의 치유를 위한 힐링 장소를 나이와 건강, 감정과 심리 상태에 따라 구별해야 한다. 몸과 마음이 건강한 사람들은 휴양지 힐링 장소를 찾아 평소 일상생활의 스트레스를 해소하고 원기를 충전할 수 있다. 반면 노인과 환자, 감정 및 심리상태가 불안정한 사람들은 요양지 힐링 장소를 찾아 몸과 마음의 안정을 되찾을 필요가 있다.

그러나 사람들이 살아가는 일상생활 공간은 인공 건축물이 지배하는 도시 공간이다. 본인의 나이와 건강 상태, 심리적 상태에 적합한 장소에서 계속 살아가는 것은 쉽지 않다. 직장 생활의 압박과 스트레스를 일 년에 한두 번 가는 여행으로 해결하기에는 충분하지 않다. 반대로 건강을 잃고 질병을 얻었지만, 사정이 여의치 않아 자연을 접하면서 요양지 힐링 장소에서 살 수 없는 사람도 부지기수다. 따라서 힐링 공간의 구성, 즉 일상생활의 공간, 또는 요양병원 등의 인공 건축물의 구조와 배치를 이용자의 특성에 맞추어야 한다.

사실 힐링에 관한 지금까지의 연구는 인공 건축물과 힐링에 관한 주제가 주를 이루었다. 이것은 힐링 연구가 서양에서 시작된 것에 기인한다. 근래 우리나라의 건축학, 의학, 심리학 등의 분야에서 서양의 힐링 연구를 도입하여 발전시켰다. 그러나 서양의 힐링 연구는 인공 건축물과 힐링의 관계, 기타 수(水)치료, 숲 치료 등의 분야로만 한정되었고, 힐링과 장소의 문제는 크게 다루어지지 않았다. 우리나라의 힐링 연구 또한 그 흐름에서 크게 벗어나지 못했었다.

그러나 한국의 공간학인 풍수는 인간과 장소의 관계를 우선시하고, 인간과 인공 건축물의 관계는 뒷자리로 보낸다. 즉 풍수의 전통적 구성체계는 크게 택지론(擇地論)과 비보론(裨補論)으로 구성된다.[96] 일차적으로 자연이 결정한 길지를 찾고(택지), 이차적으로 자연의 결점을 인간이 보강(비보)하는 것이다.[97] 길지를 찾는다는 것은 이미 인간에게 좋은 자리와 나쁜 자리가 결정되어 있다는 의미로서 인간과 장소의 관계를 나타낸다. 그리고 일단 자리가 선정되면, 그 자리의 풍수적 결점을 인공 건축물의 방향, 대문 위치 등의 방법으로 보완하는데, 이것은 인간과 인공 건축물의 관계이다. 이런 맥락에서 힐링과 인공 건축물의 관계는 어디까지나 힐링과 장소 문제의 차선책으로 택할 수 있는 방법임을 알아 두어야

풍수로 공간을 읽다

한다.

1) 휴양적 힐링 공간

풍수적 관점에서 휴양적 힐링 공간(Healing Space to Rest)에는 호텔과 리조트 등의 휴양 시설뿐만 아니라 창의력 발휘가 필요한 연구소나 도서관 등도 해당된다. 이러한 곳은 몸과 마음이 건강한 사람의 재충전, 그리고 정신적 활동이 강조되는 공간이기 때문에 휴양지로서의 힐링 장소가 가진 분위기를 살려주어야 하기 때문이다.

이것은 시각적인 개방감으로 이루어 주며, 건물의 수평·수직 치수의 비율, 건물의 형상, 창밖의 전망, 실내의 밝기 등의 영향을 받는다.[98]

건축물의 천장 높이를 높인다

교회나 사찰 등의 종교 건축물은 의도적으로 천장 높이를 높이고, 이에 육중한 기둥과 화려한 장식을 더한다. 이것은 모두 기능적인 필요보다는 상징적 의미를 갖는 공간으로서 하늘로 향하는 인간의 의지와 열망을 표현하고,[99] 권위의 무게 앞에서 경외심을 느끼도록 유도하는 장치이다.[100] 관공서나 은행이 내부 공간의 인테리어를 종교 건축물을 모방하는 것도 권위와 신뢰감을 유도하기 위한 목적이다.

종교 건축물이 정신적 측면이 강조되는 맥락에서 연구소나 도서관 등 창의성을 요하는 공간의 천장의 높이는 일반 거주용 주택의 천장 높이보다 높인다면 창의성과 정신적 활동량을 높일 수 있다.

건축물의 형태와 조형물을 적절히 자극적으로 설계한다

일반 거주지나 요양지 힐링 공간에서는 반듯하지 못하고 뾰족한 부분이 많은 건축물의 형태나 조형물이 노인과 환자에게 과한 자극과 불안감을 주어 좋지 못하다. 그러나 휴양지 힐링 공간에서는 그러한 형상의 건축물이나 조형물이 오히려 사람들의 적절한 자극과 흥분을 유도함으로써, 건축물의 사용 목적에 부합될 수 있다.

〈그림 3-24〉의 위 사진은 호주 시드니의 오페라하우스로 유네스코 세계문화유산으로 등재될 만큼 아름다움으로 인정받고 있지만, 그 탄생과정에는 많은 반

그림 3-24 건축물 및 조형물의 형태가 반듯하지 않은 것이, 그 사용 목적에 따라 오히려 적절한 심리적 자극과 흥분을 유도한다.

풍수로 공간을 읽다

대와 비판이 있었다. 당시의 반대론자들은 오페라하우스 설계에 대해 '교접하는 흰 거북이들', '공포에 질린 베일 쓴 수녀들' 같다는 조롱을 쏟아냈다.[101] 사실 오페라하우스의 형상은 안정감이 없고 불안하다. 그러나 건축물을 바라보는 기준을 건물의 사용 목적에 비추어 보면 시선이 달라진다. 즉 거주 목적이 아닌 예술적 공연이라는 목적으로 오페라하우스를 바라보면, 그 형상이 목적에 부합한 아름다운 것으로 보인다.

〈그림 3-24〉의 아래 사진은 서울 용산구 소재 블루스퀘어이다. 이곳 입구에 설치되어 있는 사각형의 조형물 역시 안정감이 없고 불안하다. 마치 사람들로 하여금 불안감을 느껴 보라는 듯이 삐딱하게 세워 놓았다. 이곳은 가수들의 콘서트와 뮤지컬 등이 이루어지는 다목적 공연장이다. 따라서 관객들의 차분하고 정숙함보다는 적절한 흥분과 호응이 필요한 곳이다. 이곳에 들어서는 관객들은 조형물을 보는 순간부터 흥분과 호응을 위한 심리적 준비운동을 마치고 공연장으로 들어서게 된다.

적절한 조망적 경관의 풍경화를 설치한다

창의적 사고력을 발휘해야 하는 연구소나 도서관 등의 내부 벽면에 공간적 확장감과 부감경을 즐길 수 있는 '적절한 조망적 경관'의 풍경화를 설치하면 정신적 활동을 높일 수 있다. 주의할 점은 '과도한 조망적 경관'이나 '과도한 열린 경관'의 풍경화는 자칫 허망감과 지루함을 줄 수 있다는 것이다. 그래서 '조망적 경

그림 3-25 '적절한 조망적 경관'의 풍경(좌)과 기암절벽이 있는 산의 풍경(우)은 창의력을 자극한다.

그림 3-26 '과도한 조망적 경관'의 풍경(좌)은 심리적 공허감을 유발하고, '과도한 열린 경관'의 풍경 (우)은 지루함을 느끼게 한다.

관'이면서 어느 정도의 '닫힌 경관'의 풍경화를 설치해야 시각적 시원함과 안정 감을 동시에 누릴 수 있다. 또한 풍수에서 화산(火山)의 형태인 기암절벽의 산봉 우리와 폭포 등의 그림은 적절한 자극을 주어 창의력을 더욱 높일 수 있다.

2) 요양적 힐링 공간

요양적 힐링 공간(Healing Space to Care)에는 일반적인 거주로서의 집과 노인 이나 환자들을 위한 병원 등의 시설이 해당된다. 집은 직장에서 돌아와 지친 몸 과 마음을 휴식할 수 있는 공간이며, 요양 시설은 몸과 마음이 아픈 환자들의 치 유를 위한 공간이다. 따라서 이러한 곳은 요양지로서의 힐링 공간의 분위기를 살려주어야 한다.

햇빛과 신선한 공기가 충분히 들어오도록 설계한다

햇빛은 인간의 기분과 행동을 변화시킬 뿐만 아니라 면역체계와 치유에도 영 향을 미친다. 겨울과 밤이 길어 햇빛을 잘 받지 못하는 북유럽 사람들의 우울증 환자 비율과 자살률이 높다[102]는 것은 익히 알려진 사실이다. 『택리지』에서는 사방의 산이 높아 햇빛이 잘 비치지 않는 곳은 습기와 안개 기운이 서려 사람이 쉽게 병든다[103]고 기술되어 있다. 앞서 설명한 바와 같이 19세기 중엽 크림전쟁

당시 나이팅게일의 경험과 연구[104]에서도 햇빛의 중요성을 알 수 있다. 이러한 사실을 반영하듯, 오늘날 치유 공간으로 일컬어지는 곳의 공통적인 요건[105]에 적절한 햇빛과 신선한 공기의 제공 조건이 반드시 포함되어 있다.[106]

정원 등의 녹색공간을 충분히 반영한다

물리적 공간이 치유에 도움이 될 수 있다는 생각을 과학적으로 밝힌 최초의 인물은 로저 울리히(Roger Ulrich)이다.[107] 그는 병실 창으로 작은 숲이 내다보이는 자리에 입원한 환자들이 벽돌과 모르타르만 볼 수 있는 자리에 입원해 있던 환자들보다 회복이 빠르고 통증 치료가 덜 필요함을 밝혔다.[108]

이후 우리가 직관적으로 아는 사실, 곧 자연은 위안을 주고 기분을 좋게 해주며 원기를 회복시켜 줄 수 있다는 증거를 제시하는 연구 결과가 쏟아져 나왔다.[109] 이에 따라 여러 병원들이 정원을 설치하는 등 녹색공간을 점차 늘려 왔고, 이것은 환자뿐만 아니라 보호자와 의료인들의 스트레스를 줄이고 만족을 높이는 것으로 입증되었다. 환자들이 단순히 자연과 나무를 보는 것만으로도 입원 기간과 투약량의 감소를 보였다.[110]

깨지고 기울어진 형상의 건물은 좋지 않다

사람은 본능적으로 좌우대칭인 사물을 보고 있으면 좌뇌와 우뇌가 정리되어 적절한 판단을 할 수 있게 된다.[111] 그 반대로 깨지고 기울어진 형상을 지속적으로 보면 마음의 불안정을 느끼게 된다.

풍수에서도 산의 형태가 단정하고 반듯한 것, 그리고 얼굴이 터를 향해 있고 사람을 유정하게 안아 주는 듯한 것이 길하게 여겨지며, 그 반대로 깨지고 기울어지고 험상궂은 산이 보이는 곳은 거주지로서 부적격으로 여겨진다. 이런 맥락에서 건물의 외양뿐만 아니라 내부 조형물이나 그림도 좌우대칭으로 반듯하고 유정한 것이 좋으며, 깨지고 기울어진 형상은 좋지 않다.

건물의 천장 높이를 높게 하지 않는다

교회나 사찰 등의 종교 건물처럼 높은 천장과 과도하게 넓은 공간은 불안감을 조성한다. 요양시설의 천장 높이와 내부 공간의 규모를 과도하게 설계하면, 환자들이 안정감을 갖고 숙면을 취할 수 없다. 그러나 그 반대로 경제적 효율성만을 따져 지나치게 좁게 만들면, 환자들은 옹색함 때문에 불쾌감을 일으킨다. 특히 침실은 심장과 혈액순환에 대응되기 때문에 침실 천장이 과도하게 낮으면 심장에 스트레스를 주어 심장병에 걸리기 쉬워진다.[112]

전두엽 압박형 환경 조성을 피한다

인간의 전두엽은 인간의 창조성, 그리고 기쁨이나 슬픔과 같은 감정표현과 관련 있다. 따라서 전두엽 압박형의 환경은 적극적인 성향을 상실시키며, 심할 경우 질병을 유발한다. 사방이 막힌 막다른 골목길인 토지에 세워져 조망이 불가능한 주택, 현관이나 방에 들어서면 벽장의 벽이 바로 보이는 주거설계는 전두엽을 압박하게 된다.[113]

이러한 전두엽 압박형 환경은 터의 앞, 또는 주위에 터보다 과도하게 높은 산이나 바위, 인공 건축물이 있어, '과도한 은신적 경관'이나 풍수에서의 '능압'이 되는 상황과 유사하다.

서향 건물을 짓지 않는다

고래(古來)로 서쪽은 해가 뜨는 동쪽의 반대 방향으로 불길하게 여겨져 왔다. 동쪽은 빛의 근원으로서 모든 생명의 원천으로 여겨져, 고대 서양에서는 동쪽이 '앞'의 방향으로 배정되었다.[114] 반면 서쪽은 해가 지고 죽음의 공포가 감도는 곳[115]으로 '뒤'의 방향이 주어졌다. 서쪽이 네 방향 중 불길하게 여겨져 온 것은 각 민족의 상징적 의미, 그리고 기후조건에 따라 조금씩 다르겠지만 기본적으로 햇빛의 특성과 바람에 기인한 것으로 짐작된다. 즉 서쪽 방향의 햇빛과 바람이 특히 인간에게 좋지 못한 영향을 준 것이다.

그림 3-27 좌우대칭으로 안정감 있는 건물(상)과 얼굴을 앞으로 향해 마당을 안고 있는 듯한 건물(중앙)의 형상이 좋으며, 깨지고 기울어져 불안한 형상의 건물(하)은 좋지 않다.

그림 3-28 사방이 막혀 있거나 높은 건물이 버티고 있는 것이 현관이나 창문으로 보이는 곳은 시각적 압박감을 준다.

그림 3-29 현관으로 들어서면 바로 벽장이 보이는 주거설계는 전두엽을 압박해 창조성을 떨어뜨린다.

이를 반영하듯, 풍수서에서는 서쪽 방향이 높아 서쪽의 햇빛과 바람을 막을 수 있는 지형을 길지로 여겼으며, 그 반대로 서쪽이 낮은 곳은 키가 큰 나무를 심어 바람을 막아야 함[116]을 언급하고 있다.

주택은 동쪽이 낮고 서쪽이 높아야 부귀하게 되고 영웅호걸이 난다.〈周書秘奧 營造宅經〉

물이 주택에 기대어 동쪽으로 흘러가면 화가 없다.〈居家必用〉

가장 나쁜 자리는 묘좌(卯坐:동쪽)에 자리를 잡고 유좌(酉坐: 서쪽)를 마주 보는 곳으로, 햇빛을 일찍부터 볼 수 없다.〈金華耕讀記〉[117]

풍수로 공간을 읽다

서쪽이 높고 동쪽이 낮은 곳에 거처하면 길하게 될 것이다〈林園經濟十六志, 相宅地〉118

동쪽에는 복숭아나무와 버드나무, 남쪽에는 매화나무와 대추나무, 서쪽에는 치자나무와 느릅나무, 북쪽에는 사과나무와 살구나무를 심는 것이 좋다.〈林園經濟十六志, 相宅地〉,〈山林經濟〉

실제로 이탈리아의 한 연구에서는, 동쪽으로 창이 난 병실에 입원해 있던 조울증 환자(bipolar depression)들의 회복 속도가 서쪽으로 창이 난 병실에 입원해 있던 환자들보다 빨랐음을 밝힘으로써,119 서쪽 방향의 햇빛과 바람이 특히 인간에게 좋지 못한 영향을 준다는 사실을 뒷받침하였다.

추상화를 피하고 풍경화를 설치한다

벽면에 아무 것도 없이 공백이 크면 압박감이나 불안감을 불러일으킨다.120 그래서 벽면에 적절한 풍경 그림을 걸어 두면 마음의 안정을 제공할 수 있다. 그러나 추상화는 심리적 불안을 유발할 수 있기에 유의해야 한다. 실제로, 세계 10여 개국의 20억에 가까운 사람들의 예술적 선호도를 조사한 한 연구에서, 국가 및 문화와 관계없이 거의 모든 사람들이 가장 덜 선호하는 그림은 모더니즘 추상화였으며, 가장 선호되는 그림은 나무, 물, 사람, 동물이 있는 풍경화였다.121

풍경화에 있어서도 그 구도와 내용에 따라 유의할 부분이 있다. 주택이나 요양

그림 3–30 불꽃인지 나뭇결인지 구분이 쉽지도 않고, 심리적 안정감도 주지 못한다.

시설의 벽면에 걸린 풍경화의 구도가 '과도한 조망적 경관'이면, 환자로 하여금 심리적 공허함을 높여 주어 좋지 않다. 산줄기가 부드럽고 온화한 '적절한 은신적 경관'의 풍경 그림이 안정감을 더해 준다. 기암절벽의

그림 3-31 '과도한 조망적 경관'의 풍경화(좌)는 공허함을 증가시키지만, 산줄기가 부드럽고 온화한 '적절한 은신적 경관'의 풍경화(우)는 심리적 안정감을 준다.

그림 3-32 기암절벽의 화산(좌)이나 웅장한 폭포 그림(우)은 환자에게 과도한 자극을 유발하기 때문에 좋지 않다.

화산(火山)이나 웅장한 폭포 그림 또한 자극성이 강해 환자에게 해롭다.

날카로운 조형물의 설치를 피해라

사람은 본능적으로 날카롭고 예리한 물건의 끝이 본인을 향해 있으면 긴장되고 불안해진다. 그래서 쏘는 듯이 서 있는 건물이나 조형물이 현관 및 창문으로 보이는 것은 좋지 않다. 자는 동안에 '공격을 받고 있다'는 감각이 잠재의식 속에 새겨져 여러 가지 병이 생기기 쉽다.[122] 실내 조형물 또한 날카롭고 예리한 형상이면 심리적 안정감을 떨어뜨린다.

이것은 자연 공간에서 기암절벽의 각지고 울퉁불퉁한 면이 과도한 심리적 자극을 주는 것과 맥락을 같이한다. 그런 곳은 휴양지 힐링 장소로서 적합하며, 안정감보다는 오히려 심리적 흥분을 유발한다. 따라서 날카롭고 예리한 형상의 조

216

풍수로 공간을 읽다

그림 3-33 창문 너머 건물의 뾰족한 모서리가 날을 세워 나를 향해 쏘는 듯이 서 있다(좌). 날카로운 장식물은 심리적으로 과한 자극을 준다(우).

형물은 심리적 흥분과 들뜸의 조성이 필요한 곳, 호텔이나 모텔 등의 숙박업소, 놀이공원 등의 인테리어 조형물로서는 적합하다.

원심형 좌석과 구심형 좌석을 조화롭게 배치한다

공간은 그 특성에 따라 이용자들을 모이게 할 수 있으며, 그 반대로 떼어 놓을 수 있다. 노천카페의 테이블과 같은 공간은 사람들을 모이게 하는 경향이 있으며, 이런 곳을 사회구심적 공간(sociopetal space)이라 한다. 그 반대로 철도 대합실과 같은 공간들은 사람들을 떼어 놓는 경향이 있는데, 이런 곳을 사회원심적 공간(sociofugal space)이라 한다.[123]

공간을 구심형과 원심형으로 나눌 수 있는 것은 내부 구조물의 배치에 의해 좌우될 수 있다. 둘러싸인 형태, 서로 마주보는 형태, 안쪽을 향하는 원형 등의 좌석 배치는 어떻게든지 사람들이 모이고 그곳에서 떠들썩하게 대화가 이루어지게 하는 구심형 공간디자인이다. 그러나 반대로 바깥을 향한 원형 등의 좌석 배치는 타인끼리 아무 관계없이 기다리는 상황 등이 예상되는 원심형 공간디자인이다.[124] 그곳에 친구끼리 와서 이야기하려면 무리하게 몸을 돌리지 않으면 안된다.

실제로, 사람들의 자연스런 대화 환경을 찾는 한 실험은 구심형 공간디자인이 사람들의 대화 빈도수를 증가시켜 준다는 사실을 뒷받침하였다. 〈그림 3-35〉

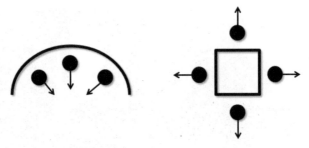

그림 3-34 구심형 좌석 배치(좌)는 사람을 모으고, 원심형 좌석 배치(우)는 사람을 분리시킨다.

와 같이 6인용 테이블에서 대화의 빈도를 관찰하였다. 그 결과, 대화의 빈도수가 A-B(모서리 건너)가 가장 빈번했고, 이어서 B-D(옆으로 나란히), B-C(탁자 건너)가 뒤를 이었다. 그러나 B-E(대각선), A-F(끝에서 끝) 등 다른 위치에서는 아무런 대화도 관찰되지 않았다.[125]

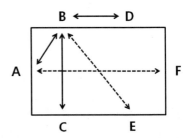

그림 3-35 6인용 테이블에서 대화의 빈도.

　노인과 환자들에게 또 하나의 고통은 외로움과 고독이다. 따라서 요양시설 설계에서 구심형과 원심형 공간디자인을 구분하여 사용하는 것이 중요하다. 모든 것을 고려하여 누구나 만족할 만한 설계가 쉽지는 않겠지만, 기본적으로 구심형 공간디자인 위주로 설계하여 노인과 환자들의 소통 기회를 늘이도록 한다. 또한 구심형 좌석 주위로 울타리, 화분이나 칸막이 등으로 작은 구획을 만들면, 친구들 사이의 친밀감을 더욱 높일 수 있다.

천장만을 밝게 조명하는 것은 좋지 않다

　실내의 밝기는 사람들의 기분을 좌우한다. 요양시설 설계에서는 내부의 조명을 밝게 하고, 벽면 등을 밝은 색상으로 디자인해야 하며, 천장과 벽면, 바닥의 조명 차이 또한 고려해야 한다.

　종교 건축물이나 왕궁 등은 신비로움을 강조하기 위해 천장만을 밝게 조명하

그림 3-36 천장만을 밝게 조명해 신비감을 높인 독일의 왕궁(좌)과 내부 창문을 내고 벽면을 밝게 설계한 스페인 사세르도테스 병원(우).

는 곳도 있다. 이러한 곳에서 지속적으로 생활하게 되면, 우물 속에서 하늘을 쳐다보는 느낌을 받아 우울증에 걸리기 쉽다. 반대로 벽면이 밝고 바닥이 어둡게 조명된 방에서는 발코니에 나와 있는 느낌이 되어 기분이 좋아지는 것이 보통이다.[126]

건물의 울타리는 필수이다

인간은 집에서 거주한다. 집은 누구에게나 육체적인 안전과 정신적인 편안함을 제공하는 외부로부터의 피난처이다. 집이 이러한 기능을 하기 위해서는 외부 공간과 내부 공간을 구별하는 '막'이 있어야 한다. 인간이 거주하는 집에서 외부 공간과 내부 공간을 구별하는 막은 담장과 지붕이다. 세부적으로는 집 안에 다시 많든 적든 간에 칸막이가 설치되어 있다. 이런 구조물들이 존재할 때 집은 단순한 거처에서 진정한 의미의 집으로 바뀐다.[127] 인간이 이처럼 외부 공간으로부터 구별된 둘러싸인 울타리 안에서 비로소 안전과 편안함을 느낄 수 있는 것은 인간 마음의 본성이다.

풍수에서도 담장의 설치는 바람과 외부의 시선을 막기 위해 필수적인 것으로 여겨진다. 그러나 근래 서양식 전원주택은 개방감과 아름다움을 누리기 위해 담장을 없애는 것이 유행처럼 자리 잡았다. 그러나 집이라는 공간은 외부에서 바라보는 개방감과 미학적 아름다움보다는 내부에서 느껴지는 안정감이 더욱 중요하다. 따라서 전원주택에 어울리는 생울타리 등으로 담장을 조성하는 것이 바람을 막고 심리적 안정을 위해 좋다. 이런 맥락에서 휴양시설은 담장의 설치가 불필요하나, 일반 주택과 요양시설은 반드시 담장을 설치할 필요가 있다.

휴양 건물은 파란색, 요양 건물은 노란색을 활용한다

각각의 색은 특별한 정서적 분위기를 자아낸다. 노란색은 따뜻하고 편안한 인상을 준다. 특히 우중충한 겨울날 노란색 유리를 통해 풍경을 관찰하면 따뜻한 효과를 생생하게 느낄 수 있다. 그러면 눈이 즐거워지고, 가슴은 펴지고, 마음은 밝아진다. 반대로 파란색은 차가운 느낌을 주고 경직감을 주기 때문에[128] 요양 건물에서는 사용하는 것이 좋지 않다.

녹색은 노랑과 파랑의 상반된 작용이 해소되어 중립을 지키는 탁월한 색이다. 사람들은 녹색을 특히 안정감을 주는 색으로 찬양하면서 거주 공간의 색으로 선호한다.

오랫동안 수술실 벽은 녹색으로 칠해져 있었다. 의사들의 일반 유니폼이 흰색인 반면 수술복은 녹색이다. 오랜 시간 동안 붉은색(환자의 피)을 집중해서 들여다보는 의사들의 눈의 피로도를 감소시키기 위해서이다. 녹색과 붉은색은 보색

그림 3-37 울퉁불퉁하고 거친 질감의 내부 인테리어는 자연 경관의 기암괴석과 같다.

풍수로 공간을 읽다

으로, 서로가 가장 대조되는 색이기 때문이다.[129]

울퉁불퉁하고 거친 질감의 벽면은 과한 자극을 준다

고운 질감은 평온하고 아늑한 느낌을 주지만, 거친 질감은 강하고 힘차며 튀어나오는 듯한 감정을 느끼게 한다.[130] 울퉁불퉁하고 거친 질감의 벽면은 자연 경관에서 기암괴석의 화산과 맥락이 같아서, 노인과 환자에게 과도한 자극이 될 수 있다. 따라서 휴양지에서는 이러한 내부 인테리어가 장점이 되겠지만, 일반 주택이나 요양 시설에서는 좋지 않다.

제3장
풍수와 도시계획의 만남

1. 풍수를 도시계획에 적용할 수 있을까?[131]

1) 한양의 입지선정 및 공간계획에서의 풍수

풍수에 대해 잘 모르는 일반인들은 풍수가 도시라는 큰 규모에 적용될 수 있는지 의문을 갖는다. 그들은 단지 풍수를 묏자리나 주택, 크게 보아 마을 단위에 적용되는 이론으로만 이해한다. 이러한 인식은 풍수에 관심을 둔 현대 공간학 전공자들도 다를 바 없다. 그러나 풍수는 엄연히 한국 역사 속에서 도읍지 및 읍치의 입지선정과 공간계획에 한 자리를 차지하고 있었다.

그 대표적인 사례가 한양이 조선의 수도로 선정되는 과정이다. 1392년 태조 이성계는 개경에서 왕위에 올라 조선을 건국 후, 곧바로 새로운 도읍지를 물색하였다. 이때 가장 먼저 낙점된 곳은 현재 삼군부가 들어 서 있는 계룡산 신도안이었다. 그러나 한참 기초 공사 중이던 그곳은 경기도 관찰사 하륜의 상소로 무효로 돌아갔다. 이후 대신들과의 많은 풍수 논쟁 끝에, 이성계는 재위 3년(1394)에 새로운 도읍지로 한양을 선정하고,[132] 이듬해인 재위 4년(1395)에 조선의 법

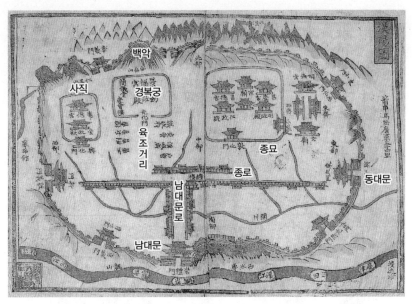

그림 3-38 한양도(漢陽圖). 한양의 공간계획은 경복궁이 핵심으로, 종묘사직과 육조거리 및 기타 주요 대로들이 뼈대를 이루었다.

궁으로 경복궁을 세웠다.

그리고 한양의 공간계획은 경복궁을 핵심(穴-혈)으로 정한 다음, 이후 종묘와 사직 그리고 육조관아가 들어설 육조대로 등을 뼈대로 하여 설계되었다. 물론 이성계가 조선 건국 후 한양으로 천도한 이유는 정치적인 목적이 가장 컸겠지만, 풍수가 천도의 한 방편으로 작용했고, 나아가 한양의 공간계획에 크게 작용했음을 부인할 수 없다.

한양의 입지선정과 공간계획에 본격적으로 풍수가 적용된 이후, 많은 지방도시(읍치)에도 풍수가 적용되기 시작했다. 입지선정 과정에서 읍치의 후방에서 읍치로 이어지는 산줄기(來龍-내룡)의 연결성(그림 3-39의 위 그림)과 읍치를 둘러싸는 사신사의 장풍적 요건(그림 3-39의 아래 그림) 등이 주요 풍수적 요건으로 평가되었다.

읍치의 공간계획 또한 풍수가 큰 몫을 담당하였다. 기본적으로 객사와 동헌,

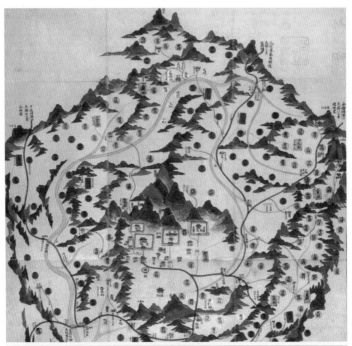

그림 3-39 내룡(來龍)이 잘 표현된 1872년 지방지도의 임실현(좌)과 읍기를 둘러싸고 있는 산줄기를 잘 표현하고 있는1895년 영남읍지의 고령현(우)(출처: 규장각 소장).

풍수로 공간을 읽다

향교를 풍수적으로 좋은 자리에 배치하였으며, 그들의 좌향 또한 유교적 남향을 기본으로 하되, 객사의 경우 풍수적 지세향(배산임수)을 따지기도 했다.[133] 이러한 일련의 입지선정과 공간계획 후에도 부족한 부분이 있으면, 숲, 인공 산, 건조물, 조형물, 지명 등의 조치(풍수적 비보)로써 보완하였다.[134]

2) 한국형 녹색도시와 풍수

산업혁명 이후 세계의 화석에너지 의존형 정책은 엘니뇨현상 및 지구온난화 등의 국제적 위기상황을 초래하였다. 이에 각국은 세계 기후변화에 대응하는 미래의 저탄소 녹색성장을 구축하기 위해 노력을 다하고 있다. 우리나라 또한 저탄소녹색성장을 새로운 국가적 비전으로 제시하고 2010년 '저탄소녹색성장기본법'을 제정하는 등의 다각적인 노력을 기울여 왔다. 이러한 맥락에서 녹색성장을 달성하기 위한 도시계획적 방법으로 저탄소 녹색도시(Low Carbon Green City)가 핵심과제로 등장하였다.

국가 및 지역마다 자연환경이 다르며, 이에 따른 인문환경 또한 제각각이다. 도시의 입지와 공간구조는 다양한 자연·인문환경에 영향을 받으면서 발달해 왔으며, 세계의 저탄소 녹색도시 또한 국가별, 지역별로 고유한 모델과 실천전략에 따라 다양한 모습으로 실행되어 왔다. 이런 맥락에서 보면 우리나라의 풍토와 지형적 특성에 맞는 한국형 녹색도시의 모델 및 실천 전략이 필요하다.

지금까지 계획·시행된 도시개발에서 녹색도시 계획, 환경친화적 건축 등의 지속가능한 개발 개념이 꾸준히 강조되어 왔지만, '지속가능한 도시화(sustainable urbanization)'가 정착되었다고 하기에는 여전히 갈 길이 멀다. 일례로 지난 2007년, 한국토지공사는 계룡 대실지구를 풍수환경도시로 개발한다는 계획을 수립하였다. 그러나 환경파괴를 줄이면서 최대한 자연 상태를 보존하려는 의도로 추진되었던 본래의 계획은 그 마무리 단계에서 기존 도시계획의 틀에서 벗어나지 못하였다.[135] 이후 추진된 각종 신도시들의 개발 양상 또한 이와 크게 다르지 않다. 그 이유의 중심에는 물론 경제적 타산문제가 자리하고 있겠지만, 우리나라의 풍토와 지형에 맞는 한국형 도시의 이상적 모델이 부재한다는 점이 한 가지 이유가 될 것이다.

그동안 지속가능한 개발의 개념에서 도시의 미래상에 대한 연구는 도시계획 및 설계 분야뿐만 아니라 풍수 분야에서도 활발히 전개되고 있다. 그러나 지금까지 풍수 분야의 연구는 대부분 풍수논리의 현대적 해석에 대한 심층적 고민이 없이 과거의 풍수논리를 현대 도시에 적용하는 한계를 보였다. 이것은 도시계획 및 설계에서의 지금까지의 연구가 각 지역의 자연환경과 고유한 특성을 고려한 도시계획을 강조하면서도 풍수를 관심 밖으로 두게 된 주요 원인의 하나이다. 도시계획 및 설계 전공자들이 풍수의 본질과 그 내면의 활용가치성을 명확히 알 수 없기에 풍수의 비과학성이나 논리적 비약성을 문제 삼았던 것이다.

그러나 우리나라의 전통 공간학인 풍수는 한국형 녹색도시의 조성에 시사점을 줄 만한 다양한 내용들을 담고 있다. 특히 풍수논리에 따른 입지선정과 공간 계획 과정에서 드러나는 '자연환경에 대한 고려'는 저탄소 녹색도시에서 강조되는 지역특성을 고려한 계획, 자원순환, 에너지 절약 등의 개념과 상당한 유사점을 보인다.

풍수의 전통적 구성 체계는 크게 택지론과 비보론으로 대별된다. 택지론은 길지(吉地)를 찾는 논리체계로서 현대의 입지론에 해당되며, 간룡법(看龍法), 장풍법(藏風法), 득수법(得水法), 정혈법(定穴法)[136]의 체계가 일반적이다. 비보론은 지리적 조건의 흠결(欠缺)을 보완하고 적지(適地)로 조성하는 논리체계로서 경관 보완론으로 환언될 수 있다.[137] 풍수에서는 택지론과 비보론 중 택지론에 무게를 두어, 일차적으로 자연이 만들어 놓은 길지를 찾는 것을 중요하게 여긴다. 그러나 길지를 찾는 것이 쉽지 않고, 혹시 찾는다 해도 일정 부분 흠결이 있기 마련이기 때문에, 이차적으로 그 흠결을 보강해 가며 살아가야 한다고 보았다.

반면 저탄소 녹색도시 관련 법률 및 주요 내용에서는 기존 도시의 탄소저감 및 흡수 방안들이 강조된 반면, 입지선정 관련 사항은 상대적으로 소홀히 취급되었다. 물론 기존 도시를 재생하는 것이 신도시를 개발하는 것보다 지속가능한 개발 측면에 부합되는 것은 사실이다. 신도시의 개발은 아무리 자연순응형 개발을 지향하더라도 일정 부분 새로운 환경파괴의 수반이 불가피하기 때문이다. 그러나 국가 정책 등으로 신도시 개발이 필요할 경우도 있기에 입지선정의 문제 또한 중요하게 다루어져야 할 사항이다.

이런 맥락에서 본 글은 풍수논리의 현대적 해석을 통해 한국형 녹색도시 조성을 위한 입지선정과 공간계획 방안에 대한 고민의 결과로서 다음의 절차에 따라 구성되었다. 첫째, 풍수를 활용한 도시의 입지선정 방안을 분석하였다. 분석방법은 풍수적 입지론의 일반적 방법인 간룡법, 장풍법, 득수법을 활용하되, 각 항목들의 현대적 의미를 우선 해석한 다음 도시의 입지선정에 적용함으로써 보다 현실적이고 논리적인 분석의 바탕을 마련하였다. 그리고 정혈법은 주어진 입지에서 풍수적 최적의 지점을 설정하는 개념에 비추어 공간계획으로 분류하였다.

둘째, 풍수를 활용한 도시의 공간계획 방안을 분석하였다. 분석 방법은 먼저 도시 내부를 풍수적으로 분석하고, 이를 바탕으로 계획된 각 구성요소들을 정혈법을 활용하여 적지에 배치하는 공간계획을 고찰하였다. 셋째, 풍수 비보를 활용한 도시의 공간계획 방안을 분석하였다. 탄소 흡수와 저감 중에서 비보의 성격에 적합한 탄소 흡수 계획 요소들을 용맥비보·장풍비보·득수비보의 개념에 맞게 재분류하여 도시 공간계획에의 적용가능성을 모색하였다.

2. 풍수를 활용한 도시의 입지선정

1) 간룡법을 활용한 입지선정

간룡의 현대적 재해석[138]

풍수의 간룡(看龍)은 산줄기의 형태와 단절 여부 등을 보고 그 산줄기가 생기

(地氣)를 어느 정도 품고 있는지를 파악하는 것이다. 풍수에서는 땅의 생기가 산줄기를 타고 흐른다고 본다. 그래서 먼 곳에서부터 터까지 이어지는 산줄기가 상하·좌우 변화를 잘 하거나 복스럽고 순할 경우 길(吉)하게 여겨지고, 반대로 중간에 끊어졌거나 약하고 병들었을 경우 흉(凶)하게 여겨진다.

간룡이 현대 도시의 관점에서는 어떤 의미가 있을까? 산줄기가 생기를 품고 있다는 것은 산줄기가 생태적으로 건강하다는 의미이다. 즉 간룡은 생태적으로 건강한 산줄기를 찾는 것으로 해석된다. 이런 맥락에서 풍수적 간룡의 의미와 논리가 생태적으로 건강한 산과 어떠한 관련이 있는지 살펴보자.

간룡의 의미와 생태적으로 건강한 산

생태적으로 건강한 산이란 무엇인가? 생태를 한문의 뜻 그대로 옮기면 '삶의 꼴(생김새나 됨됨이)', '살아가는 꼴' 또는 '살아가는 모습'이다. 이것은 서양의 에콜로지(ecology)가 집(eco)의 학문(logos)으로 해석되는 것과는 다르다. 에콜로지가 생태계 안에 사는 생물보다 그것을 감싸고 있는 바깥 환경에 더 주목한다면, 동양의 생태학은 환경 속에서 살아가는 생물들과, 또 그들의 삶에 무게를 둔다.[139] 그래서 동양적 관점에서의 '생태적으로 건강한 산'은 인간을 포함한 모든 동·식물이 조화롭게 공생하며 살아가는 산[140]으로 이해된다.

모든 동식물이 조화롭게 공생하며 살아갈 수 있는 '생태적으로 건강한 산'은 어떤 조건과 특성을 지니고 있을까? 그것은 크게 세 가지로 요약된다. 첫째, 울창한 산림으로 덮여 있다. 풍수이론에서는 땅의 생기가 흙을 통해 전달된다고 본다. 풍수 고전 『금낭경(錦囊經)』은 초목(草木)이 자라지 못하는 산(童山-동산)과 흙이 없는 산(石山-석산)은 좋은 터를 만들지 못한다고 설명하고 있다. 따라서 울창한 산림으로 덮여 있는 산이 나무와 흙이 없는 산보다 땅의 생기를 더욱 많이 전달하고 생태적으로 건강하다.

둘째, 생태적으로 건강한 산은 수직적 층분화가 잘 이루어져 있다. 수직적 층분화는 키가 큰 수목과 작은 관목(灌木)류, 그리고 그 하단부에 있는 각종 잡목과 잡풀 등이 서로 경쟁하면서 잘 자라는 것을 의미한다. 그래서 비교적 키가 큰 수목이나 관목은 새들에게 충분화 된 서식처를 제공하고, 하단부의 잡목과 잡풀은 숲바닥을 선호하는 동물들에게 서식처를 제공한다.[141]

셋째, 생태적으로 건강한 산은 산줄기가 단절되지 않고 연결되어 있다. 산줄기는 동식물의 서식처와 이동통로이다. 도시와 경작지, 도로 등으로 산의 연속성이 끊어진다면, 야생동물은 이동이 어렵게 되고 먹이 부족과 짝짓기 어려움, 로드킬 등으로 생장과 번식률이 급격히 떨어지고 멸종으로 이어질 가능성이 커진다. 나아가 야생동물의 멸종은 특정 매개 동물에 의존하는 식물종의 번식과 전파를 어렵게 한다.[142]

산줄기의 단절은 또한 식물의 종 소멸에 직접적 원인을 제공하기도 한다. 한

그림 3-40 나무와 풀이 없는 산(동산)과 울창한 산림으로 덮여 있는 산.

그림 3-41 수직적 층분화가 잘 이루어진 생태적으로 건강한 숲.

반도의 아열대화 등의 기후 변화는 식물들의 생육분포 범위를 북쪽으로 이동 및 고산지대로 축소시킨다. 이때 산줄기의 단절은 기후변화 속도를 따라잡지 못하는 식물들로 하여금 서식지의 축소 또는 종 소멸의 위험도를 높이게 된다. 최근 산지관리 정책이 필지 중심의 점(點)적인 개념에서 탈피하여, 산줄기를 따라 선(線)과 면(面)적인 개념으로 전환하고 있는 것은 다행한 일이다. 이러한 전환[143]은 미래의 불확실한 변화 속에서 지속가능한 산림생태계를 유지할 수 있는 산지의 보전 및 이용 정책으로 보인다.

간룡의 논리와 생태적으로 건강한 산

풍수에서 말하는 길한 형상의 산줄기는 상하(起伏)·좌우(之玄) 변화를 잘 하는 것이다. 풍수에서는 이러한 변화가 많은 산줄기를 생룡(生龍)이라 하여 혈(穴)을 맺을 수 있는 첫째 조건으로 꼽는다. 산줄기가 상하 변화를 한다는 것은 고갯마루와 고갯마루가 반복해서 나타난다는 의미이다. 그리고 산줄기가 좌우 변화를 한다는 것은 산줄기의 한쪽 또는 양쪽에 또 다른 산줄기(橈棹요도 또는 支脚지각)가 형성되어 있다는 의미이다. 이것은 곧 산줄기의 개수가 많다는 뜻이며, 그만큼 물줄기의 개수 또한 많음을 의미한다. 산줄기와 물줄기 개수가 많으면 동식물의 서식처 및 이동통로가 확대되고, 용수 확보를 위한 표면적이 증대된다. 결과적으로 간룡의 논리에서 말하는 길격의 산이 생태적 측면에도 부합됨을 알 수 있다.

반면 『금낭경』은 장사(葬事) 지내지 못할 곳, 즉 명당을 형성할 수 없는 산의 조건으로 동산(童山), 석산(石山), 단산(斷山), 과산(過山), 독산(獨山)의 다섯 가지를 제시하였다.[144] 앞서 설명한 바와 같이, 생태적으로 건강한 산은 초목이 울창해야 한다는 면에서 동산과 석산은 풍수의 길격과 거리가 멀다. 단산은 산이 끊기고 잘려 버린 산을 말하며, 홀로 우뚝 솟은 독산 또한 주변 산과의 연결성이 없이 파편화(fragmentation)된 산이다. 생태적으로 건강한 산은 단절되지 않고 연결되어 있어야 한다는 면에서 단산과 독산 또한 풍수의 길격과 거리가 멀다.

과산은 산의 생기가 머물지 않고 지나가는 산을 말하며, 그 일반적 형태는 경사가 급하거나 상하·좌우 변화가 거의 없다. 생태적으로 건강한 산은 상하·좌우 변화가 많다는 면에서 과산은 풍수의 길격과 거리가 멀다. 이렇듯 『금낭경』에 제시된 오불가장지(五不可葬地)가 생태적으로 부합되지 않음을 알 수 있으며, 이는 곧 명당을 형성하기 위한 산은 생태적으로 건강한 산이어야 한다는 것을 반영한다.

간룡법을 활용한 도시의 입지선정

풍수가 전통적 공간 이론으로 널리 성행했었던 조선시대의 도시나 마을은 간룡의 논리에 따라 주위 산줄기가 단절되지 않고 그 형태가 길한 곳에 입지하였다. 또한 풍수적으로 특히 중요하거나 취약한 산줄기에 대해서는 보완책이 시행되기도 했다. 국가적 차원에서도 도시로 이어지는 산줄기의 풍수적 중요성이 고려되었다. 조선왕조는 한양을 둘러싼 내외사산(內外四山-도성을 사방으로 둘러싼 산줄기들)을 보전하고자 경작, 벌목, 채석, 민가 조성 등을 금지하는 정책을 펼쳤다.[145]

또한 보토현(補土峴)은 삼각산에서 북악산으로 이어지는 잘록한 고개로서 경복궁으로 이어지는 내맥(來脈)이 지나는 곳이었다. 조선왕조가 해마다 흙을 보태고 떼를 입혀 고개의 허한 기운을 보충하였음을 『동국여지비고(東國輿地備攷)』권2의 다음을 통해 알 수 있다.

보현봉 곁가지 산줄기가 곧 도성의 주맥이므로 총융청에서 보토소(補土所)를 설치하고 주관해서 보축하였다.[146]

기본적으로 산줄기는 동식물의 서식처이자 이동통로이며, 도시나 마을 뒤로 오는 여러 산줄기의 계곡에서 흘러내리는 물은 식수원이자, 농업용수이다. 이러한 산줄기가 갈라져 끊어진다면, 풍화와 침식이 활발해져 산사태 등으로 파괴되기 쉬울 것이고, 계곡 아래 물줄기의 흐름 또한 변화될 것이다.

이에 따라 동식물은 보금자리가 줄어들고 무리를 이루어 스스로를 보호할 수 없어 생존이 어렵게 된다. 동식물이 살 수 없는 땅은 결국 사람도 살 수 없다.[147] 그래서 조선시대 도시 및 전통마을은 간룡법을 통해 생태적으로 건강한 산줄기가 도시로 이어지는 곳에 입지를 정했고, 산의 생태를 훼손하는 행위를 금지하거나 생태적으로 취약한 곳을 보완하여 도시의 지속가능성을 높였던 것이다.

간룡은 도시의 입지선정을 위한 첫걸음이 된다. 풍수논리 간룡의 전통적 의미는 조산(祖山)으로부터 혈장(穴場)까지 산줄기의 좋고 나쁨을 살피는 것이다.[148] 즉 근원이 먼 산줄기에서부터 도시와 마을로 직접 이어지는 산줄기(主龍)의 흐름을 보는 것이다. 이 말에는 간룡의 대상으로, 청룡이나 백호 등의 옆으로 뻗어나간 산줄기보다 조산과 주산(현무)을 거쳐 터까지 직접 이어지는 산줄기가 상대적으로 중요하게 고려되었음이 담겨 있다.

흔히 간룡체계를 인간사에 비유해 설명하기도 하는데, 해당 터가 내 자신이 되고 주산이 아버지가 되며, 기타 근원이 먼 산일수록 과거 조상이 된다. 이때 나에게 직접 영향을 미치고 그에 따라 제사를 지내는 대상은 본인으로 이어지는 직계 조상들이지, 기타 옆가지로 뻗어나간 친척 조상들이 아니다.

실제 역사 속에서도 청룡과 백호 등 옆으로 뻗어나간 산줄기들보다 터로 직접 이어지는 산줄기가 높게 평가되었다. 조선왕조는 도성을 둘러싼 내외사산의 보전 정책에서 경복궁과 창덕궁의 주산 및 내맥(來脈)은 산등성이 및 산기슭에서 경작을 금하고, 외산(外山)은 산등성이에서의 경작만을 금하였다.[149] 경복궁으로 이어지는 내맥인 보토현에 흙을 보태고 떼를 입혀 고개의 허한 기운을 보충한 것도 같은 맥락이다.

이러한 전통적 의미의 간룡은 현대 도시에의 적용에 있어 재고의 여지가 있다. 전통적 간룡의 이면에 전통사회 계급구조의 가치체계가 담겨 있기 때문이다. 일례로 경복궁은 북한산에서 직접 이어진 산줄기가 북악산을 거쳐 혈을 맺었다고 여겨진 곳에 조영되었고, 과거 전통마을의 종택은 마을의 주산에서 이어진 산줄기가 내려온 혈로 가정된 지점에 조성되었다. 이후 도읍이나 마을의 나머지 지점 또한 계급 위계에 따라 풍수적 길지가 차례대로 선점되는 공간적 분화 양상을 보인다.

계급구조에 따른 공간 분화 현상은 비단 한국의 전통사회뿐만 아니라 서양의 전산업도시에서도 있었다. 서양의 경우, 도시의 종교적·정치적·사회적 기능을 지배하는 상류계급이 도시 중심부를 차지하고, 하류계급과 천민계급으로 내려갈수록 도시의 주변부로 밀려나가 조밀하고 조악한 주거환경에 거주하였다.[150] 즉 동서양을 막론하고 지형적 여건과 공간의 가치체계만 다를 뿐, 계급구조에 따른 토지이용의 공간적 분화는 공통적 현상이었던 것이다.

그러나 21세기의 현대 도시가 지향하는 '지속가능한 도시', '생태도시', '녹색도시' 등은 다양한 사회계층 및 연령층 주민의 공존을 원칙으로 삼으며,[151] 나아가 그 공존의 대상을 인간 중심에서 탈피하여 동식물의 위상이 재정립된 종차별 없는 상호 보완적 공존을 강조한다.[152] 이런 맥락에서, 전통적 의미의 간룡에 담겨 있는 계급구조의 가치체계는 지양되는 것이 바람직하다.

따라서 현대적 의미의 간룡은 그 대상을 도시 내·외부의 모든 산줄기로 확대시킬 필요가 있다. 산지관리 계획 또한 대간(大幹), 정맥(正脈) 등의 거시적인 측면의 선적 관리뿐만 아니라 도시 내·외부의 미시적인 산줄기 또한 단절됨이 없도록 해야 한다. 구체적으로 도시 내·외부의 모든 산줄기를 대상으로 생기를 품

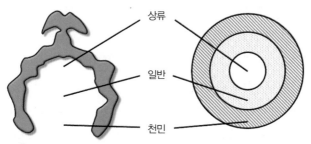

그림 3-42 한국 전통사회와 서양 전산업도시의 계급구조에 따른 공간 분화 현상. 산지지형인 한국에서는 상류계층이 영역의 후면부에 위치하고, 평지지형인 서양에서는 상류계층이 영역의 중심부에 위치하였다.

고 있고 생태적으로 건강한 산인지를 파악하고, 또 그렇게 조성하기 위한 다양한 방법이 고민되어야 하겠다. 단 전통적 의미의 간룡 또한 완전히 배제할 필요는 없으며, 관공서 등의 공공건물의 입지선정에 적용할 수 있다.

2) 장풍법을 활용한 입지선정

장풍의 현대적 재해석

장풍법(藏風法)은 도시 영역의 뒤를 받치고 있는 주산(主山)을 중심으로 도시 영역을 둘러싸고 있는 산줄기 전체(四神砂)를 살피는 것이다.

현대적 의미에서의 간룡과 장풍은 도시 내·외부의 산줄기를 살핀다는 점에서 동일하나, 중요한 차이점이 있다. 간룡이 산줄기 자체의 생태적 건강성을 파악하는 데 중점을 두는 반면, 장풍은 산줄기와 그 산줄기로 둘러싸인 내부 공간과의 관계에 주목한다. 이런 맥락에서 풍수의 장풍이 현대 도시의 관점에서 재해석될 수 있는 것은 두 가지이다. 첫째, 풍수이론과 현대 도시의 바람에 대한 인식의 차이이다. 둘째, 산줄기 개념에서 바라보는 사신사와 물줄기 개념에서 바라보는 유역분지의 관계이다.

막아야 될 바람에서 받아들여야 될 바람으로

풍수이론에서 장풍의 가장 큰 요체는 '바람(風)'이다. 그래서 영역을 둘러싸고 있는 산줄기들의 형태와 높이가 바람을 얼마나 잘 막느냐 따라 장풍 요건의 길흉이 평가된다. 전통 풍수에서는 바람을 기본적으로 막아야 할 방풍(防風)의 대상으로 보았다. 풍수의 '장풍', 즉 '바람을 갈무리하다'라는 뜻에도 내부 영역의 생기 보호를 위해 외부로부터의 바람을 막아야 한다는 의미가 담겨 있다.

전통 풍수에서 바람을 막아야 할 대상으로 본 이유는 건축기술이 미발달했던 과거에 여름철의 더위보다 겨울철의 북풍이 선조들의 생존에 더 큰 영향을 미쳤기 때문이었다. 그래서 과거 우리나라의 마을들은 북쪽에 산을 등진 배산임수형 입지가 많았으며, 특히 도시 및 전통마을의 입지로 주위 산줄기들이 내부 영역을 잘 둘러싸고 있어 방풍 요건이 우수한 분지지형(藏風局-장풍국)이 선호되는 경향이 높았다.

그러나 건축과 난방기술이 발달한 현대 도시에서는 겨울철의 북풍이 과거만큼 인간의 생존을 위협하지는 않는다. 오히려 현대 도시는 지구온난화와 도시 내부 토양 피복의 불투수층 증가 등의 영향으로 겨울철의 북풍보다 여름철 열섬현상에 더욱 민감하다. 즉 사방이 산으로 둘러싸인 장풍국이 전통 풍수의 측면에서 '생기(生氣)'를 잘 보전한다고 여겨진 반면 오늘날에는 열섬현상 등의 문제를 가중시키고 있다.[153] 결과적으로 전통 풍수에서의 바람은 주로 막아야 할 대상으로 여겨졌지만, 현대 도시에서의 바람은 완전히 막아야 할 대상이 아닌 상황에 따라 받아들여야 할 대상으로 인식된다.

따라서 도시의 공간구성 또한 바람통로를 조성해 기후문제를 완화하는 방향으로 계획되고 실행되어야 한다. 먼저 도시 내 공원과 같은 녹지의 비율을 높여야 한다. 도시 내 녹지는 그 기온이 주변 시가지보다 낮은 냉섬 현상을 발생시켜, 주간에는 나무에 의해 생기는 증발산과 그늘의 효과에 의해서, 야간에는 복사냉각에 의해서 주변 기온을 낮추고 대기를 정화시킨다.[154] 그리고 도시 내 녹지는 도시 내·외부 산줄기와 연계한 선(線)적 및 면(面)적 개념으로 조성해 동식물의 이동통로 기능을 병행할 수 있도록 한다. 이것은 지역의 일정 녹지율의 확보라는 단순 개념을 넘어 자연지형과 조화된 녹지계획이 된다.

또한 도시 내부 자연하천을 바람통로와 연계하여 조성한다. 자연하천은 차고 신선한 공기의 이동통로이기 때문에, 그 기능을 최대한 유지할 수 있도록 해야 한다. 대부분의 수변에는 체육시설이나 주차장 등의 인공시설이 설치되어 있으나, 반드시 필요한 장소를 제외한 나머지 수변에는 숲을 조성하는 것이 바람직하다.

물줄기로 보면 유역분지, 산줄기로 보면 사신사

모든 하천은 다양한 지류가 모여 큰 줄기인 본류를 이룬다. 이처럼 수많은 지류와 본류가 함께 구성하는 하천의 얼개를 하계망(河系網, drainage network)이라고 한다.[155] 물줄기 측면의 하계망은 산줄기와의 관련 속에서 형성된다. 산줄기는 강수로 떨어진 물이 어느 방향으로 흘러갈지를 결정하는 경계선인 분수계(drainage divide)가 된다.[156] 그리고 분수계인 산줄기가 둘러싸면, 내부의 지류 및 본류가 집수되는 하나의 영역을 형성하게 되며 이를 유역분지(drainage basin)라고 한다.

모든 하천은 작은 규모에서부터 광대한 규모에 이르기까지 유역분지를 가진다. 유역분지 내 각 지류의 물줄기가 본류를 이루어 유역의 수구(水口)를 통해 빠져나가는 것이다. 지형학적 유역분지는 풍수의 사신사로 둘러싸인 내부 공간과 일치한다. 분수계로 둘러싸인 영역을 물줄기의 관점에서 보면 유역분지가 되며, 산줄기의 관점에서 보면 사신사가 되는 것이다.

장풍법을 활용한 도시의 입지선정

지속가능한 개발을 위한 도시의 입지선정을 위해 풍수 장풍법에서 고려할 사항에 명당의 역량이 있는데, 도시 규모에서의 명당은 일반적으로 주위의 산, 즉 사신사로 둘러싸인 도시의 내부 영역으로 설정될 수 있다. 그런데 풍수에서는 명당의 크기에 따라 역량과 용도를 규정하고 있는데, 이는 프랙탈 구조로 설명된다.

'프랙탈'이란 세부 구조를 확대해 볼수록 전체 구조와 유사한 형태를 끊임없이 반복하고 있는 복잡한 구조를 말하며, 지금까지 사용해 온 유클리드 기하학으로 설명할 수 없는 자연계의 복잡한 현상과 형태를 정량적으로 해석하기 위한 하나의 수단이다.[157] 우리 주위에서 프랙탈 구조를 찾는 것은 어렵지 않다. 나무가 자라면서 줄기와 잔가지를 뻗어가는 형상에서 찾을 수 있고, 눈 결정, 조개껍질 위에 그려진 화려한 패턴과 소라의 소용돌이 구조, 브로콜리의 모양에서도 프랙탈

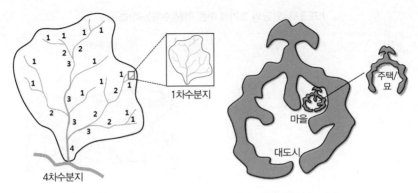

그림 3-43 하천 유역분지의 프랙탈 구조(좌)와 산줄기 개념 사신사의 프랙탈 구조(우).

구조를 찾을 수 있다.[158]

　하천 또한 프랙탈 구조의 가능성을 담고 있다. 한 유역분지의 모든 하천에는 크기에 따라 구간별로 나누어 일련의 차수(次數, order)를 매길 수 있는데, 최상류의 작은 지류들이 합쳐 본류를 형성할수록 하천의 차수는 높아진다. 그리고 이러한 차수의 개념은 유역분지에도 적용되어, 1차수 하천의 유역분지는 1차수 분지가 되고 2차수 하천의 유역분지는 2차수 분지가 되며, 이후 차수가 높아져도 마찬가지이다.[159] 이런 맥락에서 각 차수의 하천유역은 전체 하천유역과 기하학적으로 상사(相似)하다고 가정할 수 있다. 큰 하천유역은 해상도에 따라 순차적으로 작은 차수의 하천을 포함하며, 지형도 축척이 클수록 미세한 하천을 포함하게 된다. 이와 같이 하천유역의 성질은 프랙탈 구조를 가지고 있다.[160]

　하천 유역분지가 프랙탈 구조라면 풍수의 사신사 또한 그렇게 볼 수 있다. 명당을 사방으로 둘러싸고 있는 사신사의 개념이 지형학적 유역분지의 개념과 동일하기 때문이다. 즉 분수계로 둘러싸인 하나의 분지 지형을 물줄기의 관점에서 보면 유역분지가 되고, 산줄기의 관점에서 보면 사신사가 된다. 풍수에서는 지형학에서의 유역분지를 사신사로 둘러싸인 내부 공간, 즉 명당[161]의 개념으로 설명한다. 그리고 풍수적 관점에서 본 명당의 크기는 〈표 3-1〉과 같이 구분할 수 있다.

표 3-1. 명당의 크기에 따른 역량(수용능력)과 용도

용도	혈(혈장)	묘(음택)
그림		

용도	주택(양택)	마을
그림		

용도	중·소 도시	도읍
그림		

풍수논리에서의 가장 작은 명당의 크기는 혈장(穴場)이다. 풍수의 가장 핵심적인 개념인 혈(穴)을 보호하기 위해 둘러싸고 있는 내부 공간이 혈장이다. 혈장을 구성하는 자연지형으로, 혈의 뒤에 입수(入首), 좌우에 선익(蟬翼), 앞에 전순(氈脣)이라는 개념을 두어 각각의 역할을 상정하고 있다. 이는 규모의 차이만 있을

뿐 사신사의 역할과 동일하다. 이후 묘소와 주택, 마을, 중·소 도시, 도읍 개념으로 확장되더라도 명당의 크기만 확장될 뿐 명당의 뒤에는 현무, 좌우에는 청룡과 백호, 앞에는 주작(안산)[162]이 있는 것과 같이 기본적 개념은 동일하다.

풍수에서는 명당의 크기를 구별하는 것에서 한 발 나아가 명당의 크기에 따른 역량과 용도를 규정하고 있다. 즉 『명산론(明山論)』, 『지리신법(地理新法)』, 『인자수지(人子須知)』 등의 많은 풍수 고전에서 마을, 지방의 큰 도시나 수도 등의 명당의 크기와 양적인 역량 및 용도의 관계에 관한 내용이 등장한다. 조선조 지관 선발의 4대 풍수과목의 하나인 『명산론』에서는 마을과 저자, 지방의 큰 도시나 수도, 이들 각각의 양적인 역량에 어울리는 명당의 크기를 제시하고 있다.[163] 송나라 호순신의 『지리신법』에서는 "땅의 내룡(來龍), 즉 산 능선이 깊고 길면 그 기(氣)가 깊고 길며, 이와 반대이면 그 기가 얕고 짧다. 명당 벌안(規局)이 넓고 크면 그 기가 넓고 크며, 이와 반대이면 그 기가 좁고 작다."[164]라고 기술하고 있다.

또한 명나라 초기 서선계·서선술 형제의 『인자수지』에서도 "택지의 역량은 음지보다 큰 것이므로, 반드시 산수(山水)가 크게 모인 연후에 결작(結作)이 가능하다. 국세(局勢)는 취회(聚會)가 많을수록 더욱 넓고, 국세가 넓을수록 결작이 큰 것이므로, 큰 것은 수도나 대도시가 되고 다음은 지방의 도군(道郡) 정도의 도시가 되고, 더 작은 것은 향촌이나 기지(基址)가 되는 것이다."[165]라고 기술하고 있다.

풍수이론에서 명당의 크기에 따라 역량과 용도를 구별하는 것은 오늘날 지속가능한 개발의 필요성에서 대두되어 온 '환경용량(environmental capacity)'의 개념과 일맥상통한다. 환경용량은 인간을 중심으로 하는 사회과학적인 개념으로서 일정한 지역의 자연환경·생태계가 부양할 수 있는 경제규모, 즉 주어진 공간의 자원과 오염관리 능력으로서 부양할 수 있는 최대 지속가능 밀도를 의미한다.[166]

오늘날 세계는 환경을 일정한 크기를 갖는 한계재로 인식하는 추세이며, 이에 따라 경제·사회개발 자체를 자연생태계가 유지되고 자연환경이 보전될 수 있는 환경용량 범위 내에서 이루어지도록 노력하고 있다. 이미 미국, 일본 등지에서는 환경용량 개념을 토지적성평가 및 대도시 성장관리 수단 등으로 활용해 왔으며,[167] 우리나라 또한 지속가능한 개발이 경제사회발전의 주요 의제로 강조되면서 환경용량 산정을 통한 지속가능성의 검토, 친환경적 개발의 대안 등을 모색해 왔다.[168]

풍수논리에서 명당의 크기에 따라 역량과 용도를 구별한다는 것은 사신사로 둘러싸인 내부 공간의 크기에 따라 도시의 입지선정과 공간계획을 수립한다는 의미이다. 만약 도시의 입지선정과 공간계획이 명당의 역량과 용도에 벗어날 경우 주위 사신사를 절삭하고 골짜기를 성토 및 복토하여 평탄지를 조성하는 개발형태로 나타나는데, 이는 곧 자연환경·생태계가 수용할 수 있는 환경용량을 초과한 것이다. 풍수논리가 가진 명당의 크기에 따른 역량과 용도의 구별 개념은 환경용량의 체계적인 활용을 위한 기초자료로서 활용 가능하며, 특히 지역의 최대 수용 능력 및 토지이용적성평가 등의 부문에 적용될 수 있다.

3) 득수법을 활용한 입지선정

득수의 현대적 재해석

풍수에서 물의 길흉은 수구의 관쇄(좁음) 여부, 하천의 형태, 유속, 규모 등으로 판단한다. 현대 도시의 측면에서 물의 길흉을 판단하기 위해서는 물의 종류를 크게 두 가지, 즉 도시 내부를 흘러가는 하천과 도시 외부를 흐르는 하천으로 구별하여 살펴보는 것이 편리하다. 풍수에서는 전자를 내수(內水)로, 후자를 외수(外水) 또는 객수(客水)로 일컫는다.

도시 내부를 흐르는 하천은 유역 내의 여러 골짜기에서 흘러내린 지류들이 모여 본류인 하나의 하천을 형성해서 도시의 수구인 유역 밖으로 흘러가는 형태를 보인다. 그러나 현대 도시는 전통마을과 비교가 불가할 정도로 규모가 크기 때문에 '명당'의 형태, 즉 하나의 연결된 산줄기가 내부 영역을 직접 둘러싸고 있는

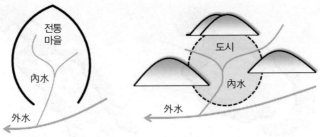

그림 3-44 전통마을과 현대 도시에서 명당과 유역의 관계.

형태(위 좌측 그림)를 갖추기가 현실적으로 어렵다. 그래서 도시 규모의 '명당'은 유역분지 개념과 일치하지 않으며, 도시 내부를 흐르는 주요 물줄기(하천)가 〈그림 3-44〉와 같이 외부 영역에서 흘러 들어온 경우(우측 그림)가 대부분이다.

그러나 여러 방향에서 서로 다른 산줄기들이 둘러싸고 있다면, 산줄기 측면에서 하나의 영역(局-국)을 형성하고 있는 것은 분명하다. 또한 물줄기 측면에서도 유역분지 개념과 정확하게 일치하지는 않지만, 주요 물줄기가 도시 외부로 빠져나가는 지점을 수구로 볼 수 있어, 물줄기의 풍수적 평가 또한 가능하다. 또한 보다 높은 차수의 유역의 관점에서 도시 외부에서 흘러오는 하천을 평가하고, 그에 따른 하천의 관리 방법에 대한 단초를 얻을 수 있다.

이런 맥락에서, 득수의 논리가 현대 도시의 입지선정과 공간계획에 충분한 시사점을 제공할 수 있다. 전통 농경사회에 살았던 과거 우리 조상들은 빗물이 마을 영역 내에 최대한 머물 수 있는 조건을 갖춘 곳을 마을의 입지로 선호하였고, 인공적으로 그러한 환경을 조성하기도 하였다. 빗물이 도시나 마을 영역 내에 최대한 머물 수 있는 조건은 크게 세 가지로 살펴 볼 수 있다.

수구의 좁음과 유역 개념의 홍수관리 대책

풍수에서는 지류들이 모인 본류가 유역 밖으로 흘러나가는 출구 지점인 수구(水口)를 길지(吉地) 여부를 판단하는 중요한 요건의 하나로 다루었다. 수구가 좁은 것(水口關鎖)을 좋은 것으로 여기고, 수구가 벌어진 것은 물이 유역 밖으로 쉽

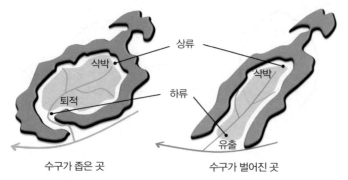

| 수구가 좁은 곳 | 수구가 벌어진 곳 |

그림 3-45 수구가 좁은 곳은 상류지역에서 삭박된 암설들이 하류지역에 퇴적되면서 넓은 평탄지를 만든다. 수구가 넓은 지역은 암설들이 영역 밖으로 그대로 유출되어 좁고 긴 하곡을 형성한다.

게 빠져나가면서 생기와 재물이 함께 빠져나간다고 해석하였다.

지형발달사적 측면에서 좁은 수구는 구릉성 평탄지와 산간분지 형태의 평탄지를 형성시키기 위한 전제조건이 된다.[169] 수구가 좁은 경우에는 유역의 상류지역에서 삭박(削剝)작용이 지속적으로 진행되지만, 그곳에서 공급된 퇴적물들이 유역 내에 퇴적되어 평탄화 작용이 일어날 수 있다. 반면, 수구가 넓은 경우에는 배후에서 공급되는 암설들이 하천을 통해 쉽게 빠져나가기 때문에 하천 주변에 평지가 발달하기 어렵다. 따라서 그러한 유역 내부는 인구를 부양할 충분한 토지 확보가 어려워 마을이나 집단 거주지가 형성되기 어려운 환경조건을 가지게 된다.[170]

그러나 수구의 '좁음'이나 '관쇄'는 현대 도시의 측면에서 재해석될 필요가 있다. 〈표 3-2〉의 '보존'과 같이, 과거의 도시나 전통마을은 전체적인 녹지율이 높았고, 토지피복이 초지나 밭 등의 자연지반이었으며, 하천 또한 자연스런 형태와 식생을 유지하고 있었다. 그래서 비가 오더라도 물의 양이 최고조인 첨두유량(peak flow rate)에 도달하기까지 한참의 시간이 걸렸고, 최고조에 달한 시점의 물의 양 또한 오늘날보다 적었다. 결과적으로 수구가 좁다고 해서 홍수의 피해가 가중되지 않았으며, 오히려 수구가 넓은 경우 비보못을 조성해 유역 내의 물이 천천히 빠져나가도록 하였다.

풍수로 공간을 읽다

표 3-2. 숲의 훼손과 하천 유출량의 상관관계

구분	보존	부분 벌채	전부 벌채
그림			
도표			

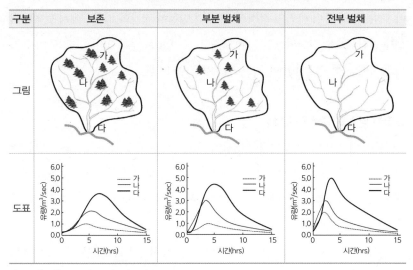

자료: 이도원, 2001, p.49을 재구성.

반면 현대 도시의 녹지율은 그림의 '부분 벌채'나 '전부 벌채' 상태이다. 현대 도시는 각종 개발로 인해 전체적 녹지율이 낮아졌고, 토지피복이 택지나 도로, 주차장 등으로 바뀌면서 빗물이 침투하기 어렵게 되어 하천유역의 우수 저류력이 크게 떨어졌다. 유역 내 상류지역의 택지개발 등으로 인한 숲의 훼손은 하류지역의 홍수로 이어지며,[171] 이는 〈표 3-2〉의 도표에서 첨두유량 도달시간이 줄어들고 첨두유량 또한 증가되는 것으로도 확인된다. 이때 물이 유역 밖으로 빠져 나가는 지점인 수구가 좁다면 물이 단시간 내에 모여 빠져나가지 못해, 수구 인근의 저지대 지역은 상습 범람지역이 될 수 있다.

결과적으로 수구의 관쇄가 녹지율 및 투수 지표면 비율이 높아 빗물이 자연적으로 유역 내에 오래 머물 수 있는 조건이 갖추어진 과거의 도시 및 마을에는 긍정적인 작용을 했으나, 녹지율과 투수 지표면 비율이 낮은 현대의 도시에는 부정적인 영향을 미칠 수도 있다. 수구 관쇄에 따른 생기의 보전도 유역 내의 높은 녹지율 및 투수 지표면 비율의 전제가 있을 경우에만 가능한 것이다. 이러한 맥락에서 홍수 방지 대책은 하천 범위를 넘어 유역의 전체적인 관점에서 수립되어야 한다. 근래 들어 하천의 정비 및 개발의 방향이 직강화 일변도에서 탈피하여 생태 친화적으로 전환되는 것은 바람직하나, 이 또한 상류지역의 녹지율의 유지와 동시에 진행될 때만이 더 큰 효과를 거둘 수가 있다.

산줄기 역수와 유역분지 역수

빗물이 마을 영역 내에 최대한 머물 수 있는 두 번째 조건은 역수(逆水)이다. 역수는 '거스르는 물'이란 뜻[172]으로, 영역 내부에서 빠져나가는 물의 흐름을 더디게 하거나, 물길을 변경하거나 혹은 역으로 흐르도록 하여 물이 오래도록 머물게 하는 것을 의미한다. 『인자수지』에서는 물을 거슬러 주는 사(逆水砂-역수사)를 재물을 불러오는 귀한 것으로 강조하고 있으며,[173] 이중환의 『택리지(擇里志)』, 「복거총론(卜居總論)」에서도 들판에서는 수구가 굳게 닫힌 곳을 찾기 어렵기 때문에 물이 거슬러 흘러드는 사(산줄기)를 찾을 것을 강조하였다.[174]

현대 도시 규모의 역수는 미시적인 산줄기 개념을 넘어, 거시적인 '유역분지' 개념으로 재조명할 필요가 있다. 〈그림 3-46〉은 유역분지 개념의 역수를 보여주는 모식도이다. 왼쪽 그림의 유역의 물길이 전반적으로 서쪽에서 동쪽으로 흘

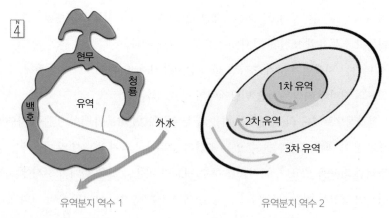

유역분지 역수 1   유역분지 역수 2

그림 3-46 유역분지 역수 모식도.

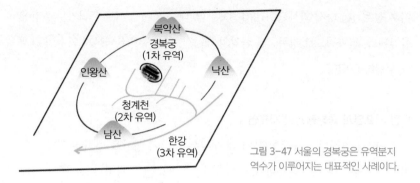

그림 3-47 서울의 경복궁은 유역분지 역수가 이루어지는 대표적인 사례이다.

러 수구 밖으로 빠져나간 다음, 동쪽에서 서쪽으로 흐르는 외수에 합류된다. 그 래서 유역의 내수와 외수의 관계는 역수의 관계가 성립된다. 만약 유역의 물길 이 서쪽에서 동쪽으로 흘러 나가는데 외수 또한 같은 방향으로 흐르고 있다면, 이 둘은 산수동거(山水同去)의 관계로서 풍수에서 유역 내 생기가 빠져나가는 흉 한 것으로 해석된다.

그런데 유역 내의 물길이 서쪽에서 동쪽으로 흐른다는 것은 유역의 전체적 지 형이 서고동저형이라는 의미이다. 그리고 이것은 유역을 둘러싸고 있는 백호 산 줄기의 전체적인 높이 및 역량이 청룡 산줄기보다 상대적으로 우세한 것을 나타 낸다. 반면 외수가 동쪽에서 서쪽으로 흐른다는 것은 유역을 포함하고 있는 상 위 유역의 전반적 지형이 동고서저형이라는 의미이다. 〈그림 3-46〉의 오른쪽 그림은 유역분지 개념의 역수가 반복되는 모습이다. 이러한 유역분지의 역수는 결국 유역 내 흐르는 하천의 유속을 더디게 하여 빗물이 유역 내에 오래 머물 수 있는 자연적 여건을 만들고 있는 것이다.

그 대표적인 사례가 경복궁이다. 경복궁 영역(1차 유역)의 전체적 지형은 동고 서저형이다. 「경복궁 장기 복원정비조감도」[175]에 경회루와 궁궐 내부 수로시설 이 영역의 서쪽에 조성되어 있으며, 「경복궁 현황배치도」[176]의 등고선 또한 동 고서저 지형을 뒷받침한다. 궁궐 영역을 벗어난 물줄기는 청계천에 합류된다. 청계천은 과거 한양의 내사산(內四山-2차 유역) 내를 서에서 동으로 흘러간다.

이후 청계천은 다시 외사산(外四山-3차 유역) 내를 동에서 서로 흘러가는 한강에 합류된다. 결과적으로 경복궁과 한양의 내사산, 외사산이 유역분지 역수의 관계를 성립하고 있다.

평면 지표면과 울퉁불퉁한 지표면

지표면의 거칠기는 빗물이 유역 내 머무는 시간에 영향을 미치는 인자이다. 평면인 지형보다 울퉁불퉁한 표면이 더 큰 기복도를 가지며, 이는 경관 안에서 물질이동 및 동물의 행동에 영향을 주는 변수가 될 수 있다. 〈그림 3-48〉은 지표면의 거칠기가 공기와 물, 동물 등의 이동 속도에 미치는 영향을 보여 준다. 지표면의 숲이나 건물, 수중바닥의 수초나 바위 등은 지표면 거칠기(surface roughness)를 증가시키고 유체의 흐름을 감속시킴으로써, 입자상 물질의 퇴적을 조장하고 생화학적 반응으로 용존상 화학물질의 분해와 동화를 조정한다. 이런 원리에 의해 생울타리나 하천의 식생완충대는 지표면 거칠기를 높여 물리적인 과정과 생화학적 반응을 통해서 지표 및 지하유출수에 포함되어 있는 토사와 영양소, 농약을 제거한다.[177]

수구사(水口砂)는 강물의 한쪽이나 중간에 있는 산, 바위, 모래섬 등을 일컬으며, 모두 유속을 낮추는 역할을 한다. 특히 모래섬은 유속이 낮기 때문에 형성된다. 이는 모두 지표면 거칠기를 증가시키는 역할을 한다. 수구사는 하천에서의 위치, 재질과 모양에 따라 한문(捍門), 화표(華表), 북신(北辰), 나성(羅星)으로 구

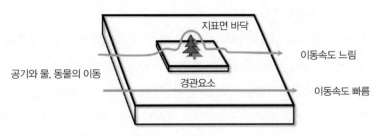

그림 3-48 지표면 거칠기(이도원, 2001, p.74 재구성).

표 3-3. 수구사의 종류

종류	한문		화표
그림			
내용	강물의 한쪽에 있는 산/바위		강물 가운데 있는 산/바위
종류	북신		나성
그림			
내용	화표 중 사람/동물 형상		강물 가운데 있는 모래섬

분되는데 공통적인 역할은 지표면의 거칠기를 크게 해 하천의 물이 유역 내에서 최대한 머물 수 있는 여건을 조성하는 데 있다.

득수법을 활용한 도시의 입지선정

물은 인간 생활의 필수요소로서 동서양을 막론하고 그 중요성이 끊임없이 강조되어 왔다. 물을 다스리는 것은 나라를 다스리는 지배계층의 큰 과업 중의 하나로 치산치수(治山治水), 즉 국토를 어떻게 다스리는가에 따라서 덕이 있는 군주와 부덕한 군주로 나뉘었다. 특히 치수는 백성들의 농사와 직결되는 정책으로 더욱 강조되어 왔다.[178]

수구가 좁은 것(水口關鎖)을 득수에도 유리한 좋은 것으로 여겨, 유역의 수구가 닫혀 있지 못해 물이 영역 밖으로 쉽게 빠져나갈 경우 물과 함께 생기와 재물이 빠져나간다고 보았다. 그러나 수구의 좁음이 현대 도시에서는 홍수의 가중을 가져올 수도 있다. 따라서 수구가 좁은 곳은 내부의 생기 보전 측면에서 도시의 입지로서 추천되지만, 이에는 상류지역의 녹지율을 관리하는 등, 유역의 전체적인 관점에서의 홍수방지 대책이 수립되어야 하는 전제조건이 있다.

하천의 형태는 구불구불한 곡선형의 하천이 길한 것으로 곧게 뻗은 직선형의 하천이 흉한 것으로 여겨진다. 그러나 구불구불한 하천이라 해서 모두 길한 것이 아니며 마을이 입지할 수 있는 위치를 다시 세부적으로 구별하고 있다. 지형학에서의 퇴적사면(point bar)과 공격사면이 풍수에서는 궁수(弓水)와 반궁수(反弓水)로 각각 불리는데, 궁수는 물이 감아 도는 안쪽 지역에 해당하며, 반궁수는 물이 감아 도는 바깥 지역에 해당하여 궁수를 길한 것으로, 반궁수를 흉한 것으로 보며, 마을의 입지 또한 궁수에 자리 잡을 것을 권하고 있다.

하천의 유속은 물이 천천히 흘러가는 것이 길한 것으로 급하게 빨리 흘러가는 것이 흉한 것으로 여겨진다. 물이 천천히 흐른다는 것은 지표면의 경사가 완만하다는 의미이다. 우리나라 대부분의 전통마을은 산기슭에 자리 잡아, 뒤로는 산을 등지고 앞으로는 넓은 들판을 바라보는 배산임수형을 취하고 있다. 이러한 입지는 바람의 관점에서 겨울 북풍을 막기 위한 자리이지만, 물의 관점에서는 상대적으로 경사가 급한 계곡을 따라 빠르게 흐르던 물길이 산기슭에 이르러 경사가 완만한 평지를 만나면서 유속이 느려지는 지점이다. 유속이 느려진 물길은 마을의 명당인 들판을 지나 수구로 빠져나갈 때까지 자연적으로 구불구불하게 (蛇行-사행) 흘러가는 것이다. 이렇게 유속이 느리고 사행하는 물길은 생태학적인 측면에서 각종 식생의 서식을 가능케 하여 물의 정화 능력을 높이고, 방재학적인 측면에서도 홍수의 피해를 줄일 수 있게 한다.

하천의 규모 또한 길흉을 판단함에 있어 중요한 고려사항이다. 여기서 규모란 하천의 절대적인 규모가 아닌 주변 산세와의 조화를 고려한 상대적인 규모를 의미한다. 풍수에서는 물의 중요성을 설명하는 데 음양론(陰陽論)적 해석 방법을 사용하여 산을 음, 물을 양으로 보고, 산수가 상배(相配)해야 음양이 조화를 이룬 좋은 땅이라 보았다.[179] 반면 산이 크고 물이 작은 것을 독양(獨陽)이라 하고, 산이 작고 물이 큰 것을 독음(獨陰)이라 하여 음양이 조화롭지 못한 나쁜 땅으로 보았다.[180]

세계의 고대 도시들은 대부분 큰 하천 인접 지역에 입지하였다. 그러나 중앙집중식 공급 시설이 발달한 현대 도시에서는 도시에서 하천과의 거리가 중요한 입지요건으로서의 비중이 상대적으로 줄었다. 일례로 미국 서부의 대도시 지역에 필요한 물의 상당 부분은 콜로라도 강에서 수입되며, 서울 대도시 지역의 대부분 용수는 팔당댐 상류에서 유입된다.[181] 이러한 시스템은 많은 에너지를 필요로 할 것이며, 이는 지속가능한 발전의 개념에 부합되지 않는다. 그래서 독일과 미국을 선두로 한 많은 서부 국가들이 분산식 빗물관리 등을 통해 물의 공급을 대규모 하천이나 상수원에만 의존하지 않고 빗물을 재활용하는 등의 물 공급량을 확보할 수 있는 방안을 모색해 왔다. 이런 맥락에서 도시의 입지선정에 하천의 규모 등을 고려하는 것은 도시의 지속가능한 개발을 위한 일부가 될 수 있을 것이다.

3. 풍수를 활용한 도시의 공간계획

간룡법과 장풍법, 득수법에 의해 입지선정이 완료된 후에는 도시 내부의 공간계획이 이루어지는데, 이는 정혈법을 따른다. 정혈의 본래 의미는 명당판 중에서도 가장 건강성이 넘치고 땅의 기운이 집중되어 있는 지점인 혈을 확정하는 행위를 뜻한다. 이는 특정 지역(local)에서 풍수적으로 가장 길한 지점(spot)을 선택하는 것으로 주택이나 묘소의 입지선정에 유효한 방식이다.

그러나 현대 도시에서의 정혈은 특정 지점을 중심점(혈)으로 산정하는 차원을 넘어 계획된 공간 구성요소들을 전부 고려하는 폭넓은 시각에서 다루어져야 한다. 이는 결국 현대 도시의 정혈이 계획된 공간 구성요소들을 각자의 풍수적 특성에 맞게 적지(適地)에 배치하는 행위임을 의미한다. 그러나 이것이 풍수 본래의 정혈의 의미를 배제한다는 뜻은 아니다. 도시의 조성 목적과 특성에 따른 중심 구성요소의 입지선정에는 풍수 본래의 의미를 가진 정혈의 방법이 적용될 수 있기 때문이다.

도시의 공간계획을 위한 정혈은 두 단계로 구성된다. 첫째, 도시의 특성을 분석하여 도시 내부에서 상대적으로 길한 지역과 흉한 지역을 구별한다. 두 지역의 분석에는 도시의 입지선정 과정과 동일한 방법인 간룡법, 장풍법, 득수법이 활용된다. 그 이유는 범위의 차이일 뿐 기본적인 판단 방법은 동일하기 때문이다.[182] 둘째, 계획된 공간 구성요소들을 각자의 풍수적 특성에 맞게 적지에 배치하기 위한 공간계획을 수립한다. 이는 큰 범위에서는 용도지역·지구제가 될 것이며, 작은 범위에서는 개별 건물의 배치 등이 해당된다.

1) 도시 내부의 풍수적 분석

간룡법을 활용한 분석

오늘날 새롭게 조성되는 신도시의 규모는 그 영역 내에 수 개 이상의 산줄기와 물줄기를 포함하고 있는 것이 대부분이다. 그래서 개발 예정지 내부에는 크고 작은 몇 개의 산줄기들이 있으며, 산줄기들 사이에는 골짜기가 형성되어 있다. 녹색도시의 방향의 하나인 자연지형에 순응하는 개발 측면에서는 이러한 산줄기와 물줄기를 최대한 살려야 한다. 그러나 개발 과정에는 정도의 차이가 있지만 산줄기를 굴삭하고 골짜기를 성토 및 복토하는 평탄화 작업이 뒤따르기 마련이며, 때로는 기존의 물길과는 다른 물길을 새롭게 조성한다.

이러한 대규모 공사로 이루어진 평탄지에서는 골짜기를 성토 및 복토한 곳이 문제가 될 수 있다. 특히 지지력이 연약한 점토 지반에 성토 및 복토를 하여 건설할 경우, 지반이 견딜 수 있는 성토의 한계고를 넘어서게 되면 성토 침하나 주변 지반의 변형을 초래할 수 있다.[183] 또한 강우 시 지표면으로부터 침투가 시작되면 지하수위가 빠르게 상승하는데, 이는 성토 사면의 불안정을 야기한다. 원지반의 투수성이 성토체의 투수성보다 큰 사질지반(fine/coarse sand)이라면 지하수위의 상승이 미미하겠지만, 원지반의 투수성이 성토체의 투수성과 유사한 경우는 지하수위가 빠르게 상승하여 사면 안정성이 크게 떨어지게 된다.[184]

〈그림 3-49〉는 개발지역의 모식도이다. ①은 개발지역을 둘러싸고 있는 산이

표 3-4. 개발지역 모식도

구분	내용	구역	내용
그림		①	개발 예정지를 둘러싸고 있는 산
		②	산과 평지가 만나는 산기슭
		③	기존 물길 복토 후 평탄지 조성 구역
		④	물길과 물길 사이 야트막한 구릉지
		⑤	개발 예정지 내부 산줄기

그림 3-49 실제 개발지역에서의 산줄기와 물줄기를 고려한 건축물의 공간계획 사례(위 부지는 대구 혁신도시이며, 산줄기와 물줄기 표시는 실제와 일부 다를 수 있음).

다. 과거 도시나 전통마을의 산은 그 윗부분에 숲이 있었고, 아래 완사면에는 과수원이나 밭이 있었으며, 풍수적 관점에서는 음택지로 사용되던 곳이다. ②는 주로 전통마을이 입지했던 배산임수의 터로서 산이 끝나고 평지가 시작되는 산기슭이다. ③은 물길이 있었던 골짜기를 성토 및 복토하여 평탄지로 조성한 구역이다. ④는 물길과 물길 사이의 야트막한 구릉지이다. ⑤는 개발지역을 둘러싸고 있는 산에서 한 줄기가 뻗어 나와 영역 내로 이어지고 있는 산줄기이다.

일반적인 개발 방식은 구릉지(④와 ⑤)를 굴삭하고 골짜기(③)를 성토 및 복토하여 평탄지로 만들며, 새로운 물길을 조성하는 형태이다. 그래서 골짜기(③)를 메운 평탄지는 지반침하의 우려가 있게 된다. 반면 ④는 물길과 물길 사이의 야트막한 구릉지로서, 건물을 조성해도 지반침하나 침수 등의 피해를 줄일 수 있는 곳이다. 특히 풍수에서는 물길이 양 옆으로 갈라지는 기준선인 분수계가 이어지는 선을 땅의 기운(生氣)이 흘러가는 용맥(龍脈)으로 간주하며, 이 선위에 건물을 조성하는 것을 길하게 여긴다.[185] 따라서 간룡법과 관련한 도시의 공간계획에서는 먼저 도시의 성격에 따른 중심 건물을 산이 끝나고 평지가 시작되는 산기슭(②)에 배치하고, 기타 건물들을 물길과 물길 사이의 구릉지(④)에 배치하도록 수립한다. 이러한 공간배치는 도시의 지속가능한 개발과 녹색도시의 이념에도 부합될 것이다.

2) 장풍법을 활용한 분석

도시 내·외부의 바람을 풍수적 관점에서 분류하면 수구 바람, 도시 내부의 산곡풍, 외부에서 불어오는 바람의 세 가지이다. 이 중 외부에서 불어오는 바람은 주로 계절풍으로 특히 겨울 북서풍을 말하며, 고개지역 바람 또한 간과할 수 없는, 외부에서 불어오는 바람이다. 따라서 도시의 공간계획과 관련해 고려해야할 바람은 수구 바람, 도시 내부의 산곡풍, 고개지역 바람이다.

수구 바람과 영역 내부의 장풍 조건

우리나라의 취락은 평행으로 길게 뻗은 하곡의 양쪽 산기슭에 자리 잡은 경우가 많다. 이러한 입지는 사실 풍수이론의 이상적인 형태와 거리가 멀다. 더구나 입지선정 과정에서 풍수가 일정 부분 영향을 미쳤을 것으로 예상되는 전통마을의 입지 또한 완벽한 명당 국세를 갖추고 있지는 못하며, 〈그림 3-50〉과 같이 청룡 백호 산줄기 사이의 거리가 멀어 수구가 벌어진 곳이 대다수이다. 수구가 닫혀 있지 못하고 벌어졌다

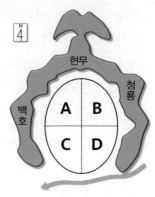

그림 3-50 영역 내부의 장풍 조건.

는 것은 장풍의 관점에서 산곡풍의 영향을 많이 받는다는 뜻이다. 그래서 수구지점에는 바람이 많이 불고 영역 내부로 들어갈수록 상대적으로 바람이 줄어든다. 공간심리학적으로도 수구 지점보다 영역 내부로 들어갈수록 둘러싸인감과 온화한 느낌을 더 가질 수 있다.

실제로 경북지역 종택[186] 42개소의 영역 내 위치를 조사한 연구[187]에서, 종택이 수구에 가까운 영역의 전면보다는 후방에 입지한 비율이 높았음을 밝혔다. 또한 종택의 위치가 영역의 전면으로 나올수록 가운데 보다 좌우 측면으로 입지한 경우가 많았다. 반면, 위계가 낮은 일반 상민들의 기타 주택들은 마을 영역의 전면으로 밀려나 수구에 가까운 곳에 위치하였다.[188] 현대와 같은 토목기술이 발전하지 못한 과거에 종택 및 주요 주택의 입지선정 과정에서 자연지형을 최대한 활용하였음을 고려한다면, 영역의 전면에 비해 후면이나 중앙을 상대적인 길지로 추측하는 것은 무리가 아닐 것이다. 따라서 〈그림 3-50〉을 통해 보면, 장풍의 측면에서 영역의 입구(C, D구역)보다 영역 내부(A, B구역)로 들어갈수록 풍수적 조건이 양호하다고 볼 수 있다.

도시 내부의 산곡풍과 곡구

우리나라는 동아시아 계절풍 지대에 속하기 때문에 계절별 풍향이 대체로 동일하다. 그러나 바람의 전체적인 특징과 달리 지형 특성에 따라 국지적으로 풍향과 풍속이 달라지기도 하는데, 그 대표적인 곳이 곡구(谷口)이다. 골짜기는 물의 이동통로이지만 바람의 통로이기도 하다. 그래서 골짜기를 따라 주간의 상승풍과 야간의 하강풍이 번갈아 가면서 산곡풍을 만들어 낸다. 산곡풍은 일출 및 일몰 약 1시간 후를 즈음해서 풍향이 바뀌며, 한국의 전통 농경 경관에서 일반적인 현상이다.[189]

산곡풍은 협소한 산지 계곡에서 그 일변화 체계가 거의 규칙적으로 나타나며,[190] 풍속 또한 일반 평지보다 강한 편이다. 좁은 통로를 빠른 속도로 빠져나가려는 바람의 특성인 벤투리 효과(Venturi effect)에 의해 국지적으로 기압이 내려가고, 강풍과 돌풍이 발생하기 때문에,[191] 화재 발생가능성을 높인다. 그래서 곡구는 풍수적 흉지 중의 하나로 주택이나 공장 터로서 부적격이며, 특히 산곡풍이 사람의 건강에도 악영향을 미친다고 본다. 『인자수지』, 『설심부』 등의 여러 풍수서에서 이를 뒷받침하는 내용이 발견된다.

산곡에 거한다면 요풍이 가장 겁난다(若居山谷 最怕凹風).

삼곡풍이 부는 골짜기에서는 벙어리가 유전된다(三谷風吹長谷 啞子出於遺傳).

가장 두려운 것이 요풍이 부는 땅이니, 마침내 인정이 끊어질 것이다(最忌凹風穴 決定人丁絕).

곡구는 바람을 떠나 기본적으로 홍수 및 산사태 위험지역이다. 우리나라는 최근 들어 호우 강도와 집중 호우 발생 빈도가 증가하여 산지 일대의 산사태 발생가능성과 하천 하류부의 침수가능성이 더욱 높아지고 있다.[192] 우리나라 하천의 특성 중 한 가지는 하천차수(stream order)가 높은 하류 지역은 연중 물이 흐르는 영구 하천(perennial stream)이나, 하천차수가 낮고 발원지에 가까울수록 가끔 폭우가 나타난 직후에만 흐르고 나머지 기간은 건조한 상태로 남는 일시 하천 (ephemeral stream)이 많다. 따라서 곡구는 평상시에는 산곡풍의 영향이, 그리고 폭우 시에는 홍수나 산사태의 피해를 줄 수 있는 곳이다.

그러나 곡구는 현대적 관점에서 다시 살펴볼 필요가 있는데, 특히 공간적 범위를 구별해서 볼 필요가 있다. 앞에서 곡구가 산곡풍과 홍수 및 산사태의 가능성이 높은 곳이라 했음에도 불구하고, 우리나라의 대표적인 취락 형태의 하나가 곡구 취락(valley-mouth settlement)이기 때문이다. 〈표 3-5〉는 우리나라의 일반적인 곡구 취락과 전통마을에서 종택과 일반 주택의 입지 유형[193]을 분류한 모식도이다. 먼저 곡구 주택은 소규모 골짜기가 평지를 만나는 경사변환점에 주택이 입지하는 경우이다. 이때의 주택은 앞에서 설명한 산곡풍 등의 피해를 받을 수 있다.

좀 더 영역을 확대하면 곡구 취락이 있다. 곡구 취락은 소규모 골짜기가 아닌 제법 큰 규모의 하천유역의 입구에 입지한 경우이다. 이곳은 하천차수의 관점에서 보면, 서로 다른 차수의 하천이 합류하는 지점이다.[194] 취락의 뒤로 펼쳐진 산지에서 흘러온 저차수 하천이 취락의 앞쪽 평지에서 흐르는 고차수 하천에 합

표 3-5. 곡구주택/취락과 전통마을에서 종택과 일반 주택의 입지 유형

구분	곡구 주택	곡구 취락	전통마을 7개소	
			유형 A	유형 B
그림				
마을	곡구 주택	일반적인 곡구 취락	6개 마을	양동
내용	① 구역: 종택 및 주요 주택, ② 구역: 일반 주택			

그림 3-51 닭실마을(좌)과 호지마을(우). 전통마을에서 종택 및 주요 주택(①)은 배산임수로 산기슭에 기대어 입지한 반면, 일반 주택(②)은 곡구에 입지해 있다.

류하게 된다. 그래서 이 지역은 산지 내부와 평지를 연결하는 교통로의 교차점이 되었고, 생산 활동이 서로 다른 산지와 평지 양 지역의 생산물 교환을 위한 시장이 되기도 했다. 이에 따라 우리나라는 전통적으로 곡구지점에 취락이 발달한 곳이 많았으며, 촌락 이름에 '谷(골·실)'이 붙은 지명이 많이 등장하게 되었다.

그러나 곡구 취락이 입지한 곳은 마을 뒤로 길게 펼쳐진 전체 하천 유역의 수구에 해당하는 지점이다. 그래서 풍수논리에서 말하는 길지의 입지와는 사실상 거리가 멀다. 그런데 새롭게 조성되는 신도시는 그 입지 자체가 곡구에 위치할 수도 있고, 그 규모면에서 도시 내부에 수개 이상의 골짜기가 있기 마련이다. 따라서 곡구 지역에서 상대적인 길지와 흉지를 구별하여 그에 맞는 공간계획을 수립할 필요가 있다.

전통마을에서 종택과 일반 주택의 입지 유형을 '곡구'와의 관련성을 통해 구분하면 크게 두 가지로 나눌 수 있다. 먼저 양동마을을 제외한 6개 마을의 종택은 유형A의 ①지점과 같이 곡구 지점을 피해 산록완사면 또는 산기슭 인접 지역에 입지하였고, 이후 마을이 확장되면서 일반 주택들이 ②지점에 입지하였다. 양동마을의 종택은 골짜기를 피해 산에 기댄 것은 다른 마을의 입지유형과 유사하나, 마을을 둘러싸고 있는 큰 산줄기가 아닌, 큰 산줄기에서 마을로 뻗어 내린 작

은 산줄기에 기대어 입지하고 있는 것이 차이가
났다. 반면, 일반 주택들은 물길과 가장 가까운
곡저 하단부에 위치하거나 마을 유역의 곡구(풍
수의 수구)인 ②지점에 입지하고 있었다.

지금까지의 논의를 바탕으로 '곡구'의 내용을
도시의 공간계획에 적용하면 〈그림 3-52〉와
같다. 첫째, 검은 점(●) 지점들은 도시를 둘러싸
고 있거나 도시 내부에 있는 산줄기 사이의 골
짜기 입구이다. 이런 지점에는 단독주택이 들어

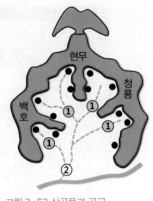

그림 3-52 산곡풍과 곡구.

설 수 있다. 이런 지점에서는 건물의 위치를 곡구 중심에서 벗어나 좌우 지역으
로 배치하여 벤투리 효과를 감소시키도록 해야 한다. 곡구 중심은 벤투리 효과
가 시작되는 곳으로 산곡풍의 영향을 직접 받는 곳이기 때문이다.

①구역은 도시 내부 산줄기들에 의해 구획된 소규모 영역들의 곡구(수구)가 된
다. 이러한 지역에는 공동 주택 단지 및 마을 단위가 들어 설 수 있다. 먼저 물길
이 직접 흘러가는 지역을 소규모 저류지 및 생태공원으로 조성하여 수구막이 비
보 역할을 할 수 있도록 공간을 계획한다. 주거 건물은 가능한 인접한 산줄기에
붙여서 조성해야 한다. ②구역은 도시 전체 유역의 곡구로서 풍수적 수구이다.

고개 지역 바람

〈그림 3-53〉의 ⓐ지점은 청룡 산줄기에서 봉우리와 봉우리 사이의 작은 고
개, 잘록하고 좁다. 주요 교통수단이 도보나 우마(牛馬)였던 과거에는 경사의 완
급보다 거리가 짧은 것이 중요하였기 때문에 고개는 산지로 격리된 인접지역과
의 교통로로 가장 많이 이용되었다.[195] 그래서 우리나라 지명에는 '-목(項)'이나
'-재(嶺)'가 붙은 지역이 많다. 이러한 지명은 모두 해당 지역의 형태가 생물의
목과 유사한 지형을 나타내며, 산의 능선이 주변에 비하여 상대적으로 낮은 고
개 지형이나 하도가 급히 좁아진 부분을 가리킨다.[196]

그림 3-53 고개지역(출처: 이도원 외, 2012, p.45 재구성).

풍수에서는 고개 지형을 과협(過峽)이라 말하고, 그 역할을 용(龍)이 살기를 털어 버리고 생기를 순수하게 걸러서 힘을 한곳에 모아 혈의 형성을 돕는 것으로 중요하게 여긴다. 그러나 풍수에서 과협을 중요하게 여긴다는 의미는 과협이 풍수적 길지라는 것과 무관하다. 과협은 산줄기가 끝나지 않고 계속 이어지는 부분이다. 진혈(眞穴)과 명당은 산맥이 한창 세력을 펼치는 행룡중(行龍中)에 있는 것이 아니라 산세(山勢)가 다하여 그치는 곳, 바로 평야에 접하는 부분에 있다.[197] 그래서 우리나라의 도시나 전통마을이 대부분 산줄기가 끝나 평지와 만나는 바로 그 지점에 마치 가지에 달린 꽃송이나 열매처럼 자리 잡는 것이다.

고개 지점은 양쪽으로 넘나드는 강한 바람을 맞는 곳이다. 『인자수지』에서도 과협에 대해 다음과 같이 강조하고 있다.

용의 과협처는 그 기(氣)가 묶여 모아지는 곳이니 바람 타는 것과 수(水)에 겁탈(水劫)됨을 가장 두려워한다.[198]

풍수로 공간을 읽다

인공숲은 용맥비보 및 장풍비보의 역할을 하며, 외부로부터 고개지점을 통해 불어오는 바람을 막아 준다. 위의 마을에서도 @지점에 인공숲이 조성되어 있다.[199] 오늘날 새롭게 조성되는 신도시의 규모는 그 영역 내에 수 개의 산줄기가 있는 것이 대부분이다. 따라서 공간계획 시 산줄기 위의 고개 지역에는 중심건물이나 주거 건물의 배치를 지양해야 하며, 휴게시설 등을 배치하도록 계획해야 한다.

3) 득수법을 활용한 분석

구릉지와 골짜기의 득수 여건

앞서 살펴보았듯이 구릉지가 건물 조성용 부지로 적합하며, 물길이 있었던 골짜기를 성토한 곳은 지반침하의 불안정성이 존재한다. 구릉지의 선택은 간룡의 측면에서 땅의 기운을 탄다는 의미이지만, 득수의 측면에서는 피수(避水)의 목적이기도 하다. 일반적으로 평지의 구릉지는 사방에서 바람이 불어와 장풍 여건이 불리한 듯하다. 그러나 풍수에서는 산곡풍처럼 좁은 공간을 통과하는 바람을 흉하게 여기지만, 넓은 공간에 퍼져 오는 바람을 크게 흉하게 여기지 않는다. 그리고 풍수에서 권하는 건물 조성용 구릉지 또한 명확히 산으로 볼 수 있는 산줄기가 아닌 야트막한 능선이라는 측면에서 장풍 여건은 큰 문제가 되지 않는다. 『인자수지』에서도 높은 산에서는 바람의 피해를 막기 위해 오목하고 낮은 터를 구하고, 평지에서는 물의 피해를 막기 위해 높은 터를 구하라고 하였다.[200] 간룡뿐만 아니라 득수의 측면에서도 구릉지가 길한 지점이 되며, 골짜기는 상대적으로 흉한 지점이 된다.

외수의 방향을 고려한 영역 내부에서의 길지

풍수에서는 물이 마을 영역을 빠져 나가는 것이 훤히 보이면 흉하게 여겼고, 반대로 물이 구불구불하고 부드럽게 마을 영역을 향해 들어오는 것이 보이면 길하게 여겼다. 이는 수구가 벌어진 전통마을에서 물이 마을 영역 밖으로 빠져 나가는 것이 훤히 보이는 것을 막기 위해 수구막이 숲을 조성한 이유이기도 했다. 이런 맥락에서 도시 영역 밖의 하천인 외수(外水)[201]가 도시를 향해 흘러오는 것을 마주하고 있는 지역이 길하다. 앞의 47쪽 〈그림 1-31〉과 같이 외수가 왼쪽(청룡)에서 오른쪽(백호)으로 흐를 경우 흘러오는 외수를 볼 수 있는 곳은 A와 C 지역이다. 따라서 득수의 측면에서 A, C 구역이 B, D 구역보다 풍수적으로 길하다고 볼 수 있다.

4. 정혈법을 활용한 도시의 공간계획

1) 정혈의 현대적 재해석

정혈(定穴)은 간룡, 장풍, 득수로 대략적인 명당의 범위가 파악된 이후 혈을 확정하는 행위이다. 혈이란 명당판 중에서도 가장 건강성이 넘치고 땅의 기운이 집중되어 있는 지점이다. 혈은 음택의 경우 시신이 직접 땅에 접하여 그 생기를 얻을 수 있는 곳이다. 또한 궁궐인 경복궁은 근정전, 사찰은 대웅전, 민가의 경우에는 본채 또는 집안의 가장이 거처하는 곳이 혈에 위치하게 된다.[202] 따라서 풍수 정혈의 본래 의미는 명당판 중에서도 가장 건강성이 넘치고 땅의 기운이 집중되어 있는 지점인 혈을 확정하는 행위를 뜻한다. 이는 특정 지역(local)에서 풍수적으로 가장 길한 지점(spot)을 선택하는 것으로 주택이나 묘소의 입지선정에 유효한 방식이다.

이러한 현대 도시의 관점에서 보는 정혈은 그 의미가 재고될 필요가 있다. 전술한 간룡 이론의 이면에 계급구조에 따른 토지이용의 공간 분화적 가치체계가 담겨져 있듯이, 정혈의 이론 또한 마찬가지이다. 이러한 맥락에서 풍수의 정혈이 현대 도시에의 적용을 위해 두 가지로 재해석될 수 있다. 첫째는 전통 풍수 정혈의 의미 그대로인 '혈 찾기로서의 정혈'로서, 특정 지점을 중심점(혈)으로 선정하는 것이고, 다른 하나는 주어진 영역 내에 계획된 공간 구성요소들을 각자의 풍수적 특성에 맞게 적지(適地)에 배치하는 '공간계획으로서의 정혈'이다.

2) 정혈법을 활용한 도시의 공간계획

도시 내부의 공간구조는 도시기능의 지역분화에 따른 토지이용 패턴과 다름 아니다. 도시 내부 토지이용의 공간적 분화는 특정 요인에 의해 형성되지 않으며, 사회·경제적으로 다양한 요인들의 복합 작용으로 이루어진다. 이러한 여러 요인 중의 하나가 행정적 요인이며, 그 중심에 있는 것이 '국토의 계획 및 이용에 관한 법률'203의 '용도지역·지구제(Zoning)'이다. 국토계획법은 토지의 이용실태 및 특성, 장래의 토지이용 방향, 지역 간 균형발전 등을 고려하여, 국토를 4개의 용도지역(도시지역, 관리지역, 농림지역, 자연환경보전지역)으로 구분하고 있다.204 그중 도시지역은 인구와 산업이 밀집되어 있거나 밀집이 예상되어 그 지역에 대하여 체계적인 개발·정비·관리·보전 등이 필요한 지역으로 명시되어 있다.

풍수의 논리에도 토지이용의 공간적 분화 개념이 담겨 있다. 일례로 전통마을의 경우, 바람이 적고 온화한 영역 내부에는 주택들이 입지했고, 바람이 많고 시원한 수구 지점에는 정자 및 마을 주민들의 휴식시설 등이 입지하였다. 이런 측면에서 볼 때 풍수논리의 토지이용 패턴은 토지이용의 기능적 분화를 인정하는 면에서 용도지역·지구제와 공통점이 있다.205

그러나 풍수논리와 용도지역·지구제는 '자연환경'적 요인을 대하는 관점에서 차이가 있다. 풍수논리의 토지이용 패턴은 토지이용의 공간적 분화 과정에 자연환경 요인이 사회·경제적 요인과 동일선상에서 고려되었으나, 용도지역·지구제는 자연환경 요인보다 사회·경제적 요인을 우선에 둔 행정적 공간분화라고 할 수 있다. 이러한 의식은 국토의 계획 및 이용에 관한 법률의 입법목적206과 용도지역의 순서에 단적으로 나타나 있다. 그 입법목적에 국토의 '이용·개발'이

'보전'보다 우선 등장하고 있으며, 구체적으로 현행 용도지역·지구제의 '도시지역'이 '주거·상업·공업·녹지지역' 순서로 명시되어 있다.

이런 맥락에서 본 글은 현행 용도지역·지구제를 바탕으로, 정혈이 현대 도시에 어떻게 적용될 수 있는지를 모색해 본다. 단 용도지역 '주거·상업·공업·녹지지역'의 순서를 일부 수정해서, '녹지지역'을 우선 살펴본다. 풍수의 논리가 자연환경 요인에 대해 용도지역·지구제보다 상대적으로 중요하게 여기는 점을 고려할 필요가 있기 때문이다.

도시 생태 네트워크

용도지역·지구제에 명시되어 있는 도시 내 녹지 관련 항목에는 용도지역의 '녹지지역'과 '개발제한구역', '도시자연공원구역' 등이 있다. 먼저 '녹지지역'은 자연환경·농지·산림의 보호, 보건위생 및 보안, 도시의 무질서한 확산 방지를 위해 녹지의 보전이 필요한 지역에 지정되며, 다시 보전녹지지역, 생산녹지지역, 자연녹지지역으로 세분되어 있다. 구체적으로 보전녹지지역은 도시의 자연

그림 3-54 용도지역의 녹지지역과 자연환경 훼손의 관계.

풍수로 공간을 읽다

구분	요소	내용
핵심 지역		도시 외부를 둘러싸고 있는 산
거점 지역		도시 내부 산줄기
연결 지역		도시 내부 인공숲 과 저류지

그림 3-55 도시 생태 네트워크와 풍수.

환경·경관·산림 및 녹지공간을 보전할 필요가 있는 지역에 지정되며, 생산녹지지역은 주로 농업적 생산을 위해 개발을 유보할 필요가 있는 지역에 지정된다. 그리고 자연녹지지역은 도시의 녹지공간의 확보, 도시 확산의 방지, 장래 도시 용지의 공급 등을 위하여 보전할 필요가 있는 지역으로서 불가피한 경우에 한하여 제한적인 개발이 허용되는 지역에 지정[207]된다.

토지의 개발 행위와 관련한 현실적인 측면에서 자연녹지지역은 보전보다는 개발에 무게중심이 더 치우쳐 있다. 자연녹지지역은 일반적으로 산록완사면 일대의 지형이 해당되며, 경사도가 낮아 개발행위가 비교적 쉽게 허가된다. 반면 보전 및 생산녹지지역은 개발보다 보전이 앞선다. 보전녹지지역은 자연녹지지역을 벗어나 산정상부에 이르는 지역으로, 경사도가 높아 개발행위가 상대적으로 어렵다. 그리고 생산녹지지역은 농지가 집단화 된 지역으로, 농지법의 '농업진흥지역'으로 분류되어 있어 개발행위가 어려운 지역이다.

녹지지역의 개발과 관련한 이러한 현황은 자연환경과 조화된 개발을 강조하는 풍수적 관점에서 불합리하게 비춰진다. 사실상 개발행위가 가장 어려운 생산녹지지역은 지형적으로 평지이다. 반면 개발행위가 손쉬운 자연녹지지역은 대부분의 지목이 임야로서, 지형상 산록완사면(산줄기)이다. 따라서 현행 법률상 평지가 보전되고, 산줄기의 훼손이 묵인되고 있으며, 이것은 산줄기 보호를 강조하는 풍수의 논리에 부합되지 않는다.[208]

현행 법률의 이러한 문제를 해결하고 도시 내 산줄기를 보호하고 자연환경과 조화된 개발을 위한 방법으로 도시 생태 네트워크가 제안될 수 있다. 도시 생태 네트워크는 도시지역의 생태적 가치와 생물 다양성을 보호하거나 확보하기 위하여 생태적 중요 지역을 보전하고, 이들을 서로 연결하여 녹지나 자연생태지역의 파편화를 최소화하기 위한 물리적 연결체계이다.[209] 도시 생태 네트워크는 녹지의 보전만을 다루지 않고 토지이용계획과의 연계·통합을 고려한다는 측면에서 풍수에서의 녹지 조성 및 활용 체계와 공통분모가 있다.

〈그림 3-55〉는 도시 생태 네트워크를 풍수의 녹지 조성 및 활용체계와 연결시킨 모식도이다. 도시 생태 네트워크의 구성요소는 면, 선, 점의 형태를 고려하여 핵심지역(hub), 거점지역(sites), 연결지역(links), 완충공간으로 구분할 수 있다. 여기서 핵심지역은 도시를 둘러싸고 있는 산이 된다. 도시를 둘러싸고 있는 산은 생태적 기능의 거점으로, 야생 동식물의 서식처이자 이동의 출발지 및 목적지로서의 역할을 한다. 거점지역은 도시 내부의 산줄기들이다. 도시 내부 산줄기들은 도시 중심부에 친근한 동식물이 서식할 수 있는 공간이 되며, 휴식과 소극적 레크리에이션 등 사회·생태적 가치를 지닌 지역이 될 수 있다. 연결지역은 도시와 각 구획의 수구막이 숲과 저류지가 된다. 숲과 저류지는 자연환경을 재생하여 연속되게 하거나 일정한 간격의 점적인 요소인 징검다리형 녹지 등 생물의 이동통로 확보 및 서식지를 보장한다. 마지막으로 완충지역은 핵심지역이나 생태축을 둘러싸는 일정한 영역으로서 외부의 위험으로부터 보호하는 기능을 수행한다.

주거지역 및 상업지역

'주거지역'은 거주의 안녕과 건전한 생활환경의 보호를 위하여 필요한 지역으로 전용주거지역, 일반주거지역, 준주거지역으로 세분된다. 상업지역은 상업이나 그 밖의 업무의 편익을 증진하기 위하여 필요한 지역으로 중심상업지역, 일반상업지역, 근린상업지역, 유통상업지역으로 세분된다.

앞서 설명한 바와 같이, 현대 도시의 용도지역·지구제는 풍수적 토지이용의 공간적 분화와 공통되는 부분이 있다. 그러나 용도지역·지구제와 달리 풍수는 자연환경에 따른 토지의 특성과 조화된 공간적 분화 양상을 보인다는 차이점도 있다. 영역 내부의 토지들은 그 위치에 따라 장소적 분위기가 다른데, 내부로 들어갈수록 바람이 적고 둘러싸인감과 온화한 느낌을 받는다. 이에 전통마을의 주요 주택들이 영역의 후면이나 중앙에 입지하였다. 이런 맥락에서 〈그림 3-56〉의 왼쪽 그림과 같이 영역의 후면은 주거지역으로 가장 적절하다. 그리고 주거지역들이 도시 내부로 뻗어 내린 산줄기들에 의해 소영역으로 구별되어 있어, 각자의 독특한 특성을 갖춘 근린으로 조성될 수도 있다.

반면, 영역의 입구인 수구는 바람이 많이 불어 여름철 마을사람들의 휴식장소[210]로 기능하였으며, 교통 및 동선체계상 영역의 출입구로서 유동인구가 많았다. 그리고 지역 일대의 중심 마을에 형성되었던 장시 또한 그 마을의 입구에 자리한 경우가 많았다. 이런 맥락에서, 수구의 장소적 특성은 활동적이고 공적이며, 이는 용도지역·지구제의 상업지역에 어울린다. 그리고 전통마을 영역의 입구에 장승이나 솟대를 설치했던 것처럼, 도시 영역의 입구에 그 도시를 상징하는 조형물을 설치할 수 있다.

또한 영역 중앙의 경우, 전통마을에서는 주요 주택들이 입지해 있었으나, 현대 도시에서는 상업지역에 어울린다. 도시 영역의 중앙은 교통 및 동선 체계의 중심부이다. 이곳은 영역의 외부에서 주거지역으로 진출입하기 위한 중간지점으로, 유동인구가 많아 경제적 측면에서 중심업무지구로 개발될 필요가 있다.

한편 용도지역·지구제에서 토지이용에 관한 구체적인 행위제한은 주로 건축물의 건폐율과 용적률로 이루어진다. 건폐율[211]은 건축물의 평면적 밀도를 규제하는 사항이며, 용적률[212]은 건축물의 입체적 밀도를 규제하는 사항이다. 특히 용적률은 건축물의 높이 규제와 관련된 사항으로, 일반적으로 상업지역의 용적률이 주거지역의 그것보다 높아 상업지역에는 고층건물이 밀집하게 된다. 따라서 〈그림 3-56〉의 풍수적 용도지역·지구제를 입체적으로 보면 오른쪽 그림과

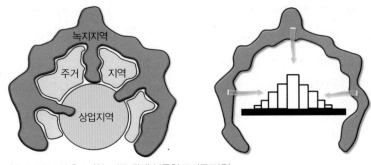

그림 3-56 풍수적 용도지역·지구제(좌) 볼록형 도시구조(우).

같이 도심부가 높고 주변부다 낮은 볼록형 도시구조를 형성하게 된다.

토지의 특성을 고려한 볼록형 도시구조는 도시 경관 및 바람통로 측면과 부합되는 이점을 가진다. 도시의 주변부가 도심부보다 더 높은 '오목형' 스카이라인은 도시 주변부의 산들이 시각적 전망을 잃게 되지만, '볼록형' 스카이라인은 지형상 산이 많은 한국 도시에서 산과 조화된 스카이라인을 형성할 수 있다.[213] 또한 볼록형 도시구조는 주변 산림으로부터 도시 내부까지 차고 신선한 공기가 유입될 수 있는 구조로서, 21세기 도시가 지향하는 녹색도시의 이념에도 부합된다. 마지막으로, 각 지역의 완전한 분리보다 주거·상업 지역의 교차점, 또는 지형·경제적으로 효율성이 높은 지역을 준주거지역, 근린상업지역 등으로 지정하여 토지의 복합용도개발을 도모할 수 있다.

공업지역

도시의 역사적인 발전과정을 일반적인 순서로 나열하면, 그 첫 번째는 도시의 성립기반으로 간주되는 기반산업(basic industry)의 생산입지가 형성되는 것이다. 기반산업 계획이 바탕이 되지 않은 상태에서의 신도시 개발은 인구 유입의 한계가 있다. 설사 계획된 인구 유입을 이루었다하더라도, 그 유입의 형태가 주거·교통·교육 환경 등의 매력으로 인근 지역에서의 유입이 대부분이어서, 인구 유출 지역의 낙후화 문제가 남는다.

현재 국내 여러 지역의 일반적인 기반산업은 전통적인 제조업이기 때문에 외곽 입지가 불가피하다. 이는 녹색도시가 추구하는 토지의 혼합이용과 거리가 멀다. 그러나 도시의 기반산업 시설이 도시 내부로 진입하기 위해서는, 도시의 기반산업이 제조업에서 탈피해 지식기반산업이 되어야 하고, 공장시설이 친환경공장(Green Factory)이 되어야 한다.

기반산업 시설이 도시 내부로 진입하더라도, 풍수의 공간적 분화 개념에 따라 일정 부분 분리를 하는 것이 효율적이다. 그래서 지식기반산업시설은 중심업무지구에 입지시키고 친환경공장은 주거지역의 보행가능권 내에서 도시 영역의 전면부 상업지역 인근 지역에 입지시킨다. 또한 고밀압축도시와 분산도시를 아우르는 도시공간구조의 대안으로 주목 받는 분산집중형(decentralized concentration) 도시를 형성하기 위해, 중심업무 지구를 고밀도로 개발하고 주거지역과 공업지역을 저밀도로 개발한다. 이는 녹색도시의 방향에도 부합되지만, 외곽에서 불어오는 바람이 도시 내부에까지 불어오는 바람길을 확보하는 장점도 있다.

3) 비보를 활용한 도시의 공간계획

일반적인 땅을 풍수적 최적의 땅으로 바꾸어 주는 기법인 비보(裨補)는 크게 협의의 비보법과 압승법(壓勝法)으로 구성되는데, 비보는 보(補), 보허(補虛), 배보(培補)라고도 하며, 압승은 염승(厭勝)이라고도 한다. 여기서 비보는 지리환경의 부족한 조건을 더하는 원리이고 압승은 지리환경의 과(過)한 여건을 빼고 누르는 원리이다. 비보는 기능상으로 용맥비보, 장풍비보, 득수비보, 형국비보, 흉상차폐, 화기방어 등으로 분류할 수 있다.[214]

녹색도시의 개념은 지구온난화에 의한 기후변화가 지구환경의 지속가능성을 위협함에 따라 탄소 배출을 억제하고, 녹지와 그린네트워크 등을 확충하여 탄소 흡수를 높이는 것이다. 이를 풍수논리와 비교하면 탄소 배출을 억제하는 방법이 압승에, 그리고 탄소 흡수를 높이는 방법이 비보에 비유될 수 있다. 탄소 배출 억제를 위한 화석 연료의 사용 억제와 신·재생 에너지를 개발보다는 탄소 흡수를 높이는 방법이 풍수와는 더 관련이 있다. 반영운·이재준 외(2008)[215]는 한국 상황에 적합한 탄소 중립도시 계획 요소 27개를 제시한 바 있는데, 이 중 풍수 비보와 성격이 동일한 탄소 흡수 계획 요소 15개를 정리하면 〈표 3-6〉과 같다. 그

표 3-6. 탄소 중립도시의 계획 요소

구분	계획 요소		
탄소 흡수	녹지	단지녹화	생태공원 텃밭
		입체녹화	지붕녹화 벽면녹화 친환경방음벽
		그린네트워크	그린웨이 경관림 생물이동통로 바람통로
	수자원	수자원 절약	빗물저류지
		수순환체계	투수성 포장 잔디도랑 실개천 자연지반 보존
		수생비오톱	서식처 연못

자료: 반영운·이재준 외, 2008, p.10

표 3-7. 한국형 녹색도시의 비보 계획 요소

구분	풍수적 기능	계획 요소	녹색도시 계획 요소
탄소 흡수 (비보)	용맥 비보	생태통로 생태 네트워크	생물이동통로, 그린웨이(생태공원, 경관림)
	장풍 비보	바람길	바람통로
	득수 비보	물 순환 체계	텃밭, 지붕녹화, 벽면녹화, 친환경방음벽, 빗물저류지, 투수성포장, 잔디도랑, 실개천, 자연지반 보존, 서식처 연못

풍수로 공간을 읽다

리고 이를 풍수 비보의 기능상 종류에 따라 분류하여 4개 요소로 정리하면 〈표 3-7〉과 같다.[216]

생태통로

생태통로(Wildlife passage)는 도로 및 철도 등에 의하여 단절된 생태계의 연결 및 야생동물의 이동을 위한 인공구조물로서, 야생동물이 노면을 거치지 않고 도로를 건널 수 있도록 조성한 야생동물 이동통로이다. 일반적으로 육교형 (overpass)과 터널형(underpass)으로 구분된다. 생태통로는 그 목적이 생태계의 연결과 야생동물의 이동에 있지만, 풍수의 관점에서 단절된 용맥을 이어 주는 비보의 역할을 할 수 있다.

터널형 생태통로는 포유류와 더불어 양서·파충류 이동이 목적이기 때문에 통상 도로 하부 수로와 연결하여 조성된다. 반면 육교형 생태통로는 도로에 의해 산줄기가 단절된 곳에 설치됨으로 풍수의 용맥 비보와 연결점을 찾을 수 있다. 최근 들어 생태통로와 풍수적 관련성이 어느 정도 인식되고 있는데, 경관적 연결을 목적으로 하는 생태통로가 그 사례이다. 경관적 연결을 목적으로 하는 생태통로는 공간적 확보가 중요한 구간, 도로에 의한 능선부 절개로 훼손된 경관 또는 풍수적 가치 제고가 필요한 구간에 조성한다. 이런 경우 경관적 연결을 위한 생태통로는 일반적인 육교형 생태통로에 비해 규모가 훨씬 크게 조성되며, 주변 지형과의 자연스런 연결을 위해 성토를 많이 한다.[217]

한편 도시 개발과정에서 도로를 개설할 경우에는 통상 산봉우리와 산봉우리 사이를 단절하게 된다. 이 지점은 앞서 설명한 바와 같이 풍수에서 과협이라 지칭하며, 계곡 좌우에서 많은 바람이 불어오는 곳이다. 따라서 차량 불빛과 소음을 줄이기 위해 통로 양편에 설치하는 차단벽이 강풍에 견딜 수 있도록 조성되어야 한다.

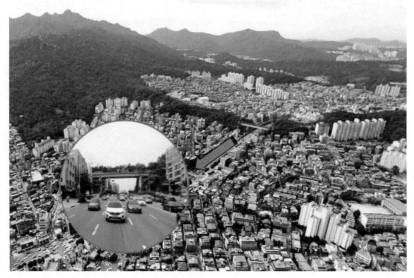

그림 3-57 생태통로는 끊어진 산줄기를 연결하는 용맥비보가 된다.

바람길

녹색도시를 조성하기 위해 자연의 섭리를 활용하는 방법 중의 하나가 기후를 활용하는 방법이며, 가장 먼저 활용할 수 있는 기후현상은 바람이다. 전통 풍수에서는 기본적으로 바람을 막아야 하는 방풍(防風)의 개념이 강했다. 과학기술이 미발달했던 과거에는 여름철의 더위보다 겨울철의 북풍이 조상들의 생존에 더 큰 영향을 미쳤기 때문이다. 그러나 현대 도시에 적용할 장풍의 개념은 일부 수정될 필요가 있다. 특히 사방이 산으로 둘러싸인 분지를 지칭하는 장풍국(藏風局)은 '생기'를 잘 보전한다고 여겨지는 반면 공기의 유통이 원활하지 않아 열섬현상 등의 문제가 가중될 수 있다.[218] 따라서 현대 도시에서는 무조건적인 방풍보다 신선한 바람을 받아들이는 등 바람을 활용하는 방법 또한 중요하게 고려되어야 한다. 바람을 활용하는 방법에는 자연지형과 연계하여 건물의 배치와 높이를 조절함으로써 바람길을 확보하는 소극적인 방법이 있으며, 바람의 힘을 이용해 전력을 생산하는 적극적인 방법이 있다.[219]

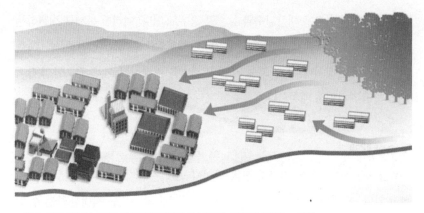

그림 3-58 도심과 녹지 간 경사지의 바람길 조성(출처: 양병이, 2013, p.185).

이 중 바람길 조성이 풍수 비보와 관련되는데, 두 가지 측면에서 연결점을 찾을 수 있다. 먼저 도시 내부 물 순환 체계와 연계하여 바람길을 계획하는 것이다. 도시 내부의 자연 하천은 차고 신선한 공기의 이동통로가 된다. 단 하천의 폭과 길이가 각각 50미터, 최소 1킬로미터로서 바람길의 설계기준[220]을 만족시켜야 한다. 두 번째는 녹지체계, 즉 도시 내·외부의 산줄기들과 연계한 바람길을 계획하는 것이다. 도시 내부와 주변 녹지 사이에 충분한 오픈스페이스를 두어 비탈면을 따라 도시 내부까지 차고 신선한 공기가 유입될 수 있도록 하는 것이 최상이다. 그러나 경사지 개발이 불가피할 경우, 〈그림 3-58〉과 같이 건축물들의 긴 변(또는 축)을 바람길의 진행방향과 평행하게 배치해야 한다.

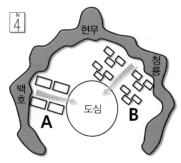

그림 3-59 건물배치와 배산임수의 관계.

배산임수(背山臨水) 개념에서 보면, 〈그림 3-59〉의 백호 능선에 기댄 건축물(A 구역)들의 방향은 남동향이 적절하고, 청룡 능선에 기댄 건축물(B 구역)의 방향은 남서향이 적절하다. 그런데 A 구역의 사례와 같이 바람길 진행방향과 건축물들의 긴 변을 평행하게 배치할 경우 배산임수와 상충할 경우도 있다. 이러한 문제를 해결하는 방법은 B 구역의 사례처럼 각 건물의 방향은 배산임수를 따르되, 건물군을 점 형태로 개발하는 것이다. 또한 고층 및 고밀 개발을 지양하고, 개별 건축물의 간격을 크게 유지하면서 배치한다.

물 순환 체계

우리나라 전통마을은 대부분 산과 평지가 만나는 산기슭에 배산임수로 자리잡고 있다. 이 지점은 건축물을 짓기 위해 산이 훼손되는 것을 최대한 줄일 수 있는 곳이며, 앞에 들판이 펼쳐져 있어 지표면의 경사가 완만하여 물길의 유속이 느려지는 곳이다. 마을 영역의 지표면 경사가 완만하여 소하천(실개천) 또한 자연적으로 사행(蛇行)하였고, 하천변은 다양한 수변생물이 서식하여 자연생태를 유지하였다. 그리고 지표면이 현대 도시의 그것과 달리 거의 자연지반 형태를 유지하고 있었다. 이러한 자연환경은 빗물이 마을 영역 내에서 오랜 시간동안 머물 수 있는 조건을 제공하였다.

비보 목적으로 물이 마을 영역 내에 최대한 머물 수 있는 인공적인 노력도 있었는데, 수구에 조성된 유수지와 숲이 그 대표적인 사례이다. 유수지 둑에는 주로 숲이 조성되었는데, 이는 둑의 유실을 방지하고 외부로부터 불어오는 바람을 막기 위해 조성된 것이었다. 그러나 한편으로는 수구막이 숲이 외부의 바람을 막아 줌으로써 마을 영역 내의 수증기 증발을 억제하여 습도를 유지하는 역할도 하였다.

현대 사회는 산업화와 도시화, 농업 증대, 물 다량 소비적 생활방식을 수반한 급속한 인구증가로 인해 세계적인 물 위기를 초래하고 있다. 이에 따라 선진 외국에서는 이미 1970~1980년대부터 빗물관리 시설의 설치를 법적으로 제도화하는 등의 다양한 노력을 해 왔다. 우리나라 또한 급격한 도시화에 따른 물 순환의 왜곡으로 인해 하천 건천화, 열섬현상과 같은 도시 환경적 문제가 지속적으로 발생하고 있다.[221] 그래서 최근에는 저탄소 녹색도시 조성을 위한 도시계획 수립지침(국토해양부, 2009)에서 도시 내에서의 물·자원의 순환구조와 빗물관리에 대한 중요성을 언급하였다. 또한 환경부에서는 빗물 이용시설의 설계 및 운영관리 지침 등을 발표하면서 실질적인 물 순환이 가능한 빗물관리를 유도하고 있다.[222]

또한 현대 도시의 물 부족 및 물 순환 체계의 왜곡을 해소하기 위한 방법으로 분산형 빗물관리가 강조되어 왔다. 분산형 빗물관리는 지붕, 도로 및 기타 불투수 지표면에 내린 강우를 이수·치수·환경 측면에서 효율적으로 이용 및 관리하는 기술로서, 기존의 중앙집중식 물 관리 체계에만 의지하는 것이 아니라 저류 및 활용, 침투 그리고 증발산을 통해 도시 배수기능 이외에 환경 친화적이고 생태적인 물 순환을 유도하는 기술이다.[223]

현대의 분산형 빗물관리는 우리나라 전통마을의 풍수적 물관리 체계와 기본 개념이 동일하다. 양쪽 모두 빗물이 영역 내에서 최대한 오래 머물 수 있는 환경을 조성하는 것을 목적으로 한다. 이는 '순환능력(cycle capacity)'의 개념으로도 설명이 된다. 순환능력이란 자연이 물의 순환과정을 반복하는 데 걸리는 시간을 말한다. 지속가능한 개발이 되기 위해서는 자연적인 물 순환에서 재충전에 소요되는 시간을 고려해야 하는데,[224] 분산형 빗물관리와 풍수적 물관리 체계는 자연적인 물 순환이 재충전하는 데 필요한 시간을 부여하고 있는 것이다.

분산형 빗물관리가 기존 도시에서 빗물의 효율적 이용·관리를 위한 개념인 반면, 풍수적 물관리 체계는 도시의 입지선정에서부터 출발한다. 간룡법, 장풍법, 득수법과 같은 풍수적 법칙에 따라 선정된 입지는 건강한 물 순환 체계를 위한 자연적 조건을 구비하고 있는 곳으로서 인공적 환경 조성에 소요되는 각종 에너지를 줄일 수 있어 현대 도시가 추구하는 저탄소 녹색도시 조성을 위한 첫걸음이 될 수 있다. 또한 분산형 빗물관리가 빗물 이용시설[225]의 도입에 중점을 둔 이·치수 목적에 국한된 반면, 풍수적 물관리 체계는 마을을 둘러싸고 있는 산, 자연 상태의 지표면, 자연적으로 사행하고 건전한 식생을 유지하는 하천, 수구에 조성된 유수지와 숲 등 자연적·인공적인 요소들이 유기적이고 통합된 체계를 유지하였다.

현재 우리나라에서 빗물과 관련된 법률로는 '수도법', '국토계획법' 하위법령인 '도시계획시설의 결정·구조 및 설치기준에 관한 규칙', '도시공원 내 저류시설의 설치운영지침', '자연재해대책법' 등이 있다. 그러나 지금까지의 법률들은 대부분 용수확보를 위한 빗물 이용기술, 침수피해 방지를 위한 빗물유출 저감 기술에 편중되어 있으며, 이수·치수, 환경보호 및 물 순환 건전화를 포함하는 통합 법령 및 기술지침의 부재로 빗물관리 활성화에 어려움을 겪고 있다.[224] 따라서 앞으로의 물관리의 방향은 지속가능성을 확보할 수 있는 생태계 복원개념으로 나아가야 하며, 이를 위해 통합적인 빗물관리를 도모할 수 있도록 법의 개선과 제도적 지원 등이 필요하다. 그리고 우리나라 전통마을의 유기적이고 통합적인 개념으로 이루어졌던 풍수적 물관리 체계가 하나의 시사점을 제공할 수 있을 것이다.

1. 이 글은 저자의 논문 「인간의 보편적 공간관과 풍수」, 『한국지역지리학회지』, 23(3), 2017을 재구성한 내용이다.

2. Tooby & Deover, 1987, David Buss 지음, 이충호 옮김, 『진화심리학』, 웅진지식하우스, 2012, p.90에서 재인용.

3. 전중환, 「진화심리학의 이론적 토대와 쟁점들」, 『한국심리학회지』 제29권 4호, 2010, p.756.

4. Tooby, J., & Cosmides, L, 「Conceptual foundations of evolutionary psychology」 in D. M. Buss(Ed.), 『The handbook of evolutionary psychology』, Hoboken, NJ: Wiley, 2005, p.6.

5. 진화심리학은 인간의 감정과 행동을 이끄는 원인을 '본성 대 양육', '선천적인 것 대 학습된 것', '생물학적인 것 대 문화적인 것'과 같은 이분법적인 사고를 지양하며, 진화된 심리기제를 바탕으로 하는 인간의 본성과 외부 환경(경험 및 학습)의 '상호작용(interaction)'적 견해에서 설명한다. 이에 대한 자세한 내용은 생략한다.

6. 앨런 S. 밀러·가나자와 사토시 지음, 박완신 옮김, 『처음 읽는 진화심리학』, 웅진지식하우스, 2009, pp.29~33.

7. NHK 특별취재반 지음, 오근영 옮김, 『휴먼』, 양철북, 2014, pp.24~25.

8. David Buss 지음, 이충호 옮김, 앞의 책, pp.60~63.

9. Orians, G. H., 「Habitat selection: general theory and applications to human behavior」 in Lockard, J. S. & Lowentha, D.(Eds.), 『Landscape Meaning and Values』, Allen and Unwin, London, 1980, pp.86~94.

10. Orians, G. H., & Heerwagen, J. H., 「Evolved responses to landscapes」 in J. H. Barkow, L. Cosmides & J. Tooby(Eds.), 『The adapted mind: Evolutionary Psychology and the Generation of Culture』, New York: Oxford University press, 1992, p.557.

11. 전중환, 「자연의 미와 진화심리학」, 인문학연구 제19호, 2011, p.5.

12. 김수민·조택연, 「진화심리학적 관점으로 해석한 장소애착에 관한 연구」, 기초조형학연구 제16권 제6호, 2015, p.105.

13. 이-푸 투안 지음, 구동회·심승희 옮김, 『공간과 장소』, 도서출판 대윤, 1995, p.67.

14. 오토 프리드리히 볼노 지음, 이기숙 옮김, 『인간과 공간』, 에코리브르, 2011, pp.55~56.

15. 오토 프리드리히 볼노 지음, 이기숙 옮김, 위의 책, p.57.

16. 이어령, 『공간의 기호학』, 민음사, 2000, pp.47~48.

17. '높은 언덕이나 산 위에 있다'는 말은 신전 및 사찰의 위치가 '높게 드러난 돌출지형'이라는 의미만으로 한정되지 않는다. 여기에는 평지에 형성되어 있는 인근 마을보다 해발고도가 높은, 즉 수직축의 낮은 위치인 마을보다 수직축의 높은 위치인 산 위라는 의미도 있다.

18. 한동환, '풍수를 알면 삶터가 보인다', 『풍수, 그 삶의 지리 생명의 지리』, 푸른나무, 1993, p.211.

19. 임승빈, 『경관분석론』, 서울대학교출판문화원, 2009, p.211.

20. Dubos R, A God Within(New York: Charles Scribner's Sons), 1972, 에드워드 렐프 지음, 김덕현·김현주·심승희 옮김, 『장소와 장소상실』, 논형, 2005, pp.80~81에서 재인용.

21. 오토 프리드리히 볼노 지음, 이기숙 옮김, 앞의 책, pp.298~299.

22. 실제로 이 문제는 형세론이 풍수지리계 내부의 타 유파로부터 비판을 받는 이유의 하나이다. 그럼에도 불구하고 형세론은 타 유파에 비해 비교적 객관성이 높은 방법으로 인정받고 있다.

23. 최창조, 앞의 책, p.179.

24. 임재해, 「풍수지리설의 생태학적 이해와 한국인의 자연관」, 「한국민속학보」 제9호, 1998, p.60.

25. Balling, J.D., & Falk, J.H., 「Development of visual preference for natural environments」, Environment and Behavior 14, 1982, pp.5~28.

26. Kaplan, S., 「Environmental preference in a knowledge-seeking, knowledge-using organism」 in J. H. Barkow, L. Cosmides & J. Tooby(Eds.),「The adapted mind: Evolutionary Psychology and the Generation of Culture」, New York: Oxford University press, 1992, pp.581~598.

27. Ulrich, R.S., 「Visual landscapes and psychological wellbeing」, Landscape Research 4, 1979, pp.17~23.; Moore, E., 「A prison environment's effect on health care service demands」, Journal of Environmental Systems 11, 1981, pp.17~34.; Ulrich, R.S., 「View through a window may influence recovery from surgery」, Science 224(4647), 1984, pp.420~421.; Kaplan, R., 「The role of nature in the context of the workplace」, Landscape and Urban Planning 26, 1993, pp.193~201.; Hartig, T., Evans, G.W., Jamner, L.D., Davis, D.S., Garling, T., 「Tracking restoration in natural and urban field settings」, Journal of Environmental Psychology 23, 2003, pp.109~123.

28. Ulrich, R., 「Human response to vegetation and landscape」, Landscape and Urban Planning 13, 1986, pp.29~44.

29. 임승빈, 앞의 책, pp.8~9을 재구성함. 인용문에서는 '장소'대신에 '경관'의 용어를 사용하여, 진화이론과 문화학습이론으로 구분하는 기준을 '경관선호'로 두었다. 그러나 장소 또한 그 경험에 따라 선호되는 장소와 회피되는 장소의 구분이 진화론적 또는 문화학습이론으로 구분할 수 있기에, 본 책에서는 인용문의 '경관'에 '장소'의 용어를 추가하였다.

30. Jay Appleton, 「The Experience of Landscape」, John Wiley&Sons, 1975, pp.70~73.

31. Alan Ewert·Denise Mitten·Jillisa Overholt, 「National Environments and Human Health」, CAB, 20103, p.64.

32. 김광호, 「프랭크 로이드 라이트 후기 작품의 치유환경적 특성에 관한 연구」, 한국의료복지시설학회지 제12권 제1호, 2006, p.42.

33. 이현택, 「조경미학」, 태림문화사, 1997, p.174.

34. 서선계·서선술 저, 김동규 역, 「人子須知」, 명문당, 2008, p.54.「楊公云, 案山逼迫人凶頑」.

35. 辜託長老 著, 萬樹華 編, 淸湖仙師 譯註, 「入地眼全書」, 2003, 「案山宜近太近則逼 朝山宜遠太遠則空曠」.

36. 김두규 저, 「풍수학사전」, 비봉출판사, 2005, p.319.

37. 오토 프리드리히 볼노 지음, 이기숙 옮김, 앞의 책, p.164.

38. 나카노 하지무 지음, 최재석 옮김, 「공간과 인간」, 도서출판국제, 1999, pp.32~33.

39. 이-푸 투안 지음, 이옥진 옮김, 「토포필리아」, 에코리브르, 2011, p.54.

40. 최창조 역, 「청오경·금낭경」, 민음사, 1993, pp.59~60.

41. 박재락, 「안동지역 종택마을의 입지와 공간 고찰」, 동북아문화연구 제30집. 2012, p.117, "종택의

일반적인 의미는 '선조(先祖) 중의 덕망 있는 조상이 입향(入鄕)하여 터를 잡은 최초의 주거 공간을 대대로 그 자손들이 살고 있는 집'이다."

42. 박성대, 「한국 풍수학이 나아갈 방향과 지리학-21C, 학문 통섭의 시대에 맞추어-」, 한국학논집 제64집, 2016, p.215.

43. 오토 프리드리히 볼노 지음, 이기숙 옮김, 앞의 책, pp.15~18.

44. Terry Zborowsky, PhD, 「People, Place, and Process: The Role of Place in Creating Optimal Healing Environments」, Creative Nursing, Volume 15, Number 4, 2009, p.186.

45. Nightingale, F., 「Notes on nursing: What it is, and what it is not」, New York: D. Appleton and Company, 1860, Terry Zborowsky, PhD, 「People, Place, and Process: The Role of Place in Creating Optimal Healing Environments」, Creative Nursing, Volume 15, Number 4, 2009, p.186에서 재인용.

46. Wilbert M. Gesler, 「Healing Places」, Rowan&Littlefield Publishes, 2003, p.1.

47. 나카무라 요시오 지음, 강영조 옮김, 「풍경의 쾌락」, 효형출판, 2007, pp.17~20 내용을 재구성함.

48. Correy, A, 「Visual Perception and Scenic Assessment in Australia」, IFLA Yearbook, 1983, pp.181~189, 임승빈, 「환경심리와 인간행태」, 보문당, 2007, p.132에서 재인용.

49. 김성우, 「시각(視覺)과 감응(感應): 동서양건축에서의 경험의 문제」, 건축역사연구 제13권 4호, 2004, p.37.

50. 김성우, 위의 논문, pp.37~38.

51. 천기로서의 바람은 방풍 대상으로서의 겨울 북서풍이나 태풍 등이 아니라 사람에게 유익한 봄철의 산들바람 등을 의미한다.

52. Rikard Kuller et al., 「The impact of light and colour in psychological mood: a cross-cultural study of indoor work environments」, Ergonomics 49(14), 2006, p.1496.

53. Hyunsup Song, 「Artistry of Liturgical Space」, Seminar for Art of Korean Church Art, 1994, p.31, 반상철·김기혁, 「전례공간에서의 빛요소 적용에 대한 계획 방안 연구」, 한국산학기술학회논문지 17(11), 2016, p.527에서 재인용.

54. Francis C. Biley, 「Hospitals: healing environment?」, Complementary Therapies in Nursing&Midwifery, 1996, pp.110~111.

55. 에스더 M. 스턴버그 지음, 서영조 옮김, 「공간이 마음을 살린다」, 더퀘스트, 2009, p.91.

56. Nightingale F, 「Notes on nursing: What it is and what it is not(1859)」, Reprinted by Dover Publications, New York, 1969.

57. Lovell et al., 「Effect of bright light treatment on agitated behavior in institutionalized elderly subjects」, Psychiatry Research 57(1), 1995, pp.7~12.

58. Walch, J. M. et al., 「The effect of sunlight on post-operative analgesic medication usage: A prospective study of spinal surgery patients」, 2004, 박진규, 「치유환경 연구문헌 고찰 및 근거중심디자인 활성화에 관한 연구」, 영주어문 17(1), 2011, p.46에서 재인용.

59. 이중환 지음, 허경진 옮김, 「택리지」, 서해문집, 2007, p.158.

60. 치유공간이 갖출 공통 조건은 자연과 가까울 것, 프라이버시 보장, 불필요한 잡음이나 유해물질 등의 환경 스트레스 감소, 적절한 햇빛과 신선한 공기의 제공 등이다.

61. Sita Ananth, 「Building Healing Spaces」, Optimal Healing Environments, 2008, p.392.

62. 강영조, 「풍경에 다가서기」, 효형출판, 2003, p.27.

63. 이종찬, 「의료지리학: 개념적 역사와 역사적 전망」, 「대한지리학회지」 제48권 제2호, 2013, p.220.

64. 강철성, 「풍향별 바람특성에 대한 검토−문헌을 중심으로−」, 「기후연구」 제1권 제1호, 2006, p.16.

65. 한동환·성동환·최원석, 앞의 책, pp.85~86.

66. 주춘재 지음, 정창현·백유상·김경아 옮김, 「黃帝內徑−素問篇」, 청홍, 2004, p.221.

67. Poulton,E.C., Hunt, J.C.R., Mumford, J,C, & Poulton, J., 「Mechanical disturbance produced by steady and gusty winds of moderate strength: skilled preformance and semantic assessments」, Ergornomics 18, 1975, pp.651~673, Paul A. Bell·Thomas C.Greene·Jeffrey D.Fisher·Andrew Baum 지음, 이진환·홍기원 옮김, 「환경심리학」, 시그마프레스, 2008, p.133에서 재인용.

68. Sommers, P., & Moos, R., 「The weather and human behavior」, In R. H. Moos(Ed.), 「The human context: Environmental determinants of behavior」, New York: Wiley, 1976, Paul A. Bell·Thomas C.Greene·Jeffrey D.Fisher·Andrew Baum 지음, 이진환·홍기원 옮김, 위의 책, p.134에서 재인용.

69. Moos, W. S., 「The effect of "Fohn" weather on accident rates in the city of Zurich (Switzland)」, Aerospace Medicine 35, pp.643~645, Paul A. Bell·Thomas C. Greene·Jeffrey D. Fisher·Andrew Baum 지음, 이진환·홍기원 옮김, 위의 책, p.134에서 재인용.

70. 지종학, 「풍수지리 장풍국과 요풍지의 주거환경 특성에 관한 연구」, 영남대학교 대학원 박사학위논문, 2013, p.74. 인자수지, 설심부, 명당요결, 명산론, 지리담자록 등의 고전에서 발췌한 것을 재인용함.

71. 김훈·이상협·이해웅, 「한의학에서 환경의학의 중요성에 관한 고찰」, 「대한예방한의학회지」 제17권 제2호, 2013, p.2.

72. 강철성, 앞의 논문, p.19.

73. 지종학, 앞의 논문, p.120.

74. Edward T. Hall 지음, 최효선 옮김, 「숨겨진 차원」, 한길사, 2013, pp.130~131.

75. 여인석, 「인간, 건강 그리고 환경−〈공기, 물, 장소에 관하여〉의 현대적 의의−」, 의철학연구 6, 2008, p.89.

76. 박양희, 「노인을 위한 커뮤니티시설에 관한 연구−노인주거시설의 수 치료(수치료)공간 계획을 중심으로−」, 국민대학교 디자인대학원 석사학위논문, 2009, p.19.

77. 김명자, 「세시풍속을 통해 본 물의 종교적 기능」, 「한국민속학」 49, 2009, pp.174~175.

78. 유성종, 「물과 인간」, 「설비저널」 제32권 제6호, 2003, p.15.

79. 김동욱, 「조선시대 건축의 이해」, 서울대학교 출판부, 1999, p.6.

80. 나카무라 요시오 지음, 강영조 옮김, 앞의 책, p.325.

81. 이−푸 투안 지음, 구동회·심승희 옮김, 앞의 책, p.91.

82. 오토 프리드리히 볼노 지음, 이기숙 옮김, 앞의 책, pp.305~306.

83. 오토 프리드리히 볼노 지음, 이기숙 옮김, 위의 책, pp.307~309.

84. 오토 프리드리히 볼노 지음, 이기숙 옮김, 위의 책, pp.297~298.

85. Berlyne, D.E., 「The vicissitudes of aplopathematic and teleomatoscopic pneumatology」, in Berlyne, D.E. and Madsen, K.B.(Eds.), Pleasure, Reward, Preference, New York & London:

Academic Press, 1973, pp.1~33, 임승빈, 2009, 앞의 책, p.256에서 재인용.

86. Eysenck, H.J., 「Personality and the law of effect」, in Berlyne, D.E., and Madsen, K.B.(Eds.), Preasure, Reward, Preference, New Yo가 & London: Academic Press, 1973, pp.133~166, 임승빈, 위의 책, p.256에서 재인용.

87. 이중환 지음, 허경진 옮김, 앞의 책, pp.192~251.

88. 서유구 지음, 안대회 엮어 옮김, 「산수간에 집을 짓고」, 돌베개, 2005, p.153.

89. 서유구 지음, 안대회 엮어 옮김, 위의 책, p.108.

90. 아사노 후사요·다카에스 효시히데 지음, 최영애·홍승연 옮김, 「치유의 풍경」, 학지사, 2010, pp.114~115.

91. Wilbert M. Gesler, 「Healing Places」, Rowan&Littlefield Publishes, 2003, pp.22~25.

92. 나카무라 요시오 지음, 김재호 옮김, 「풍경학 입문」, 도서출판 문중, 2008, p.94.

93. 최창조는 한국인이 자궁과 같이 오목한 지형을 선호하는 것을 두고 모성회귀적 특성이라 하였으며, 이는 한국인의 땅에 대한 사고관념에 있어서 가장 보편적인 의식이라고 하였다.(최창조, 「좋은 땅이란 어디를 말함인가」, 서해문집, 1990, pp.417~418). 그러나 본 논의에서 보는 바와 같이, 요양지 힐링 장소의 지형 요건이 오목한 분지형 지형인 것에 비추어 모성회귀적 특성은 비단 한국인에게만 해당되는 것은 아닐 것이다.

94. 나카노 하지무 지음, 최재석 옮김, 앞의 책, p.32.

95. 이중환 지음, 허경진 옮김, 앞의 책, p.158.

96. 이도원, 「한국의 전통생태학」, 사이언스북스, 2004, pp.79~80.

97. 윤홍기, 「왜 풍수는 중요한 연구주제인가」, 대한지리학회지 제36권 제4호, 2001, p.352.

98. 신태양, 「공간의 이해와 인간공학」, 도서출판 국제, 2011, p.142.

99. 임승빈, 2007, 앞의 책, p.228.

100. 콜린 엘러드 지음, 문희경 옮김, 「공간이 사람을 움직인다」, 더퀘스트, 2016, p.23.

101. 출처: 인터넷포털사이트 Daum, 백과사전

102. 에스더 M. 스턴버그 지음, 서영조 옮김, 「공간이 마음을 살린다」, 더퀘스트, 2009, p.91.

103. 이중환 지음, 허경진 옮김, 앞의 책, p.158.

104. 에스더 M. 스턴버그 지음, 서영조 옮김, 앞의 책, pp.314~315.

105. 치유공간이 갖출 공통 조건은 자연과 가까울 것, 프라이버시 보장, 불필요한 잡음이나 유해물질 등의 환경 스트레스 감소, 적절한 햇빛과 신선한 공기의 제공 등이다.

106. Sita Ananth, 「Building Healing Spaces」, Optimal Healing Environments, 2008, p.392.

107. 에스더 M. 스턴버그 지음, 서영조 옮김, 위의 책, p.33.

108. Ulrich, R. S., 「View through a window may influence recovery from surgery」, Science 224, 1984, pp.420~421.

109. 콜린 엘러드 지음, 문희경 옮김, 앞의 책, p.45.

110. Sita Ananth, 「Building Healing Spaces」, Optimal Healing Environments, 2008, p.393.

111. 마쓰나가 슈가쿠 지음, 이철구 옮김, 「건축의학」, 기문당, 2009, p.198.

112. 마쓰나가 슈가쿠 지음, 이철구 옮김, 위의 책, p.172.

113. 마쓰나가 슈가쿠 지음, 이철구 옮김, 위의 책, pp.68~69.

114. 나이젤 페닉 지음, 최창조 옮김, 『서양의 고대 풍수학』, 민음사, 1979, p.125.

115. 오토 프리드리히 볼노 지음, 이기숙 옮김, 앞의 책, p.82

116. 김두규, 『우리땅 우리풍수』, 동학사, 1998, p.180, 이도원 외, 『한국의 전통생태학 2』, 사이언스북스, 2008, p.241에서 재인용.

117. 서유구 지음, 안대회 엮어 옮김, 앞의 책, pp.111~122.

118. 이도원, 앞의 책, p.487.

119. 에스더 M. 스턴버그 지음, 서영조 옮김, 앞의 책, pp.95~96.

120. 신태양, 앞의 책, p.142.

121. Dutton, Denis, 『The Art Instinct』, Bloomsbury press, New Yo가, 2009, pp.13~18, 김영미·박일호, 「진화심리학의 관점에서 본 예술에 관한 연구」, 기초조형학연구 제14권 제4호, 2013, pp.103~104에서 재인용.

122. 마쓰나가 슈가쿠 지음, 이철구 옮김, 앞의 책, p.174.

123. Edward T. Hall 지음, 최효선 옮김, 앞의 책, p.169.

124. 일본건축학회 지음, 배현미·김종하 공역, 『인간심리행태와 환경디자인』, 보문당, 2006, pp.176~177.

125. Edward T. Hall 지음, 최효선 옮김, 앞의 책, pp.170~171.

126. 임승빈, 2007, 앞의 책, p.197.

127. 나카노 하지무 지음, 최재석 옮김, 앞의 책, pp.32~33.

128. 오토 프리드리히 볼노 지음, 이기숙 옮김, 앞의 책, pp.300~301.

129. 에스더 M. 스턴버그 지음, 서영조 옮김, 앞의 책, p.85.

130. 이현택, 앞의 책, p.131.

131. 이 글은 저자의 논문 「풍수의 현대적 해석을 통한 한국형 녹색도시 조상 방안」, 한국지역지리학회지 20(1), 2014를 수정 및 보완한 내용이다.

132. 김두규, 『조선 풍수학인의 생애와 논쟁』, 궁리, 2000, pp.15~25.

133. 최원석, 「지적원도를 활용한 읍성공간의 역사지리적 복원」, 문화역사지리 17(2), 2005, pp.14~15.

134. 최원석, 「조선시대 지방도시의 풍수적 입지분석과 경관유형−경상도 71개 읍치를 대상으로−」, 대한지리학회지 제42권 제4호, 2007, pp.540~548.

135. 이화, 「계룡 대실지구 풍수환경도시 건설을 위한 풍수적 연구」, 역사민속학 24, 2007, p.368.

136. 현대 풍수사상의 논리체계는 최창조의 분류법이 일반적으로 통용되고 있다. 그는 풍수사상을 '기감응적 인식체계'와 '경험과학적 논리체계'로 구분하고, '경험과학적 논리체계'를 다시 간룡법, 장풍법, 득수법, 정혈법, 좌향론으로 구분하였다. 이 중에서 좌향론은 도시 공간계획 과정에서 배산임수나 바람길 조성 등의 내용과 연계·서술하는 것이 효율적이라 생각되어 개별적인 항목으로 분류하지 않았다.

137. 이도원, 앞의 책, p.81.

138. 풍수의 현대적 재해석 내용은 저자의 「풍수논리의 현대적 재해석−현대 도시를 중심으로 한 시론적 고찰−」, 고려대학교 한국학연구 61, 2017을 수정보완한 내용임.

139. 이도원, 위의 책, p.46.

140. 최창조 옮김, 1993, 앞의 책, p.117.

141. 이도원, 『경관생태학』, 서울대학교출판문화원, 2001, p.283.

142. 이돈구 외, 『숲의 생태적 관리』, 서울대학교출판문화원, 2012, p.23.

143. 손학기, 「제1차 산지관리기본계획과 산줄기관리 방향」, 대한지리학회 학술대회논문집, 2013, pp.420~421.

144. 최창조 역, 1993, 앞의 책, pp.117~119.

145. 김현욱, 「조선시대 한성5부의 금산 및 금표제도의 변천에 관한 연구」, 『한국전통조경학회지』 26(3), 2008, pp.88~90.

146. 네이버 지식백과, 『서울지명사전』, 서울특별시사편찬위원회.

147. 한동환·성동환·최원석, 앞의 책, p.64.

148. 최창조, 1984, 앞의 책, p.33.

149. 김현욱, 앞의 논문, pp.88~90.

150. 남영우, 『도시공간구조론』, 법문사, 2007, pp.265~266.

151. 마쓰나가 야스미쓰 지음, 진영환 외 옮김, 『도시계획의 신조류』, 한울아카데미, 2006, p.160.

152. 조현길·조용현, 『생태조경계획 및 설계』, 기문당, 2008, p.88.

153. 천인호, 「장풍국에서의 도시녹화사업의 기온 조절효과」, 『GRI 연구논총』13(2), 2011, p.341.

154. 김인·박수진, 『도시해석』, 푸른길, 2006, pp.422~423.

155. 권혁재, 『지형학』, 법문사, 2008, p.95.

156. Robert W. Christopherson 지음, 윤순옥 외 옮김, 『Geosystems』, 시그마프레스, 2012, p.442.

157. 황희연·송선기·조진희, 「도시의 공간 확장과 프랙탈 현상에 대한 도시간 비교분석−서울, 성남, 부천, 안양을 중심으로」, 국토계획 46(7), 2011, p.117.

158. 정재승, 『정재승의 과학콘서트』, 동아시아, 2003, p.91.

159. 권혁재, 앞의 책, pp.95~97.

160. 김용태, 「하천길이와 수계망에 대한 프랙탈 차원」, 충북대학교 산업대학원 석사학위논문, 2007, p.13.

161. 풍수논리에서는 명당의 개념을 영역 규모에 따라 세부적으로 구별하고 있다. 즉 혈장에서는 혈과 전순 사이의 공간을 의미하고, 사신사 규모에서는 혈장과 안산 사이의 공간을 의미한다. 그러나 본 글에서의 명당은 주위 산줄기로 둘러싸인 내부 영역 전체를 아우르는 의미로 사용한다.

162. 풍수논리에서는 관점에 따라 혈장 후면에 있는 산을 현무, 주산, 진산으로 표현하고, 혈장 앞에 있는 산을 주작 또는 안산으로 표현한다. 본 글에서는 사신사 개념에 충실하여 현무, 주작, 청룡, 백호로 표현하였다.

163. 채성우 지음, 김두규 옮김, 『明山論』, 비봉출판사, 2002, p.201. "人村鬧市 多在山壟歇泊 神壇社廟 多在窮絶凶殺之處 仙靈佛跡 多在名山窮極之處 列郡方鎭 多在龍會衆多之處 至於京都帝輦 萬水千山俱朝一神處".

164. 호순신 지음, 김두규 옮김, 『地理新法』, 비봉출판사, 2001, p.146, "蓋地之岡骨深長 則其氣深長 反是則淺短耳 規局寬大 則其氣寬大 反是則迫小耳".

165. 서선계·서선술 지음, 김동규 옮김, 앞의 책, p.700.

166. 이창우, 「서울시 환경용량평가에 관한 연구」, 서울시정개발연구원, 1999, p.20.

167. 김선희, 「환경용량평가의 동향과 과제(상)」, 국토, 1999, p.46.

168. 김선희, 「환경용량평가 이론 및 사례분석 연구」, 국토연구 32, 2001, p.200.

169. 박수진, 「한반도 평탄지의 유형분류와 형성과정」, 대한지리학회지 제44권 제1호, 2009, p.48.

170. 박수진·최원석·이도원, 「풍수 사신사의 지형발달사적 해석」, 문화역사지리 제26권 제3호, 2014, pp.7~8.

171. 김인·박수진, 앞의 책, p.474. "1980년대 이후 서울에서 중랑천의 범람이 잦아진 현상도 상류지역의 대규모 택지개발(상계지구)로 인한 현상으로 풀이된다."

172. 김두규, 2005, 앞의 책, p.335.

173. 서계계·서선술 지음, 김동규 역, 앞의 책, pp.137~140. "楊公云,惟有下山救得人 世代不教貧".

174. 이중환 지음, 허경진 역, 앞의 책, p.157. "산속에서는 수구가 닫힌 곳을 쉽게 구할 수 있지만, 들판에서는 굳게 닫힌 곳을 찾기 어렵다. 그래도 반드시 물이 거슬러 흘러드는 砂를 찾아야 한다. 높은 산이나 그늘진 언덕을 가릴 것 없이, 힘 있게 거슬러 흐르는 물이 판국을 가로막았으면 길하다."

175. 문화재관리국, 「경복궁 복원정비기본계획보고서」, 1994, p.11.

176. 문화재관리국, 위의 책, p.355.

177. 이도원, 앞의 책, 2001, pp.73~74.

178. 이상배, 「조선시대 도성의 치수정책과 준설사업」, 中央史論 30, 2009, p.1.

179. 복응천 지음, 신평 역, 「雪心賦」, 1997, p.10.

180. 채성우 지음, 김두규 역, 앞의 책, p.53. "其山大水小爲獨陽 山小水大爲獨陰 陰陽不和會 所謂凶也"

181. 김인·박수진, 앞의 책, p.478.

182. 이는 곧 개발 예정지 내에서 풍수적으로 가장 길한 지점(혈)을 찾는 것과 동일한 의미이다.

183. 박화정, 「연약점토지반의 성토사면 안정과 변위와의 관계 고찰」, 전남대학교 대학원 석사학위논문, 2003, p.1.

184. 김충기, 「지하수위의 영향을 고려한 성토사면의 안정성 해석」, 한밭대학교 산업대학원 석사학위논문, 2004, pp.11~40.

185. 풍수 본래의 의미에서는 용맥이 지나가는 자리를 과룡(過龍)이라 하여 흉하게 여긴다. 혈을 맺기 위해서는 땅의 기운이 멈추어야 하지만, 이곳은 땅의 기운이 지나가는 자리로 여겨지기 때문이다. 그러나 현대 도시의 관점에서 물길과 물길 사이의 구릉지는 지반의 안정성이 높고 침수피해를 줄일 수 있는 장점에 의해 길지로서의 여건을 갖추었다고 본다.

186. 박재락, 앞의 논문, p.117, "종택의 일반적인 의미는 '선조(先祖) 중의 덕망 있는 조상이 입향(入鄕)하여 터를 잡은 최초의 주거 공간을 대대로 그 자손들이 살고 있는 집'이다."

187. 박성대, 2016, 앞의 논문, p.215.

188. 신진동, 「조선시대 전통마을의 입지와 공간특성에 관한 연구」, 경원대학교 대학원 박사학위논문, 2008, p.135. "조선시대 전통마을 8개소(하회, 한개, 양동, 닭실, 외암, 옻골, 호지, 해저)의 종택의 위치는 하회 마을이 마을 영역의 중앙에, 해저 마을이 마을 전면에, 그리고 나머지 6개 마을은 마을 영역의 후면에 있었다."

189. Koh, I. S. and Kim, S. C. and Lee, D. W., 「Effect of bibosoop plantation on wind speed, humidity, and evaporation in a traditional agricultural landscape of Korea: Field measurements and modeling」, Agriculture, Ecosystems and Environment 135, 2010, p.298.

190. 송호열, 「산간곡지의 동계 기온 분포 특성」, 한울아카데미, 2000, pp.101~102.

191. 농촌진흥청 홈페이지(http://www.rda.go.kr), "농업용어사전"

192. 국토포털, 국가지도집(http://www.land.go.kr)

193. 신진동(2008) 연구의 전통마을 8개소 중 하회마을을 제외한 7개소의 종택과 일반주택의 입지유형을 구분하였다. 하회마을은 골짜기와 관련이 적은 입지유형으로 위의 구분에서 제외하였다.

194. Strahler의 하천차수법에 의하면, 동일한 차수의 하천이 합류하는 경우보다 서로 다른 차수의 하천이 합류하는 경우가 상대적으로 많을 것이다.

195. 최재영, 「경주지역 옛고갯길 조사를 통한 생태관광 자원화 방안」, 경주문화논총 14, 2011, p.231.

196. 김지은, 「지명과 지형의 상관성에 관한 연구—서산시 목(項)지형을 중심으로」, 동국대학교 교육대학원 석사학위논문, 2001, pp.31~38.

197. 최창조, 1984, 앞의 책, p.85.

198. 서선계·서선술 지음, 김동규 역, 앞의 책, p.358, "莫令凹缺被風吹 切忌溜牙遭水劫".

199. 이도원 외, 「전통생태와 풍수지리」, 지오북, 2012, p.68.

200. 서선계·서선술 지음, 김동규 역, 앞의 책, p.764. "山谷且要藏風 平洋先須得水 高山求窟 平洋求突"

201. 풍수에서의 외수(外水) 또는 객수(客水)는 유역 밖을 멀리 감아 돌아 흐르는 물을 뜻한다.

202. 한동환·성동환·최원석, 앞의 책, pp.54~55.

203. 이하 '국토계획법'으로 명칭한다. 그리고 정확히는 국토계획법 제2조 도시·관리계획에 용도지역·지구제 내용이 명시되어 있다.

204. 국토계획법 제6조 국토의 용도 구분(개정 2013.5.22)

205. 마을 단위에 적용되었던 풍수의 토지이용체계를 현대 도시의 용도지역·지구제와 비교하는 것은 규모 면에서 한계를 가지는 것은 사실이다. 따라서 풍수논리의 토지이용체계는 현대의 소규모 신도시에의 적용을 원칙으로 하나, 풍수의 자연환경을 고려한 토지이용의 방법 원리 등은 대도시 규모에도 일면 참고 될 부분이 있다.

206. 이 법은 국토의 이용·개발과 보전을 위한 계획의 수립 및 집행 등에 필요한 사항을 정하여 공공복리를 증진시키고 국민의 삶의 질을 향상시키는 것을 목적으로 한다.

207. 국토계획법 시행령 제30조(용도지역의 세분)

208. 농지보호는 국가적 식량문제, 농업인 보호 등의 또 다른 측면에서 중요한 사안이다. 그러나 본 내용은 풍수적 관점에서 농지를 본 것으로, 본인의 글은 다양한 관점에서 현행 법률을 되짚어 볼 필요가 있다는 측면에서 읽혀지길 기대한다.

209. 박창석·오규식 외, 「도시생태 네트워크 구축을 위한 토지이용계획 연구」, 한국환경정책·평가연구원, 2007, p.36.

210. 경북지역의 정자 중 마을 영역의 수구지점에 입지한 곳을 쉽게 찾아볼 수 있다. 이것은 정자가 휴식장소로서의 기능 중 바람이 많이 불었던 것과도 상관성이 높다.

211. 대지면적에 대한 건축면적의 비율로서 주거지역은 통상 50~60%이고, 상업지역은 70~90%이다.

212. 대지면적에 대한 건축물의 지상층 연면적 비율을 말하며, 주거지역이 통상 50~300%, 상업지역이 400~1,100%이다.

213. 이규목, 「한국의 도시경관」, 열화당미술책방, 2002, pp.174~175.

214. 최원석, 「한국의 비보풍수론」, 대한지리학회지 37(2), 2002, pp.162~163.

215. 5개 요소로 다음과 같이 재정리하였다. 먼저 생태공원과 경관림 요소는 특성이 유사한 그린웨이 요소로 통합하였다. 단 그린웨이는 최근 들어 인간을 포함한 야생종의 이동과 생존을 위한 기본 틀로 보는 관점에서 생태 네트워크와 거의 유사한 것으로 인식되고 있다. 따라서 생태 네트워크로 명칭을 변경하고 앞서 서술한 내용으로 대체하여 중복을 피했다. 그리고 텃밭, 지붕녹화, 벽면녹화, 친환경방음벽, 빗물저류지, 투수성 포장, 잔디도랑, 실개천, 자연지반 보존, 서식처연못의 10개 요소를 물 순환 체계로 통합하였다. 특히 텃밭, 지붕녹화, 벽면녹화는 녹지 부문에 해당하지만 풍수 기능적 측면에서 물과의 연관성이 높아 물 순환 체계로 분류하였다.

216. 환경부, 「생태통로 설치 및 관리 지침」, 2010, pp.21~22.

217. 천인호, 앞의 논문, p.341.

218. 양병이, 「녹색도시 만들기」, 서울대학교출판문화원, 2013, p.179.

219. 송영배, 「건강도시를 위한 기후환경계획, 바람통로 계획과 설계방법」, 도서출판 그린토마토, 2007, p.100, 양병이, 앞의 책, p.180에서 재인용.

220. 환경부, 「건전한 생태도시 조성을 위한 빗물관리 체계 개선연구」, 2007, p.1.

221. 이태구·한영해, 「도시 물 순환 건전화를 위한 빗물관리 계획 요소 평가」, 한국생태환경건축학회 논문집 10(4), 2010, p.10.

222. 이상호·김영민, 「분산식 빗물관리 기술」, 한국수자원학회지 41(6), 2008, p.18.

223. 한무영, 「지속가능한 도시의 물 관리를 위한 빗물 모으기와 빗물 이용」, 대한토목학회지 51(2), 2003, p.66.

224. 빗물 이용시설이란 빗물을 일정 시설물에 저장하여 조경용수·청소용수·농업용수·공업용수 등으로 이용하기 위한 빗물저류·저장시설을 말한다.

225. 이상호·김영민, 앞의 논문, pp.20~22.

풍수로 공간을 읽다

참고문헌

· **국내문헌** ·

강길부, 『땅이름 국토사랑』, 집문당, 1997.

강길부, 『울산 땅이름 이야기』, 도서출판 해든디앤피, 2007.

강영조, 『풍경에 다가서기』, 효형출판, 2003.

강철성, 「풍향별 바람특성에 대한 검토-문헌을 중심으로-」, 『기후연구』 제1권 제1호, 2006.

권동희, 『지형도 읽기』, 한울아카데미, 2007.

권선정, 「풍수 지명과 장소 의미-충남 금산군을 대상으로」, 『문화역사지리』 제22권 제1호, 2010.

권혁재, 『지형학』, 법문사, 2008.

김광호, 「프랭크 로이드 라이트 후기 작품의 치유환경적 특성에 관한 연구」, 『한국의료복지시설학회지』 제12권 제1호, 2006.

김기빈, 『국토와 지명3-땅은 이름으로 말한다』, 한국토지공사 토지박물관, 2004.

김동욱, 『조선시대 건축의 이해』, 서울대학교 출판부, 1999.

김두규, 『우리땅 우리풍수』, 동학사, 1998.

김두규, 『조선 풍수학인의 생애와 논쟁』, 궁리, 2000.

김두규, 『풍수학사전』, 비봉출판사, 2005.

김명자, 「세시풍속을 통해 본 물의 종교적 기능」, 『한국민속학』 49, 2009.

김선희, 「환경용량평가 이론 및 사례분석 연구」, 『국토연구』 32, 2001.

김선희, 「환경용량평가의 동향과 과제(상)」, 『국토』, 1999.

김선희·박경, 「지명을 통해 본 재해인식 및 방재 가능성 탐색」, 『한국지역지리학회지』 제16권 제5호, 2010.

김성우, 「시각(視覺)과 감응(感應):동서양건축에서의 경험의 문제」, 『건축역사연구』 제13권 4호, 2004.

김수민·조택연, 「진화심리학적 관점으로 해석한 장소애착에 관한 연구」, 『기초조형학연구』 제16권 제6호, 2015.

김영미·박일호, 「진화심리학의 관점에서 본 예술에 관한 연구」, 『기초조형학연구』 제14권 제4호, 2013.

김용태, 「하천길이와 수계망에 대한 프랙탈 차원」, 충북대학교 산업대학원 석사학위논문, 2007.

김인·박수진, 『도시해석』, 푸른길, 2006.

김지은, 「지명과 지형의 상관성에 관한 연구-서산시 목(項)지형을 중심으로」, 동국대학교 교
　육대학원 석사학위논문, 2001.

김충기, 「지하수위의 영향을 고려한 성토사면의 안정성 해석」, 한밭대학교 산업대학원 석사
　학위논문, 2004.

김현욱, 「조선시대 한성5부의 금산 및 금표제도의 변천에 관한 연구」, 『한국전통조경학회지』
　26(3), 2008.

김훈·이상협·이해웅, 「한의학에서 환경의학의 중요성에 관한 고찰」, 『대한예방한의학회지』
　제17권 제2호, 2013.

나이젤 페닉 지음, 최창조 옮김, 『서양의 고대 풍수학』, 민음사, 1979.

나카노 하지무 지음, 최재석 옮김, 『공간과 인간』, 도서출판국제, 1999.

나카무라 요시오 지음, 강영조 옮김, 『풍경의 쾌락』, 효형출판, 2007.

나카무라 요시오 지음, 김재호 옮김, 『풍경학 입문』, 도서출판 문중, 2008.

남영우, 『도시공간구조론』, 법문사, 2007.

마쓰나가 슈가쿠 지음, 이철구 옮김, 『건축의학』, 기문당, 2009.

마쓰나가 야스미쓰 지음, 진영환·김진범·정윤희 옮김, 『도시계획의 신조류』, 한울아카데미,
　2006.

문화재관리국, 『경복궁 복원정비기본계획보고서』, 1994.

박성대, 「인간의 보편적인 공간관과 풍수-공간 및 경관 심리와 풍수의 관계를 통한 시론적 고
　찰」, 『한국지역지리학회지』 제23호 제3호, 2017.

박성대, 「지리적 특성을 담고 있는 지명과 풍수의 연관성」, 『한국민족문화』 45집, 2012.

박성대, 「풍수논리의 현대적 재해석 -현대 도시를 중심으로 한 시론적 고찰-」, 『한국학연구』
　61, 2017.

박성대, 「풍수의 현대적 해석을 통한 한국형 녹색도시 조상 방안」, 『한국지역지리학회지』 제
　20권 제1호, 2014.

박성대, 「한국 풍수학이 나아갈 방향과 지리학-21C, 학문 통섭의 시대에 맞추어-」, 『한국학
　논집』 제64집, 2016.

박성대, 「힐링 장소와 풍수의 관계에 대한 시론」, 『문화역사지리』 제29권 제3호, 2017.

박수진, 「한반도 평탄지의 유형분류와 형성과정」, 『대한지리학회지』 제44권 제1호, 2009.

박수진·최원석·이도원, 「풍수 사신사의 지형발달사적 해석」, 『문화역사지리』 제26권 제3호,
　2014.

박양희, 「노인을 위한 커뮤니티시설에 관한 연구-노인주거시설의 수 치료(수치료)공간 계획
　을 중심으로-」, 국민대학교 디자인대학원 석사학위논문, 2009.

박재락, 「안동지역 종택마을의 입지와 공간 고찰」, 『동북아문화연구』 제30집, 2012.

박진규, 「치유환경 연구문헌 고찰 및 근거중심디자인 활성화에 관한 연구」, 『영주어문』 제17
권 제1호, 2011.

박창석·오규식 외, 「도시생태 네트워크 구축을 위한 토지이용계획 연구」, 한국환경정책평가
연구원, 2007.

박화정, 「연약점토지반의 성토사면 안정과 변위와의 관계 고찰」, 전남대학교 대학원 석사학
위논문, 2003.

반상철·김기혁, 「전례공간에서의 빛요소 적용에 대한 계획 방안 연구」, 『한국산학기술학회
논문지』 17(11), 2016.

반영운·이재준·김성곤·오용선·설영선·최정석, 「기후변화에 대응한 국토 및 도시개발전
략」, 『도시정보』 318, 2008.

복응천 지음, 신평 옮김, 『雪心賦』, 1997.

서선계·서선술 지음, 김동규 옮김, 『人子須知』, 명문당, 2008.

서울특별시, 『서울지명사전』, 서울특별시편찬위원회, 2009.

서유구 지음, 안대회 엮어옮김, 『산수간에 집을 짓고』, 돌베개, 2005.

성동환, 「풍수 논리 속의 생태개념과 생태기술」, 『대동문화연구』 제50집, 2005.

손학기, 「제1차 산지관리기본계획과 산줄기관리 방향」, 대한지리학회 학술대회논문집, 2013.

송영배, 『건강도시를 위한 기후환경계획, 바람통로 계획과 설계방법』, 도서출판 그린토마토,
2007.

송호열, 『산간곡지의 동계 기온 분포 특성』, 한올아카데미, 2000.

신진동, 「조선시대 전통마을의 입지와 공간특성에 관한 연구」, 경원대학교 대학원 박사학위
논문, 2008.

신태양, 『공간의 이해와 인간공학』, 도서출판 국제, 2011.

아사노 후사요·다카에스 효시히데 지음, 최영애·홍승연 옮김, 『치유의 풍경』, 학지사, 2010.

앨런 S. 밀러·가나자와 사토시 지음, 박완신 옮김, 『처음 읽는 진화심리학』, 웅진지식하우스,
2009.

양병이, 『녹색도시 만들기』, 서울대학교출판문화원, 2013.

에드워드 렐프 지음, 김덕현·김현주·심승희 옮김, 『장소와 장소상실』, 논형, 2005

에스더 M. 스턴버그 지음, 서영조 옮김, 『공간이 마음을 살린다』, 더퀘스트, 2009.

여인석, 「인간, 건강 그리고 환경-〈공기, 물, 장소에 관하여〉의 현대적 의의-」, 『의철학연구』
6, 2008.

오토 프리드리히 볼노 지음, 이기숙 옮김, 『인간과 공간』, 에코리브르, 2011.

오홍석, 『땅이름 점의 미학』, 부연사, 2008.

유성종, 「물과 인간」, 『설비저널』 제32권 제6호, 2003.

윤순옥·황상일, 「삼국사기를 통해 본 한국 고대의 자연재해와 가뭄주기」, 『대한지리학회지』 제44권 제4호, 2009

윤홍기, 「왜 풍수는 중요한 연구주제인가」, 『대한지리학회지』 제36권 제4호, 2001.

이규목, 『한국의 도시경관』, 열화당미술책방, 2002.

이도원 외, 『한국의 전통생태학 2』, 사이언스북스, 2008.

이도원·박수진·윤홍기·최원석, 『전통생태와 풍수지리』, 지오북, 2012.

이도원, 『경관생태학』, 서울대학교출판문화원, 2001.

이도원, 『한국의 전통생태학』, 사이언스북스, 2004.

이돈구 외, 『숲의 생태적 관리』, 서울대학교출판문화원, 2012.

이돈주, 「땅이름(지명)의 자료와 우리말 연구」, 『지명학』 제1집, 1998.

이상배, 「조선시대 도성의 치수정책과 준설사업」, 『中央史論』 30, 2009.

이상호·김영민, 「분산식 빗물관리 기술」, 『한국수자원학회지』 41(6), 2008.

이어령, 『공간의 기호학』, 민음사, 2000.

이종찬, 「의료지리학: 개념적 역사와 역사적 전망」, 『대한지리학회지』 제48권 제2호, 2013.

이중환 지음, 허경진 옮김, 『택리지』, 서해문집, 2007.

이창우, 「서울시 환경용량평가에 관한 연구」, 서울시정개발연구원, 1999.

이태구·한영해, 「도시 물 순환 건전화를 위한 빗물관리 계획 요소 평가」, 『한국생태환경건축학회논문집』 10(4), 2010.

이-푸 투안 지음, 구동회·심승희 옮김, 『공간과 장소』, 도서출판 대윤, 1995.

이-푸 투안 지음, 이옥진 옮김, 『토포필리아』, 에코리브르, 2011.

이현택, 『조경미학』, 태림문화사, 1997.

이화, 「계룡 대실지구 풍수환경도시 건설을 위한 풍수적 연구」, 『역사민속학』 24, 2007.

일본건축학회 지음, 배현미·김종하 옮김, 『인간심리행태와 환경디자인』, 보문당, 2006.

임승빈, 『경관분석론』, 서울대학교출판문화원, 2009

임승빈, 『환경심리와 인간행태』, 보문당, 2007.

임재해, 「풍수지리설의 생태학적 이해와 한국인의 자연관」, 『한국민속학보』 제9호, 1998.

전중환, 「자연의 미와 진화심리학」, 『인문학연구』 제19호, 2011.

전중환, 「진화심리학의 이론적 토대와 쟁점들」, 『한국심리학회지』 제29권 4호, 2010.

정재승, 『정재승의 과학콘서트』, 동아시아, 2003.

조강봉, 「두 江·川이 합해지는 곳의 지명 어원(Ⅰ)」, 『지명학』 제2집, 1999.

조석필, 『태백산맥은 없다』, 도서출판 산악문화, 1997.

조인철, 『부동산 생활풍수』, 평단, 2007.

조인철, 『양생풍수의 비밀』, 다산북스, 2010.

조현길·조용현, 『생태조경계획 및 설계』, 기문당, 2008.

주춘재 지음, 정창현·백유상·김경아 옮김, 『黃帝內徑−素問篇』, 청홍, 2004.

지종학, 「풍수지리 장풍국과 요풍지의 주거환경 특성에 관한 연구」, 영남대학교 대학원 박사학위논문, 2013.

채성우 지음, 김두규 옮김, 『明山論』, 비봉출판사, 2002.

천인호, 「장풍국에서의 도시녹화사업의 기온 조절효과」, 『GRI 연구논총』 제13권 제2호, 2011.

최원석, 「조선시대 지방도시의 풍수적 입지분석과 경관유형−경상도 71개 읍치를 대상으로−」, 『대한지리학회지』 제42권 제4호, 2007.

최원석, 「지적원도를 활용한 읍성공간의 역사지리적 복원」, 『문화역사지리』 제17권 제2호, 2005.

최원석, 「한국의 비보풍수론」, 『대한지리학회지』 제37권 제2호, 2002.

최재영, 「경주지역 옛고갯길 조사를 통한 생태관광 자원화 방안」, 『경주문화논총』 14, 2011.

최창조, 『좋은 땅이란 어디를 말함인가』, 서해문집, 1990.

최창조, 『청오경·금낭경』, 민음사, 1993.

최창조, 『한국의 풍수사상』, 민음사, 1984.

콜린 엘러드 지음, 문희경 옮김, 『공간이 사람을 움직인다』, 더퀘스트, 2016.

한동환, '풍수를 알면 삶터가 보인다', 『풍수, 그 삶의 지리 생명의 지리』, 푸른나무, 1993.

한동환·성동환·최원석, 『자연을 읽는 지혜』, 푸른나무, 1994.

한무영, 「지속가능한 도시의 물 관리를 위한 빗물 모으기와 빗물 이용」, 『대한토목학회지』 제51권 제2호, 2003.

호순신 지음, 김두규 옮김, 『地理新法』, 비봉출판사, 2001.

환경부, 『건전한 생태도시 조성을 위한 빗물관리 체계 개선연구』, 2007.

환경부, 『생태통로 설치 및 관리 지침』, 2010.

황희연·송선기·조진희, 「도시의 공간 확장과 프랙탈 현상에 대한 도시간 비교분석−서울, 성남, 부천, 안양을 중심으로」, 『국토계획』 제46권 제7호, 2011.

David Buss 지음, 이충호 옮김, 『진화심리학』, 웅진지식하우스, 2012.

Edward T. Hall 지음, 최효선 옮김, 『숨겨진 차원』, 한길사, 2013.

Koh, I, S. and Kim, S, C. and Lee, D, W., 「Effect of bibosoop plantation on wind speed, humidity, and evaporation in a traditional agricultural landscape of Korea: Field measurements and modeling」, 『Agriculture, Ecosystems and Environment』 135, 2010.

NHK 특별취재반 지음, 오근영 옮김, 『휴먼』, 양철북, 2014.

Paul A. Bell · Thomas C.Greene · Jeffrey D. Fisher · Andrew Baum 지음, 이진환 · 홍기원 옮김, 『환경심리학』, 시그마프레스, 2008.

Robert W. Christopherson 지음, 윤순옥 외 옮김, 『Geosystems』, 시그마프레스, 2012.

· 서양문헌 ·

Alan Ewert · Denise Mitten · Jillisa Overholt, 『National Environments and Human Health』, CAB, 2013.

Balling, J.D., & Falk, J.H., 『Development of visual preference for natural environments』, 『Environment and Behavior』 14, 1982.

Berlyne, D.E., 'The vicissitudes of aplopathematic and teleomatoscopic pneumatology', in Berlyne, D.E, and Madsen, K.B.(Eds.), 『Pleasure, Reward, Preference』, New York & London: Academic Press, 1973.

Correy, A, 『Visual Perception and Scenic Assessment in Australia』, IFLA Yearbook, 1983.

Dutton, Denis, 『The Art Instinct』, New York: Bloomsbury press, 2009.

Eysenck, H.J., 'Personality and the law of effect' in Berlyne, D.E., and Madsen, K.B.(Eds.), 『Preasure, Reward, Preference』, New York & London: Academic Press, 1973.

Francis C. Bailey, 『Hospitals: healing environment?』, Complementary Therapies in Nursing&Midwifery, 1996.

Hartig, T., Evans, G.W., Jamner, L.D., Davis, D.S., Garling, T., 『Tracking restoration in natural and urban field settings』, 『Journal of Environmental Psychology』 23, 2003.

Hyunsup Song, 『Artistry of Liturgical Space』, Seminar for Art of Korean Church Art, 1994.

Jay Appleton, 『The Experience of Landscape』, John Wiley&Sons, 1975.

Kaplan, R., 『The role of nature in the context of the workplace』, 『Landscape and Urban Planning』 26, 1993.

Kaplan, S., 'Environmental preference in a knowledge-seeking, knowledge-using organism' in J. H. Barkow, L. Cosmides & J. Tooby(Eds.),『The adapted mind: Evolutionary Psychology and the Generation of Culture』, New York: Oxford University press, 1992.

Lovell et al., 『Effect of bright light treatment on agitated behavior in institutionalized elderly subjects』, 『Psychiatry Research』 57(1), 1995.

Moore, E., 『A prison environment's effect on health care service demands』, 『Journal of

Environmental Systems』 11, 1981.

Moos, W. S., 「The effect of "Fohn" weather on accident rates in the city of Zurich (Switzerland)」, 「Aerospace Medicine』, 35, 1963.

Nightingale, F., 「Notes on nursing: What it is, and what it is not』, New York: D. Appleton and Company, 1860.

Orians, G. H., & Heerwagen, J. H., 'Evolved responses to landscapes' in J. H. Barkow, L. Cosmides & J. Tooby(Eds.), 「The adapted mind: Evolutionary Psychology and the Generation of Culture』, New York: Oxford University press, 1992.

Orians, G. H., 'Habitat selection: general theory and applications to human behavior' in Lockard, J. S. & Lowentha, D.(Eds.), 「Landscape Meaning and Values』, London: Allen and Unwin, 1980.

Poulton,E.C., Hunt, J.C.R., Mumford, J.C, & Poulton, J., 「Mechanical disturbance produced by steady and gusty winds of moderate strength: skilled preformance and semantic assessments」, 「Ergonomics』 18, 1975.

Rikard Kuller et al., 「The impact of light and colour in psychological mood: a cross-cultural study of indoor work environments」, 「Ergonomics』 49(14), 2006.

Sita Ananth, 「Building Healing Spaces」, 「Optimal Healing Environments』, 2008.

Sommers, P., & Moos, R., 'The weather and human behavior', In R. H. Moos(Ed.), 「The human context: Environmental determinants of behavior』, New York: Wiley, 1976.

Terry Zborowsky, PhD, 「People, Place, and Process: The Role of Place in Creating Optimal Healing Environments」, 「Creative Nursing』 15(4), 2009.

Tooby, J., & Cosmides, L, 'Conceptual foundations of evolutionary psychology' in D. M. Buss(Ed.), 「The handbook of evolutionary psychology』, Hoboken, NJ: Wiley, 2005.

Ulrich, R. S., 「Human response to vegetation and landscape」, 「Landscape and Urban Planning』 13, 1986.

Ulrich, R. S., 「View through a window may influence recovery from surgery」, 「Science』 224, 1984.

Ulrich, R.S., 「Visual landscapes and psychological wellbeing」, 「Landscape Research』 4, 1979.

Walch, J. M. et al., 「The effect of sunlight on post-operative analgesic medication usage: A prospective study of spinal surgery patients」, 2004.

Wilbert M. Gesler, 「Healing Places』, Rowan&Littlefield Publishes, 2003.

· 한자문헌 ·

辜託長老 著, 萬樹華 編, 淸湖仙師 譯註,『入地眼全書』, 2003.

· 기타 ·

경주시청 홈페이지.

구글어스.

국토계획법 제6조 국토의 용도 구분(개정 2013.5.22).

국토포털 국가지도집.

나주시청 홈페이지(남평읍사무소).

농촌진흥청 홈페이지.

대전풍수문화연구소 안갑수.

문화재청 홈페이지.

양평문화관광 홈페이지.